畑中敦子の

東京都・特別区の数的処理 トレンド分析

畑中敦子 著

エクシア出版

はじめに

東京都と特別区の問題は

他の試験と比べて、傾向がわかりやすいので、過去問を研究すれば対策が立てやすいです。

また、過去に出題された問題を焼き直して出題することがよくあり、特に東京都は、そういう問題が非常に多いです。

なので、過去問を10年分くらいやり込めば、本番でも「見たことがある問題」に当たる可能性がかなり高いです。

過去問研究は

ですから、過去問をしっかり研究することが、ライバルに差を付けるためにも絶対に必要なわけですが、10年分もの過去問を解いて分析するのは大変ですし、それ以前に入手するのも大変です（直近4年分は自治体ＨＰで公開されています）。

本書がお手伝いできること

そこで、本書では、受験生の皆さんに代わって、過去20年分の問題を研究・分析し、出題傾向や頻出テーマはもちろん、繰り返し出題されている問題についても調べ、その結果をまとめました。

過去問をしっかり研究する時間がない方にはもちろん、しっかりやり込んだ方にとっても効率よく試験対策をするために欠かせない1冊となっています。

民間との併願にも

ただ、ほとんどの受験生は、国家や地方上級などと併願されるでしょうから、そのための数的処理対策としては、本書だけでは不十分です。

しかし、東京都や特別区を第一志望とされる方には、本書にまとめた情報は不可欠ですし、民間や市役所などと併願する方には、本書を活用して頂くと効率がいいでしょう。

最小限の努力で

公務員試験も人物重視の傾向になって久しいですし、筆記試験を最小限の努力で最大限の結果につなげるためにも、是非、本書を活用して効率よく対策して頂きたいです。

皆様の、本試験でのご健闘を心よりお祈りしております。

2024年1月

畑中敦子

目　次

特別区編

本書の活用法

東京都、特別区それぞれで、「判断推理」「数的推理」「資料解釈」「空間把握」の 4 分野で 8 章構成

各章の解説動画をここからダウンロード！著者が各分野の問題を 2 ～ 3 問解説しながら、出題傾向と本番でのアドバイスをしているので、必ず見て！

この分野の、本試験での出題番号(2023年時点)

この分野の頻出テーマや特徴を一言で！

各分野について出題傾向などをまとめたので、ここを読んでから、次の「データ」を見てみよう！

各分野について、2023年までの 10 年間の出題内容と、20 年間の各テーマの出題数を集計。ここを参考に、この後の各テーマの「過去問研究」を読んで！

#2 東京都の数的推理

対象範囲
▶東京都Ⅰ類A事務，B行政　No.13 ～ No.16（※「基本情報」参照）
▶東京都Ⅰ類A技術，B技術　No.14 ～ No.18

図形、整数、速さと、なぜか数列。

基本情報

A 事務、B 行政（一般方式）とも教養試験の No.13 ～ 16 の 4 問が、「数的推理の枠」でした。しかし、2023 年の B は、No.13 ～ 17 の 5 問に増え、その分、空間把握が 1 問減っています。ただ、以前から、この枠の 4 問以外に、空間把握で「図形の計量」が出題されることが多く、判断推理でも「確率」や「場合の数」が出題されていますので、それらも含めると 6 ～ 8 問程度の出題があり、数的推理を重要視しているのがわかります。

また、A，B とも技術については、No.14 ～ 18 の 5 問が「数的推理の枠」となっており、判断推理と同様に、事務や行政の 4 問に 1 問が追加されていますが、2023 年の B では、全く同じ 5 問が出題されています。2022 年までの追加の 1 問は、「図形の計量」などの頻出分野が多いようです。

データ

▶ Ⅰ類 B の数的推理の 2023 年までの出題データは、次のとおりです。

東京都Ⅰ類B 行政（一般方式） 2023 年までの 10 年間の出題内容

	2023	2022	2021	2020	2019	2018	2017	2016	2015	2014
No.13	不等式	比と割合	整数	速さ	最適値	最適値	年齢算	整数解	不等式	整数解
No.14	比と割合	比と割合	整数	図形の計量	図形の計量	図形の計量	図形の計量	図形の計量	図形の計量	図形の計量
No.15	図形の計量	図形の計量	図形の計量	図形の計量	数列	n 進法	整数	数列	剰余系	n 進法
No.16	図形の計量	数列	魔方陣	図形の計量	整数	整数	仕事算	整数	数列	整数
No.17	n 進法									

50

東京都を受験する人は、東京都編（＃１～４）から、特別区を受験する人は、特別区編（＃５～８）から始めよう！ 両者の傾向は似ているので、終わったら、もう片方の試験編もやろう！ 半分でやめちゃもったいないしね！

各テーマについて、出題傾向をより具体的に紹介。前ページの「データ」と合わせて見てね。

過去問研究 17 **仕事算**

2023年までの20年間で、ここで紹介する比を使うタイプの問題が3回出題されていますが、それ以外はほとんど出題されていません。

また、仕事算の一種であるニュートン算については、A 2023年とB 2011年に基本的な問題が出題されている程度です。

各テーマの頻出パターンを、その試験の過去問から1～4問紹介。各パターンの過去問のうち、なるべく新しい問題から厳選したよ。

パターン30 B 2017年 出題

ある作業を、AとBとの２人で共同して行うと、Aだけで行うより４日早く終了し、Bだけで行うより９日早く終了する。この作業をAだけで行う場合の作業日数として、正しいのはどれか。ただし、A、Bの１日当たりの作業量はそれぞれ一定とする。

1. 10　　2. 11　　3. 12　　4. 13　　5. 14

問題は全てその試験の過去問なので、出題年度を掲載。東京都には、A，Bがあるからね。

ほぼ同じ問題が、A 2011年と2008年に、また、特別区でも2022年と2005年に出題されています。「速さ」で紹介した「パターン21」の問題と合わせて考えてみてください。

そのパターンの問題についての出題情報や、ちょっとしたアドバイス。東京都と特別区の両方に共通する情報もあるからね。

全体の作業量を、図１のような線分図で表します。

まず、この作業をAとBの２人で共同して行ったときにかかる日数をx日とし、そのx日で、Aが図の（1）の部分の作業を、Bが（2）の部分の作業を行ったとします。

図１

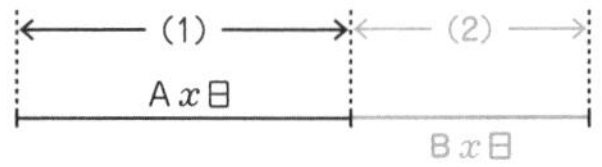

そうすると、Aだけで行うとx日より４日多くかかるということは、Aが（2）の部分を行うのに４日かかるということですよね。同様に、Bだけで行うと９日多くかかるということは、Bが（1）の部分を行うのに９日かかるということなので、これを、図２のように表します。

88

試験 FILE

1. 東京都Ⅰ類B

大学卒業程度の人材を採用する試験ですが、学歴は必須ではありません。採用人数が多く、行政区分の他に、土木などの技術系の区分や栄養士などの専門系の区分があります。区分によって試験内容が異なりますので、ＨＰで確認してください。

試験の方式には、教養試験・論文・専門試験を受験する「一般方式」と、民間企業の希望者など幅広い層の受験を可能とする「新方式」があります。

「新方式」については、2024 年から教養試験が SPI3 に変更になりますので、数的処理の対策は特に必要ないため、本書では特に触れません。

Ⅰ類B　行政（一般方式）2024 年試験概要

（2024 年 1 月 29 日時点）

受験資格年齢	2025 年 4 月 1 日時点で 22 ～ 29 歳
1 次試験日程	2024 年 4 月 21 日
1 次試験科目	・教養試験（5 肢択一式・2 時間 10 分） 知能分野 24 題　知識分野 16 題（いずれも必須） ※知能分野のうち数的処理は 16 問 ・論文（課題式 1 題 1,000 ～ 1,500 字・1 時間 30 分） ・専門試験（記述式 10 題中 3 題選択解答・2 時間）
2 次試験日程	未定（例年 6 ～ 7 月）
2 次試験科目	個別面接

Ⅰ類B　行政（新方式）2024 年試験概要

（2024 年 1 月 29 日時点）

受験資格年齢	2025 年 4 月 1 日時点で 22 ～ 29 歳
1 次試験日程	2024 年 4 月 21 日
1 次試験科目	・適性検査（SPI3・1 時間 10 分） ・プレゼンテーションシート作成（1 題・1 時間 30 分）
2 次試験日程	未定（例年 6 月）
2 次試験科目	プレゼンテーション・個別面接
3 次試験日程	未定（例年 7 月）
3 次試験科目	グループワーク・個別面接

2. 東京都Ⅰ類A

大学院修了程度の人材を採用する試験ですが、学歴は必須ではありません。事務区分の他に、土木、建築などの技術系の区分があり、区分によって試験内容が異なりますので、HP で確認してください。

筆記試験は大学院修了程度ですが、教養試験は大学卒業程度で、Ⅰ類Bと同じレベルです。

Ⅰ類A　事務　2024 年試験概要

(2024 年 1 月 29 日時点)

受験資格年齢	2025 年 4 月 1 日時点で 24 ～ 31 歳
1 次試験日程	2024 年 5 月 12 日
1 次試験科目	・教養試験（5 肢択一式・2 時間 10 分） 知能分野 24 題　知識分野 16 題（いずれも必須） ※知能分野のうち数的処理は 16 問 ・論文（課題式 1 題 1,000 ～ 1,500 字・1 時間 30 分） ・専門試験（記述式 5 題中 1 題選択・2 時間 30 分）
2 次試験日程	未定（例年 7 月）
2 次試験科目	口述試験

3. 特別区Ⅰ類

大学卒業程度の人材を採用する試験ですが、学歴は必須ではありません。採用人数も受験者数も多い人気の試験です。事務区分の他にも様々な区分があり、区分によって受験資格や試験内容が異なりますので、HP で確認してください。

2 次試験に合格すると、名簿に記載され、区の面接を受けて採用されるという流れになります。

Ⅰ類（春試験） 事務 2024 年度試験概要

受験資格年齢	2025 年 4 月 1 日時点で 22 ～ 31 歳
1 次試験日程	2024 年 4 月 21 日
1 次試験科目	・教養試験（5 肢択一式・2 時間） 知能分野 28 題必須　知識分野 20 題中 12 題選択 ※知能分野のうち数的処理は 19 問 ・論文（課題式 2 題中 1 題選択 1,000 ～ 1,500 字・1 時間 20 分） ・専門試験（5 肢択一式・1 時間 30 分）55 題中 40 題選択
2 次試験日程	2024 年 7 月 8 日～ 18 日のうち 1 日
2 次試験科目	個別面接

※本書に掲載されている試験情報は、全て 2024 年 1 月 31 日時点のものです。

東京都編

東京都Ⅰ類A，Bの傾向分析と過去問解説

#1 東京都の判断推理

対象範囲

▶東京都Ⅰ類A事務，B行政　No.9 ～ No.12
▶東京都Ⅰ類A技術，B技術　No.9 ～ No.13

集合算と確率と、あとちょっと普通の判断推理

基本情報

A事務、B行政（一般方式）とも教養試験のNo.9 ～ 24の16問が数的処理で、そのうちNo.9 ～ 12の4問が、一応「判断推理の枠」となっています。

しかし、その4問の枠には、次の「データ」でわかるように、「確率」「場合の数」など実際は数的推理の分野も出題されており、特に「確率」は毎年出題がありますので、純粋な判断推理の出題は2，3問ということになります。

また、A，Bとも技術については、No.9 ～ 27の19問が数的処理で、そのうちNo.9 ～ 13の5問が「判断推理の枠」となっており、いずれも、事務や行政の4問に1問が追加されています。追加の1問も､「確率」などが出題されることもありますが､「位置関係」などの一般的な判断推理の問題が比較的多いようです。

データ

Ⅰ類Bの判断推理の2023年までの出題データは、次のとおりです。

東京都Ⅰ類B 行政（一般方式） 2023年までの10年間の出題内容

	2023	2022	2021	2020	2019	2018	2017	2016	2015	2014
No.9	集合算	集合算	集合算	集合算	論理	集合算	集合算	集合算	位置関係	推理
No.10	確率	場合の数	順序関係	試合	試合	順序関係	位置関係	試合	確率	真偽
No.11	確率	確率	確率	確率	確率	確率	確率	確率	確率	確率
No.12	対応関係	操作手順	場合の数	操作手順	位置関係	魔方陣	不等式	場合の数	位置関係	確率

東京都Ⅰ類B 行政（一般方式） 2023年までの20年間のテーマ別の出題数

	確率	集合算	位置関係	場合の数	試合	順序関係	操作手順	論理	対応関係	その他
2014～2023年	13	7	4	3	3	2	2	1	1	4
2004～2013年	10	10	2	1	1	7	0	3	2	4
合計	23	17	6	4	4	9	2	4	3	8

※2004～2008年は、A，B区分はないので「東京都Ⅰ類」の出題内容を集計しています。

最頻出の「確率」は、No.11の1問は固定、その他にもう1問出題される場合もあります。

次に頻出なのは「集合算」で、近年ではまれに出題されない年もありますが、ほぼ毎年、No.9で出題されています。

その他については、以前は「順序関係」が頻出でしたが、近年はそうでもなく、「位置関係」や「対応関係」など、判断推理の一般的な問題が出題されています。

すなわち、東京都の受験だけを考えると、「確率」と「集合算」の対策をしっかり行い、一般的な判断推理の問題については、そこそこの対策で十分ということになります（併願を考えると一般的な判断推理の対策は必要です）。

また、Ⅰ類Aについては、以下のようになります。

東京都Ⅰ類A 事務　2023年までの10年間の出題内容

	2023	2022	2021	2020	2019	2018	2017	2016	2015	2014
No.9	集合算	集合算	集合算	集合算	集合算	集合算	集合算	集合算	集合算	集合算
No.10	試合	場合の数	順序関係	順序関係	場合の数	推理	順序関係	順序関係	順序関係	数量推理
No.11	順序関係	場合の数	確率	確率	確率	確率	確率	確率	確率	確率
No.12	確率	確率	整数	位置関係	論理	場合の数	対応関係	N進法	論理	対応関係

東京都Ⅰ類A 事務　2023年までの15年間のテーマ別の出題数

	集合算	確率	順序関係	場合の数	論理	対応関係	位置関係	試合	その他
2014～2023年	10	10	6	4	2	2	1	1	4
2009～2013年	5	5	3	1	1	1	3	1	0
合計	15	15	9	5	3	3	4	2	4

2009年に「Ⅰ類A」が施行されてから毎年、「集合算」と「確率」は各1問出題され、その他では「順序関係」が頻出です。

Ⅰ類Bと同様に、「集合算」と「確率」の対策はしっかりと、一般的な判断推理の対策はそこそこに行えばいいでしょう。

過去問研究 1　集合算

A，Bとも、ベン図を使って解く一般的な集合算の問題が主流ですが、ここで紹介する「パターン 3」のような少し変わった問題もたまに出題されています。

2010 年くらいまでは、けっこう面倒な難問が多く、「初っ端の問題で時間を取られる」という危険性がありましたが、近年では割と標準的な難易度となっています。

繰り返し出題されている問題は 6 ～ 7 パターンありますが、近年に何度か出題されている 3 パターンをご紹介いたします。

パターン 1

B 2022 年 出題

あるリゾートホテルの宿泊客 400 人について、早朝ヨガ、ハイキング、ナイトサファリの 3 つのオプショナルツアーへの参加状況について調べたところ、次のことが分かった。

A　早朝ヨガに参加していない宿泊客の人数は 262 人であった。

B　2 つ以上のオプショナルツアーに参加した宿泊客のうち、少なくとも早朝ヨガとハイキングの両方に参加した宿泊客の人数は 30 人であり、少なくとも早朝ヨガとナイトサファリの両方に参加した宿泊客の人数は 34 人であった。

C　ナイトサファリだけに参加した宿泊客の人数は 36 人であった。

D　ハイキングだけに参加した宿泊客の人数は、ハイキングとナイトサファリの 2 つだけに参加した宿泊客の人数の 5 倍であった。

E　3 つのオプショナルツアー全てに参加した宿泊客の人数は 16 人であり、3 つのオプショナルツアーのいずれにも参加していない宿泊客の人数は 166 人であった。

以上から判断して、早朝ヨガだけに参加した宿泊客の人数として、正しいのはどれか。

1．70 人　　2．75 人　　3．80 人　　4．85 人　　5．90 人

ほぼ同じ問題（題材と数字を変えただけ）がB 2018 年に、また、少々アレンジした問題が、A 2021 年と 2009 年に出題されています。
B 2018 年の問題は、解説動画（10 ページの QR コードよりダウンロード）で紹介していますので、参考にしてください。

全体で 400 人の集合を、早朝ヨガ、ハイキング、ナイトサファリの 3 つに参加した人の集合に分けるという、集合算の典型的なパターンで、ベン図を描いて条件を整理するのが便利です。

> キャロル図という方法で勉強してきた人は、それを使って OK！

まず、図 1 のように、3 つのオプショナルツアーに参加した人の集合をベン図に表します。

条件 A より、早朝ヨガに参加した人は、400 − 262 = 138（人）ですが、その他の 2 つの集合については、与えられていませんね。

ここで、便宜上、図 1 のように、それぞれの部分を a ～ h として、その他の条件を見ていきましょう。

> 解説のためのもので、皆が解くときに必要な作業じゃないからね。

本問で求めるのは、早朝ヨガだけに参加した a ですから、ここは図のようにチェックしておきますね。

図 1

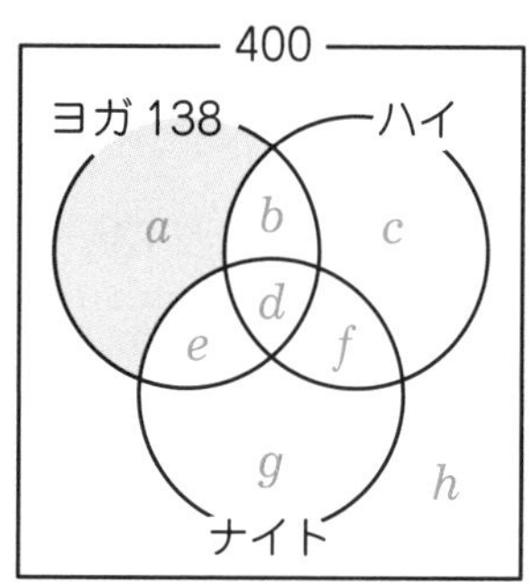

条件 B の「少なくとも早朝ヨガとハイキングの両方に参加した」人というのは、図 1 の「$b + d$」の部分で、これが 30 人ということですが、b，d それぞれの人数はまだわかりませんね。

> 「少なくとも」というのは、ナイトサファリにも参加した人も含むという意味だね。

しかし、ここで、条件 E を見ると、3 つ全てに参加した d に当たる人数が 16 人とわかりますので、ここから、b = 30 − 16 = 14（人）となりますね。

> これって、本問のパターン以外の問題でも、よくあることなんだよ～

さらに、「少なくとも早朝ヨガとナイトサファリの両方に参加した」人が 34 人という条件から、e = 34 − 16 = 18（人）となります。

また、条件 C より、g = 36 人で、条件 E の後半より、h = 166 人となりますね。

そうすると、残る条件はDのみですが、ハイキングだけに参加した人は c で、ハイキングとナイトサファリだけに参加した人は f に当たりますので、$c = 5f$ として、ここまでを図２のように記入しましょう。

この２つだけだから、
d は含まないからね。

図２

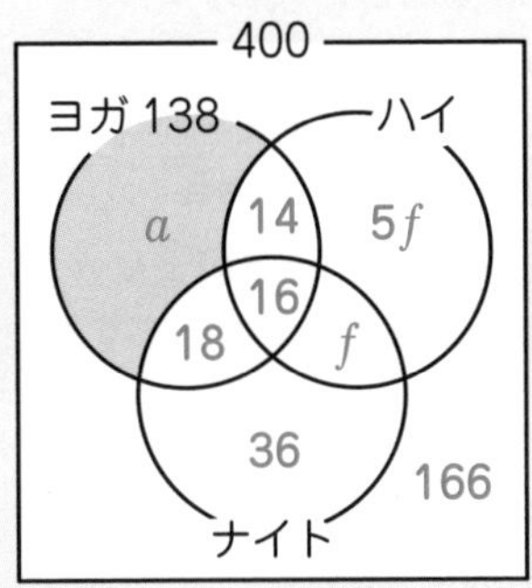

ここで、早朝ヨガの集合について、合計が 138 人であることから、a を次のように求められますね。

$$a = 138 - (14 + 16 + 18) = 90 \text{（人）}$$

残る、f と $5f$ については、「早朝ヨガに参加していない人」の集合から求められます。条件Aより、合計で 262 人ですから、次のようになります。

$$5f + f + 36 + 166 = 262$$
$$6f = 262 - 36 - 166$$
$$6f = 60 \qquad \therefore f = 10$$

これより、$5f = 5 \times 10 = 50$（人）で、図３のようになります。

図3

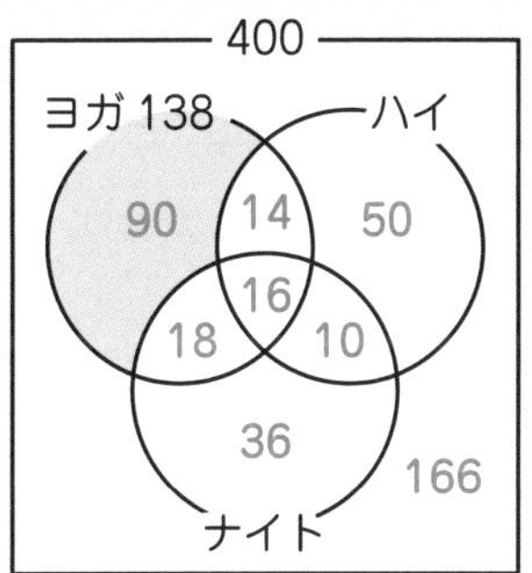

よって、求める人数は90人で、正解は肢5です。

正解 ⇒ 5

パターン 2

B 2023年 出題

留学生 100 人に、京都、奈良、大阪の 3 つの都市へ行ったことがあるかないかのアンケートを実施したところ、次のことが分かった。

ア　京都に行ったことがある留学生は 62 人おり、そのうち京都のみに行ったことがある留学生は 10 人だった。
イ　奈良に行ったことがある留学生は 66 人おり、そのうち奈良のみに行ったことがある留学生は 12 人だった。
ウ　大阪に行ったことがある留学生は 62 人おり、そのうち大阪のみに行ったことがある留学生は 2 人だった。
エ　3 つの都市いずれにも行ったことがない留学生は 6 人だった。

以上から判断して、確実にいえるのはどれか。

1. 京都と奈良の両方に行ったことがある留学生は 34 人だった。
2. 京都と大阪の両方に行ったことがある留学生は 40 人だった。
3. 奈良と大阪の両方に行ったことがある留学生は 44 人だった。
4. 京都、奈良、大阪のうち 2 つの都市のみに行ったことがある留学生は 48 人だった。
5. 京都、奈良、大阪の 3 つの都市全てに行ったことがある留学生は 28 人だった。

ほぼ同じ問題が、B 2021 年にも出題されています。本問は、特殊なタイプなので、解法を覚えてしまいましょう。

本問も、全体で 100 人の集合を、京都、奈良、大阪に行ったことがある人の集合に分けるタイプです。

前問と同様に、ベン図に表して、条件からわかることを記入し、不明な部分を $a \sim d$ とします（図 1）。

図１

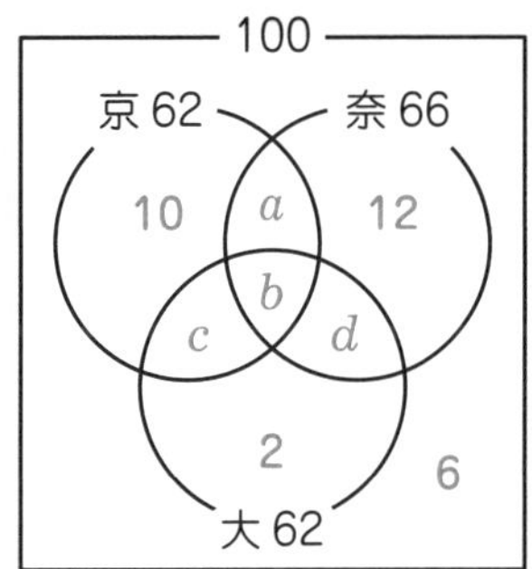

本問の特徴は、３つの都市のいずれについても、「その都市に行った人」と「その都市のみに行った人」の人数は与えられていますが、「２都市のみに行った人」「３都市全てに行った人」の情報が一切与えられていないことにあります。

このような場合には、それぞれの集合の「１つのみ」「２つのみ」「３つ全部」の３グループに集合を分けて、３つの集合の合計について式を立てる方法が有効な場合が多く、ここでも、その解法で説明します。

３つそれぞれについて、条件が同様に与えられている場合ということで、問題によっては、「２つのみ」や「３つ全部」のほうが与えられていることもあるよ。

まず、１都市のみに行った人は、10 ＋ 12 ＋ 2 ＝ 24（人）ですね。２都市のみに行った人は、図１の「$a + c + d$」の部分で、これをまとめてＸ人としましょう。そして、３都市全てに行った人は b 人となりますね。

これより、この人たちがこれらの都市に行った回数の合計について考えます。１都市のみの 24 人はそれぞれ１回、２都市のみのＸ人はそれぞれ２回、３都市全ての b 人はそれぞれ３回行っており、全員が行った回数を全てカウントすると、各都市に行った人たちの合計に等しいので、次のような式が立ちます。

３枚のベン図のうち、２枚重なっているところを２回、３枚重なっているところを３回カウントすると、３枚のベン図の合計になるということね！

$$1 \times 24 + 2 \times X + 3 \times b = 62 + 66 + 62$$
$$24 + 2X + 3b = 190$$
$$2X + 3b = 166 \quad \cdots ①$$

また、1都市以上に行った人たちの人数は、全体100人のうちいずれにも行ったことのない6人を除いた94人ですから、次のような式も立ちます。

$$24 + X + b = 94$$
$$X + b = 70 \quad \cdots ②$$

①と②を連立させて解くと、次のようになります。

①−②×2より、

$$\begin{array}{rr} & 2X + 3b = 166 \\ -) & 2X + 2b = 140 \\ \hline & b = \ \ 26 \end{array}$$

②に $b = 26$ を代入して、$X + 26 = 70 \qquad \therefore X = 44$

これより、2都市のみに行った人は44人、3都市全てに行った人は26人とわかりますので、ここで選択肢を確認すると、肢4，5がいずれも誤りとわかりますね。

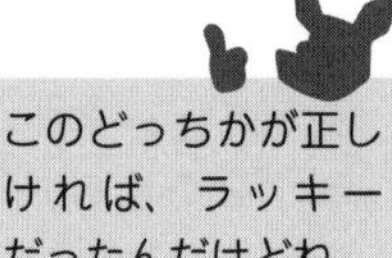

このどっちかが正しければ、ラッキーだったんだけどね。

そうすると、残る肢1〜3を確認するため、図1の a，c，d を求める必要があります。

まず、京都に行った人の集合について見ると、$b = 26$ ですから、

$$a + c + 10 + 26 = 62$$
$$\therefore a + c = 26 \quad \cdots ③$$

となり、また、$X = 44$ より、$a + c + d = 44$ ですから、ここに③を代入すると、

$$26 + d = 44 \qquad \therefore d = 18$$

とわかりますね。

そうすると、ここで、肢3の奈良と大阪に行った人（$b + d$）は、$26 + 18 = 44$（人）と求められ、肢3が正しいことがわかります。

ちなみに、a と c についても、以下のように求めることができ、図2のように全て判明しますね。

奈良に行った人の集合より、$a + 12 + 26 + 18 = 66$　$\therefore a = 10$
③に $a = 10$ を代入して、$10 + c = 26$　$\therefore c = 16$

図 2

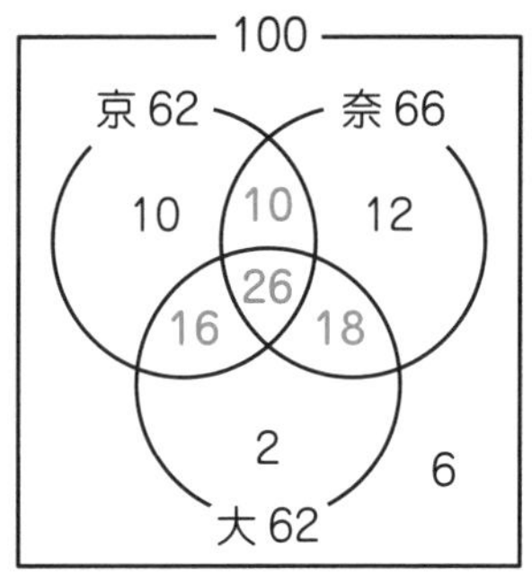

これより、京都と奈良に行った人（$a + b$）は、$10 + 26 = 36$（人）、京都と大阪に行った人（$b + c$）は、$26 + 16 = 42$（人）となり、肢 1，2 の誤りも確認できます。

正解 ⇒ 3

パターン3 B 2016年 出題

あるテレビ番組のクイズ大会に参加したA大学及びB大学の計100人の学生について、出題された第1問及び第2問の2題のクイズへの解答状況を調べたところ、次のア～カのことが分かった。

ア　クイズ大会に参加したA大学の学生の人数は、36人であった。
イ　第1問を正解したB大学の学生の人数は、42人であった。
ウ　第1問が不正解であったA大学の学生の人数は、13人であった。
エ　第1問が不正解であった学生の人数と第2問が不正解であった学生の人数との和は、延べ78人であった。
オ　第2問を正解した学生の人数は、B大学の学生がA大学の学生の人数より7人多かった。
カ　クイズ大会に参加した学生の全員が、第1問及び第2問の2題のクイズに答えた。

以上から判断して、第2問が不正解であったB大学の学生の人数として、正しいのはどれか。

1. 28人　　2. 29人　　3. 30人　　4. 31人　　5. 32人

ほぼ同じ問題が2005年にも出題されています。少し変わったタイプですが、同じような問題は他の試験でも出題されています。

第1問と第2問のそれぞれについて、A大学と正解者の集合をベン図に表してみましょう。条件ア～ウを記入し、不明な部分をa～fとしますよ（図1）。

図1

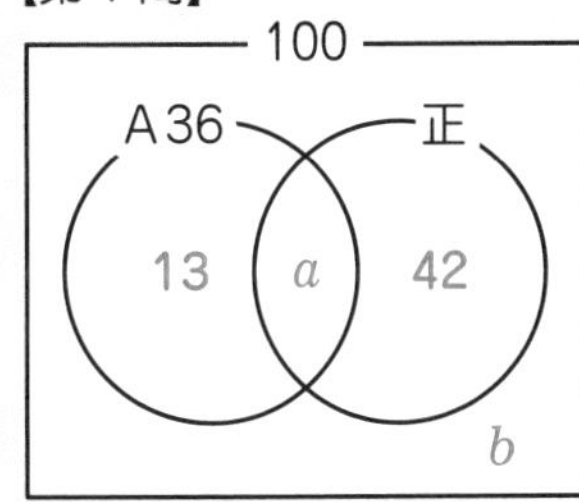

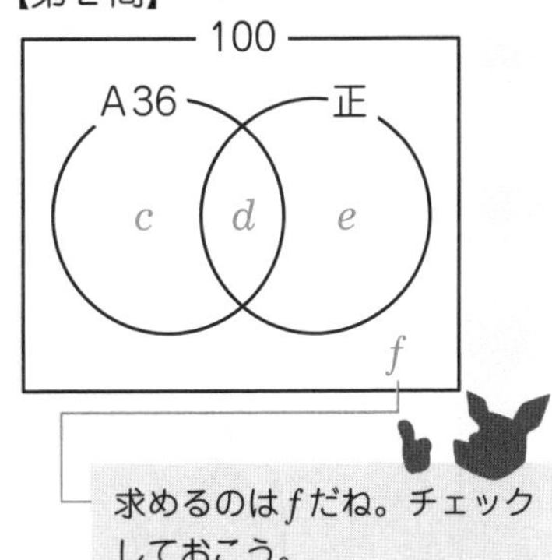

まず、第1問について、

A大学で正解した学生（a）　→　36 − 13 = 23（人）
第1問を正解した学生（$a + 42$）→　23 + 42 = 65（人）
B大学で不正解であった学生（b）→　100 − 36 − 42 = 22（人）

とわかります。

これより、第1問が不正解であった学生は、100 − 65 = 35（人）ですから、条件エより、

第2問が不正解であった学生（$c + f$）→　78 − 35 = 43（人）
第2問を正解した学生は（$d + e$）　→　100 − 43 = 57（人）

とわかります。

そうすると、条件オより、第2問に正解したA大学の学生はd人、B大学の学生はe人ですから、

$d + e = 57$　…①　　　$e = d + 7$　…②

①に②を代入して、$d + d + 7 = 57$

$2d = 50$　　$\therefore d = 25$

②に$d = 25$を代入して、$e = 25 + 7 = 32$

となり、ここから、第2問について

和差算を知っている人は、
小さい数
＝(57 − 7) ÷ 2 = 25
大きい数 = 25 + 7 = 32
と求めたほうが速いかな。
【和差算】
大きい数＝(和＋差) ÷ 2
小さい数＝(和－差) ÷ 2

A大学で不正解であった学生（c） → 36 − 25 = 11（人）
B大学で不正解であった学生（f） → 100 − 36 − 32 = 32（人）

とわかり、図２のようになります。

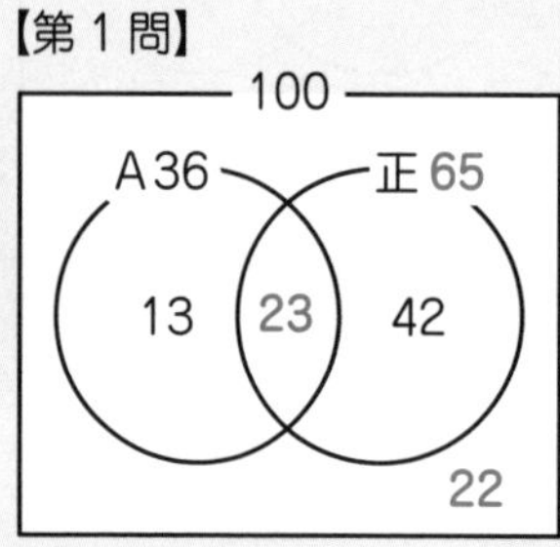

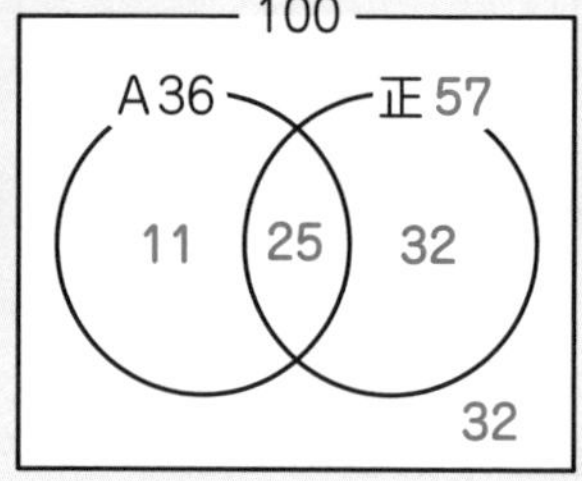

よって、求める人数は32人で、正解は肢５です。

ちなみに、本問のように、２つの集合（ベン図２枚）であれば、ベン図でなく、次のような表に整理する方法もあります。両方試して、やりやすいほうを選んでください。

【第１問】

	A大学	B大学	合計
正解	23	42	65
不正解	13	22	35
合計	36	64	100

【第２問】

	A大学	B大学	合計
正解	25	32	57
不正解	11	32	43
合計	36	64	100

正解⇨ 5

過去問研究2 確率

くじ引きや、玉を取り出すなど、単純な設定の問題が多く、問題文も短いです。内容もありきたりなものが多く、計算ミスにさえ気をつければ、ほぼ得点できるでしょう。特別区で出題されている問題も同じ傾向ですので、特別区編パターン28もあわせて見ておいてください。

パターン4

A 2017年 出題

白組の生徒10人、赤組の生徒7人及び青組の生徒6人の中から、くじ引きで3人の生徒を選ぶとき、白組、赤組及び青組の生徒が1人ずつ選ばれる確率として、正しいのはどれか。

1. $\frac{420}{12167}$　2. $\frac{10}{253}$　3. $\frac{60}{253}$　4. $\frac{1}{3}$　5. $\frac{43}{105}$

このタイプの問題は大変多く、全く同じ問題がB（新方式）2017年に、数字が少し違うだけの問題がB 2022年と、特別区2021年にも出題されています。また、少々条件が異なる問題も数多く出題されており、東京都の確率の典型パターンといえます。

白組、赤組、青組、合わせて10＋7＋6＝23（人）ですから、まず、ここから3人を選ぶ方法が全部で何通りあるかを計算します。異なる23個から3個を選ぶ方法で、

$${}_{23}C_3 = \frac{23 \times 22 \times 21}{3 \times 2 \times 1} = 23 \times 11 \times 7 \text{（通り）} \quad \cdots①$$

ですね。後の計算を考えて、この計算はここまでにしておきます。

そして、この中で、白組、赤組、青組の生徒を1人ずつ選ぶ方法が何通りあるかを計算します。

場合の数の公式は、巻末公式集1で確認してね。

まず、白組は10人ですから、ここから1人を選ぶ方法は10通りですね。同様に、赤組から1人選ぶ方法は7通り、青組から1人選ぶ方法は6通りですから、これらを組み合わせる方法は、

$$10 \times 7 \times 6 \text{（通り）} \quad \cdots ②$$

となります。

これより、求める確率は、①に占める②の割合ですから、次のようになります。

$$\frac{10 \times \cancel{7} \times 6}{23 \times 11 \times \cancel{7}} = \frac{60}{253}$$

よって、正解は肢 3 です。

正解 ⇒ 3

パターン 5　　B 2023 年 出題

ある商店街の福引抽選会において、2 本の当たりくじを含む 15 本のくじの中から、3 人が順番にそれぞれ 1 本ずつくじを引いたとき、3 人のうち 2 人が当たる確率として、正しいのはどれか。ただし、引いたくじは戻さないものとする。

1. $\frac{8}{3375}$　　2. $\frac{1}{105}$　　3. $\frac{4}{225}$　　4. $\frac{2}{105}$　　5. $\frac{1}{35}$

数字が違うだけの問題がB 2017 年、2013 年にも出題されています。

本問は、2 通りの方法で解説します。

まずは、パターン 4 と同様に、**場合の数を数える**方法で解きますね。全部で 15 本のくじから、3 人が 1 本ずつ、つまり、**3 本のくじを選ぶ方法**は、

くじは戻さないので、2 人以上が同じくじを引くことはないよね。だから、15 本から異なる 3 本を選ぶ方法で OK！順番に引いても、いっぺんに引いても同じだからね。

$${}_{15}C_3 = \frac{\cancel{15} \times \cancel{14} \times 13}{\cancel{3} \times \cancel{2} \times 1} = 5 \times 7 \times 13 \text{（通り）}$$

となります。

また、3 人のうち 2 人当たる方法は、3 人が選んだくじに当たりくじが 2 本

含まれている方法で、2本の当たりくじと1本のはずれくじを組み合わせる方法になります。当たりくじは2本しかないので、その組合せは1通りですね。はずれくじは15 − 2 = 13（本）ですから、ここから1本を選ぶ方法は13通りなので、このような方法は、

$$1 \times 13 = 13\text{（通り）}$$

となり、求める確率は次のようになります。

$$\frac{\cancel{13}}{5 \times 7 \times \cancel{13}} = \frac{1}{35}$$

よって、正解は肢5です。

次に、乗法定理と加法定理を使う方法で解きます。3人が順番にくじを引き、2人が当たり、1人がはずれるわけですから、次の3通りがあります。

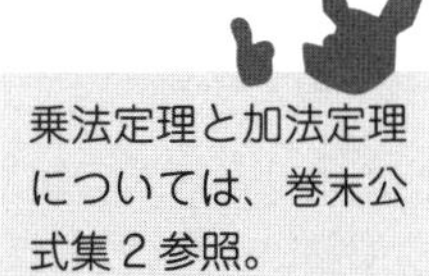

乗法定理と加法定理については、巻末公式集2参照。

1人目	2人目	3人目	
○	○	×	…（A）
○	×	○	…（B）
×	○	○	…（C）

では、それぞれの確率を計算しますね。

まず、（A）について、1人目は、15本のくじのうち当たりくじは2本ですから、当たる確率は $\frac{2}{15}$ です。また、2人目は、残る14本のうち当たりくじは1本だけなので、当たる確率は $\frac{1}{14}$ ですね。そして、3人目については、残る13本は全てはずれくじなので、はずれる確率は $\frac{13}{13}$、つまり1ですね。

そうすると、このようなことが続けて起こる確率は、

$$\text{（A）} \quad \frac{2}{15} \times \frac{1}{14} \times 1 = \frac{\cancel{2} \times 1}{15 \times \cancel{14}} = \frac{1}{15 \times 7}$$

となり、（B），（C）についても同様に計算すると、

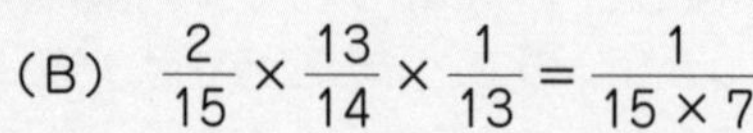

$$(B)\quad \frac{2}{15}\times\frac{13}{14}\times\frac{1}{13}=\frac{1}{15\times 7}$$

$$(C)\quad \frac{13}{15}\times\frac{2}{14}\times\frac{1}{13}=\frac{1}{15\times 7}$$

分母はいずれも「15 × 14 × 13」、分子はいずれも「2 × 1 × 13」になるので、確率は同じだよね。そこに気づけば、1 つだけ求めて 3 倍すれば OK！

となります。

これより、確率はいずれも $\frac{1}{15\times 7}$ なので、これらを足し合わせると、求める確率は、

$$\frac{1}{15\times 7}+\frac{1}{15\times 7}+\frac{1}{15\times 7}=\frac{\cancel{3}}{\cancel{15}\times 7}=\frac{1}{5\times 7}=\frac{1}{35}$$

とわかります。

2 通りの解法のいずれも、かかる時間はあまり変わりませんので、好きなほうで解いて頂ければいいでしょう。

正解 ⇒ 5

パターン6

A 2021年 出題

あるバスケットボールの選手がフリースローを打つとき、ボールがリングに入る確率は $\frac{3}{4}$ である。この選手がフリースローを6回打つとき、ボールが4回以上リングに入る確率として、正しいのはどれか。

1. $\frac{1215}{2048}$　2. $\frac{2673}{4096}$　3. $\frac{729}{1024}$　4. $\frac{3159}{4096}$　5. $\frac{1701}{2048}$

反復試行の確率の問題で、Aでよく出題されています。
本問の数字を変えただけの問題が、A 2015年と2009年に出題されていますし、その他の年や特別区でも反復試行の問題は何度も出題されています。

ボールがリングに入る確率は $\frac{3}{4}$ ですから、はずす確率は $\frac{1}{4}$ ですね。4回以上なので、4回、5回、6回のそれぞれの確率を求めて、最後に足し合わせることにします。

1）6回のうち4回入る場合

まず、そのような方法が何通りあるか、すなわち、何回目に入るかから考えると、6回から4回を選ぶ方法は、

$$ {}_6C_4 = {}_6C_2 = \frac{6 \times 5}{2 \times 1} = 15\text{（通り）} $$

入るほうの4回を選ぶのも、はずすほうの2回を選ぶのも同じだからね。
${}_nC_r = {}_nC_{(n-r)}$

ありますね。

では、たとえば、その中の1通りである、（1回目～6回目）＝（○, ○, ○, ○, ×, ×）ということが起こる確率を求めると、次のようになります。

1回目○　2回目○　3回目○　4回目○　5回目×　6回目×

$$ \frac{3}{4} \times \frac{3}{4} \times \frac{3}{4} \times \frac{3}{4} \times \frac{1}{4} \times \frac{1}{4} = \left(\frac{3}{4}\right)^4 \times \left(\frac{1}{4}\right)^2 $$

そして、その他の14通りについても、順番は違っても、$\frac{3}{4}$ を4回と $\frac{1}{4}$ を2回かけ合わせるのは同じですから、いずれも同じ確率になります。

そうすると、この15通りのいずれかが起こる確率は、この確率を15通り

分足し合わせる、すなわち、15 倍することになり、次のような計算で求められます。

$$15 \times \left(\frac{3}{4}\right)^4 \times \left(\frac{1}{4}\right)^2 = \frac{15 \times 3^4}{4^6} \quad \cdots①$$

↑何通りあるか　↑4 回入る　↑2 回はずす

反復試行の公式（巻末公式集 3）の形になっているでしょ！

2）6 回のうち 5 回入る場合

同様に、何通りあるかを考えると、6 回のうち 5 回入る（＝ 1 回はずす）方法ですから、6 通りとなります。

あとは、1）と同様にその中の 1 通りの確率を 6 倍して、次のように求められます。

$$6 \times \left(\frac{3}{4}\right)^5 \times \frac{1}{4} = \frac{6 \times 3^5}{4^6} \quad \cdots②$$

3）6 回全て入る場合

この場合は 1 通りだけで、確率は次のようになります。

$$\left(\frac{3}{4}\right)^6 = \frac{3^6}{4^6} \quad \cdots③$$

これより、①〜③を足し合わせます。計算がけっこう面倒ですが、頑張りましょう。

$$\frac{15 \times 3^4}{4^6} + \frac{6 \times 3^5}{4^6} + \frac{3^6}{4^6} = \frac{1215 + 1458 + 729}{4096} = \frac{3402}{4096} = \frac{1701}{2048}$$

よって、正解は肢 5 です。

正解 ⇨ 5

過去問研究 3　順序関係

2023 年までの 20 年間の中で、ほぼ同じ問題が 2 回出題されたのは 7 パターンありますが、特によく出題されているパターンというのはありません。ここでは、その 7 パターンのうち、特徴的な問題を 2 パターンご紹介します。

パターン 7

B 2017年 出題

A～Gの 7 人は、東西方向に 1 列に並ぶ 7 区画の市民農園のうち、それぞれ異なる 1 区画を利用しており、次のア～エのことが分かっている。

ア　Aより東側で、かつ、Fより西側の区画を利用しているのは 2 人である。
イ　Dが利用している区画は、Cより東側にあり、Bより西側である。
ウ　Eより東側の区画を利用しているのは 4 人以下である。
エ　Gより西側の区画を利用しているのは 2 人である。

以上から判断して、確実にいえるのはどれか。

1. Aの区画が西から 1 番目であれば、Fの区画は東から 3 番目である。
2. Bの区画が東から 3 番目であれば、Dの区画は西から 3 番目である。
3. Cの区画が西から 2 番目であれば、Dの区画は東から 4 番目である。
4. Dの区画が東から 3 番目であれば、Fの区画は西から 4 番目である。
5. Fの区画が東から 1 番目であれば、Cの区画は西から 2 番目である。

東西を南北に変えただけの問題が 2009 年に出題されています。
本問は、一見、位置関係の問題にも見えますが、割と普通の順序関係の問題です。

東方向を右に、西方向を左に取って、7 人の区画を並べます。
まず、条件ア，イを、図 1 のように表しておきましょう。

図 1

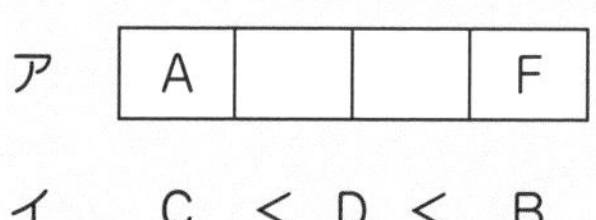

ここで、図２のように、７区画の図を用意し、条件エより、西から３番目の位置にGを記入します。

図２

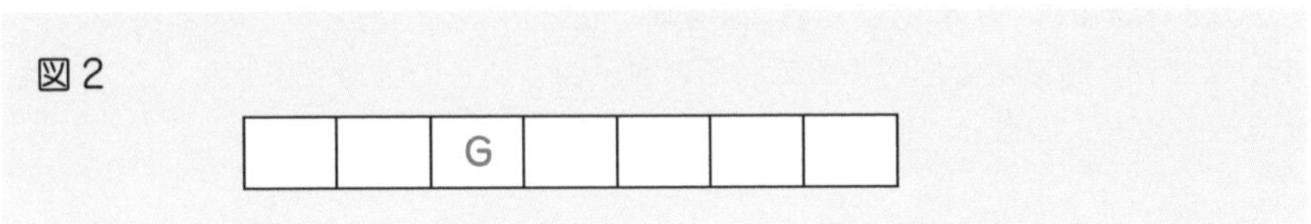

では、図２の空いている区画の中で、まず、図１の条件アが入る場所を考えます。AとFの間に２人がいますので、図３－①～③の３通りがあり、それぞれについて、条件ウより、Eの区画は、図の色がついた場所のいずれかとなります。

図３

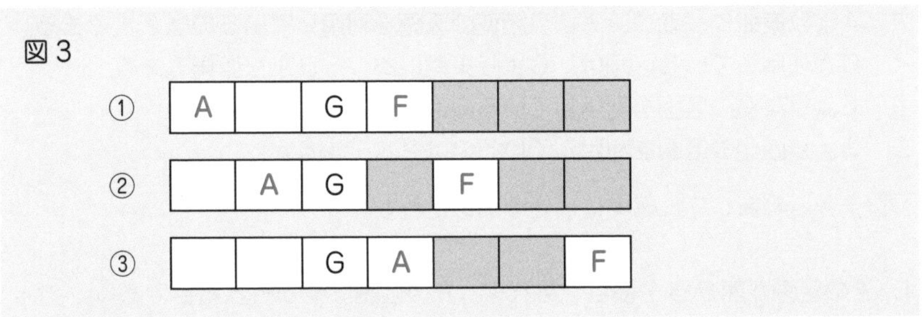

Eの区画がわかれば、あとは残る場所に、図１の条件イの３人を西からこの順に入れるだけなので、図４のように、Gより西についてはわかりますが、残る場所は特定できませんね。

図４

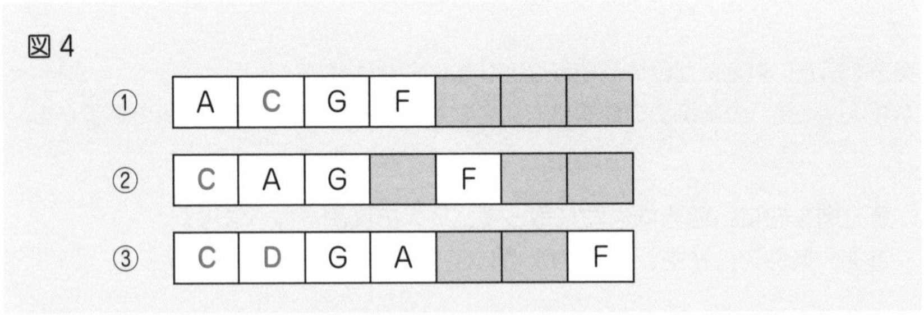

では、これより、選択肢のそれぞれについて、確認します。

肢１　Aの区画が西から１番目なのは、①の場合ですが、このとき、Fの区画は東から４番目なので、あり得ません。

肢２　Bの区画が東から３番目になるのは、③の次のような場合ですが、このとき、Dの区画は西から２番目なので、あり得ません。

③

C	D	G	A	B	E	F

肢３　Cの区画が西から２番目なのは、①の場合ですが、このとき、東から４番目はＦの区画なので、あり得ません。

肢４　Dの区画が東から３番目になるのは、①の次のような場合ですが、このとき、Ｆの区画は西から４番目なので、確実にいえます。尚、東の２区画はＢとＥのいずれかですが、特定はできません。

①

A	C	G	F	D		

肢５　Ｆの区画が東から１番目なのは、③の場合ですが、このとき、Ｃの区画は西から１番目なので、あり得ません。

以上より、正解は肢４です。

正解⇒ 4

パターン8

B 2020年 出題

あるスーパーマーケットの弁当売り場で発売したカツ丼、唐揚げ弁当、中華丼、日替り弁当及び幕の内弁当の5種類の弁当について、それぞれの売れた個数を調べたところ、次のことが分かった。

ア　調べた5種類の弁当の売れた個数は、それぞれ異なっており、5種類の弁当の売れた個数の合計は109個であった。
イ　唐揚げ弁当の売れた個数は、幕の内弁当の売れた個数より2個多く、中華丼の売れた個数より7個多かった。
ウ　日替り弁当の売れた個数は、唐揚げ弁当とカツ丼の売れた個数の計から中華丼の売れた個数を引いた個数より2個少なかった。
エ　カツ丼の売れた個数は、調べた5種類の弁当の中で3番目に多かった。

以上から判断して、調べた5種類の弁当のうち最も多く売れた弁当の個数として、正しいのはどれか。

1. 23個　　2. 24個　　3. 25個　　4. 26個　　5. 27個

ほぼ同じ問題がB 2012年にも出題されており、同じように、数式に表すような問題は、その他の年でもよく出題されています。

それぞれの弁当が売れた個数を、カツ丼→a個、唐揚げ弁当→b個、中華丼→c個、日替り弁当→d個、幕の内弁当→e個とします。

これより、まず、条件イ，ウについて、次のように、式に表しておきます。

イ　$b = e + 2 = c + 7$　…①
ウ　$d = b + a - c - 2$　…②

①は、b, c, eの3つの関係なので、たとえば、bとcをともにeで表して、②に代入すると、bとcを消せるね。もちろん、bとeをともにcで表してもOK！ とにかく、どれか1つの文字にしてしまうということ！

さらに、①より、$b = e + 2$、$c = e - 5$として、②に代入すると、

$$d = (e + 2) + a - (e - 5) - 2$$
$$= e + 2 + a - e + 5 - 2$$
$$= a + 5 \quad \cdots③$$

となります。

あとは、条件エを満たすように、これらの大小関係を線分図に表して確認します。

まず、①より、b, c, e の大小関係は、図１のようになります。

図１

ここに、③を加えますが、カツ丼（a）は３番目で、d はそれより５多いので、１番目か２番目です。

そうすると、残る b, c, e のうち、a より多いのは１つだけですので、このうち最も多い b だけが a より多く、e と c は a より少ないとわかります。

すなわち、a は、図１の b と e の間となるわけですが、そのような場所は、図２の１通りに決まります。

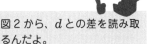

b と e の差が２しかないことがポイント！ ここが３以上なら１通りに決まらないからね。

図２

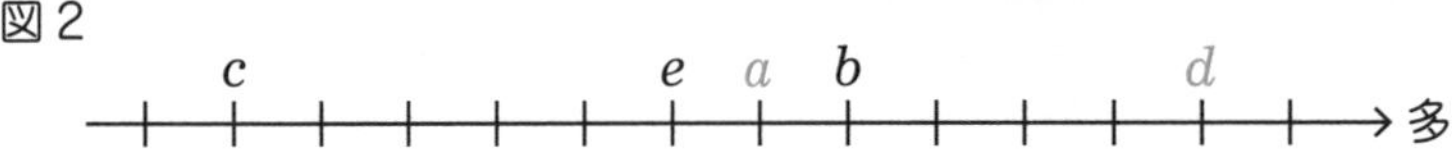

これより、d も図２の場所に決まり、求める最も多く売れたのは d（日替り弁当）とわかりますので、d 以外の４つを d で表し、条件アで式を立てます。

図２から、d との差を読み取るんだよ。

$$a + b + c + d + e = 109$$
$$(d - 5) + (d - 4) + (d - 11) + d + (d - 6) = 109$$
$$5d - 26 = 109$$
$$5d = 135 \quad \therefore d = 27$$

よって、最も多い日替り弁当は27個とわかり、正解は肢５です。

正解⇒ 5

過去問研究 4 場合の数

ほとんどが図形の問題で、ここでご紹介する２パターンが何度も出題されています。いずれも、解法を覚えれば確実に得点できますので、絶対に落とせない問題となります。

パターン 9

B 2021 年 出題

下の図のように、五本の平行な線 $a \sim e$ が、他の六本の平行な線 $p \sim u$ と交差しており、a、e、q、s、t は細線、b、c、d、p、r、u は太線である。これら平行な線を組み合わせてできる平行四辺形のうち、少なくとも一辺が細線である平行四辺形の総数として、正しいのはどれか。

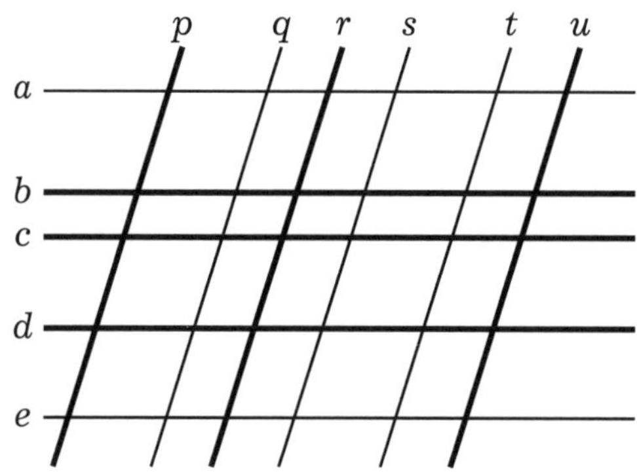

1. 141　　2. 142　　3. 143　　4. 144　　5. 145

本数が少し違う問題が、A 2011 年にも出題されています。組合せの公式を使って解く問題で、特別区 2013 年と 2006 年でも出題されています。

まず、図の中に平行四辺形が全部で何個あるか数えます。

平行四辺形は、２組の平行な線に囲まれた図形ですから、$a \sim e$ のうちの２本と、$p \sim u$ のうちの２本を組み合わせて作ることができます。

たとえば、「b と d」と「q と t」を組み合わせると、次の図のような平行四辺形になりますね。

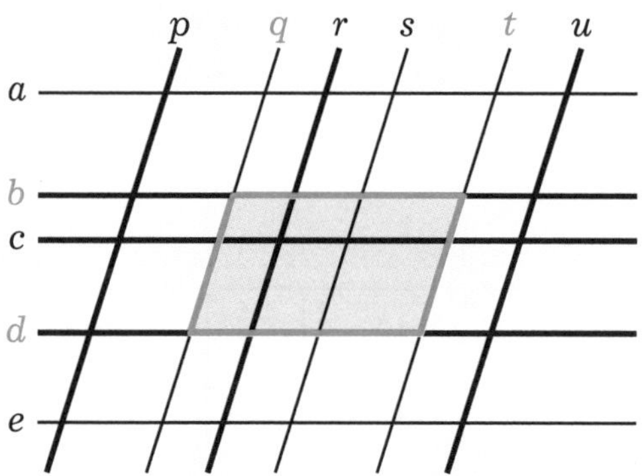

すなわち、a〜eの５本から２本を選び、さらに、p〜uの６本から２本を選ぶ方法の数だけ、平行四辺形がありますので、その総数は、

$$ {}_5C_2 \times {}_6C_2 = \frac{5 \times 4}{2 \times 1} \times \frac{6 \times 5}{2 \times 1} = 10 \times 15 = 150 \quad \cdots① $$

となります。

そして、本問では、少なくとも１辺が細線であるものということですが、そのような平行四辺形を直接数えるのは大変なので、ＮＧのほう、つまり、全て太線である平行四辺形の数を数えて、①から引いて求めましょう。

まず、a〜eのうち太線は、b、c、dの３本ですから、このうち２本を選ぶ方法は、３通りです。また、p〜uのうちの太線も、p、r、uの３本ですから、２本を選ぶ方法は３通りで、これらを組み合わせる方法は、

いらないほうの１本を選ぶ方法と同じだから、３通りだね。

$$ 3 \times 3 = 9 \quad \cdots② $$

となります。

よって、①から②を引いた数は、

$$ 150 - 9 = 141 $$

となり、正解は肢１です。

正解 ⇒ 1

パターン10

B 2022年 出題

下の図のように、縦方向と横方向に平行な道路が、土地を直角に区画しているとき、最短ルートで、地点Aから地点Xを通って地点Bまで行く経路は何通りあるか。

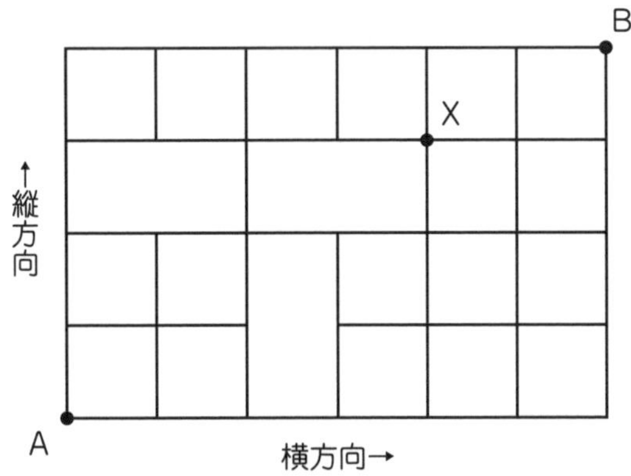

1. 48通り　2. 49通り　3. 50通り　4. 51通り　5. 52通り

同じタイプの問題が、B 2011 年とA 2018 年にも出題されており、その他の試験でも同様の問題はよく出題されています。最短経路を求める方法は機械的なやり方を覚えれば解けますが、計算ミスだけは気をつけてください。

最短経路数を各頂点に記入する方法から確認します。

> 知っている人は、ここは読み飛ばして、図3，4で答え合わせして！

本問は、A→X→Bと、進行方向は右上ですから、各頂点（道路の交差点）に到達する方法は、左から、または、下から来る方法となります。

> 右と上にさえ進めば、最短距離で行けるよね。左や下に行くと遠回りになるけどね。

まず、図1のように、Aの近辺の頂点をC～Mとすると、Aからスタートして、C，D，Eへ行く方法は、真っ直ぐ右方向（横方向）へ行くしかないので、それぞれ1通りです。

同様に、F，Jへ行く方法も、真っ直ぐ上方向（縦方向）へ行く1通りなので、図2のように「1」と記入します。

そして、図1のGへ行く方法は、下のCから、または左のFから行く方法がありますので、合わせて2通りで、図2のように、「2」と記入します。

同様に、Hへ行く方法も、Dから、またはGから行く方法がありますが、Gへ行く方法が２通りありますので、Gから H へ行く方法も２通りあり、Dからの１通りと合わせて３通りありますので、「3」と記入します。

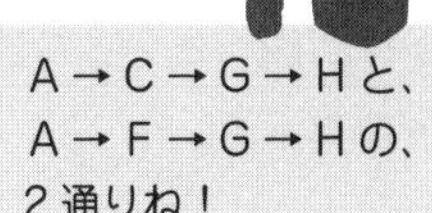

A→C→G→Hと、A→F→G→Hの、2通りね！

このように、それぞれの頂点まで行く方法は、下と左の頂点に記入した数字を足し合わせた数を記入していけばいいので、図１のKには、2＋1＝3、Lには3＋3＝6と記入しますが、Ｉには、下のEから行く方法しかないので、Eの「1」をそのまま記入することになり、Mには、6＋1＝7と記入します（図2）。

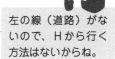

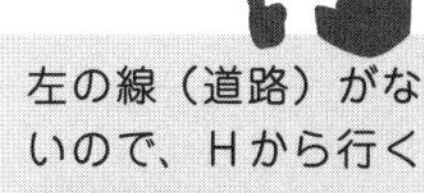

左の線（道路）がないので、Hから行く方法はないからね。

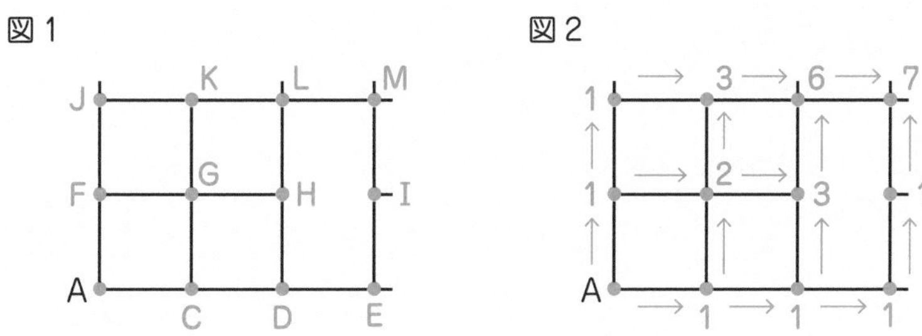

あとは、同様に、まずはXまで記入していくと、図３のようになり、Xまで行く方法は16通りあるとわかります。

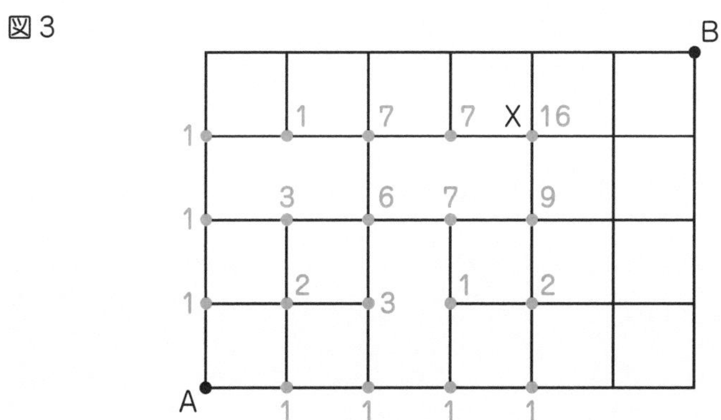

さらに、XからBへ行く方法について、図４のように、この区画だけを同じ

ように調べると、3通りなので、A→Xの16通りと、X→Bの3通りをかけ合わせて、

16 × 3 = 48（通り）

と求めることもできますし、あるいは、図5のように、Xまでの16通りからそのまま続けて記入して求めることもできます。

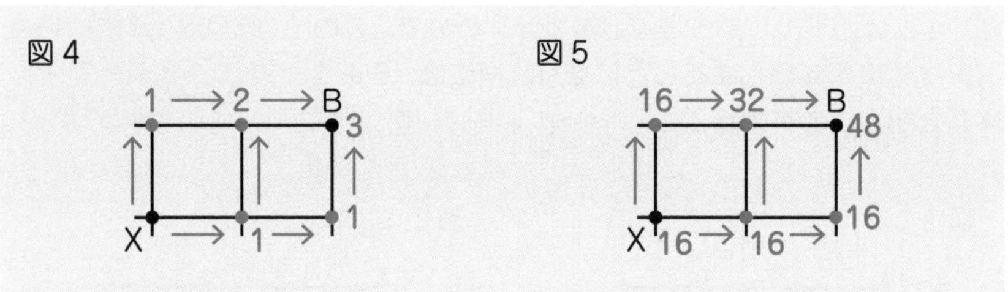

以上より、正解は肢1です。

正解⇨ 1

過去問研究 5　位置関係

以前は割と高い頻度で出題されていましたが、最近はそれほどでもありません。出題パターンはいくつかあり、似たような問題もよく出題されています。

パターン11　　A 2020年 出題

ある地域の 6 地点 A～F の位置関係について調べたところ、次のことが分かった。

ア　地点 A は、地点 B から真北に向かって 45° の左前方にあり、かつ地点 F の真北にある。
イ　地点 B は、地点 E から真北に向かって 45° の右前方にあり、かつ地点 C の真東にある。
ウ　地点 D は、地点 C から真南に向かって 45° の左前方にあり、かつ地点 E の真北にある。
エ　地点 E から地点 F までの直線距離は、地点 B から地点 C までの直線距離の $\frac{1}{2}$ 倍である。
オ　地点 F は、地点 C から真南に向かって 45° の左前方にあり、かつ地点 E の真東にある。

以上から判断して、確実にいえるのはどれか。ただし、地点 A～F は平坦な地形上にあるものとする。

1. 地点 A は、地点 C から真北に向かって 45° の右前方にある。
2. 地点 A は、地点 E から真北に向かって 45° の右前方にある。
3. 地点 D は、地点 A から真南に向かって 45° の右前方にある。
4. 地点 D は、地点 B から真南に向かって 45° の右前方にある。
5. 地点 F は、地点 B から真南に向かって 45° の右前方にある。

同じ形式の問題が、B 2015 年と 2006 年にも出題されています。このパターンの問題は、解説のように、簡単な方眼を引いて図を描くとわかりやすいですよ。

条件エ以外は、文章の形が同じなので、まとめてみていきます。まずは、上を北方向として、それぞれを図に表すと、図 1 のようになります。

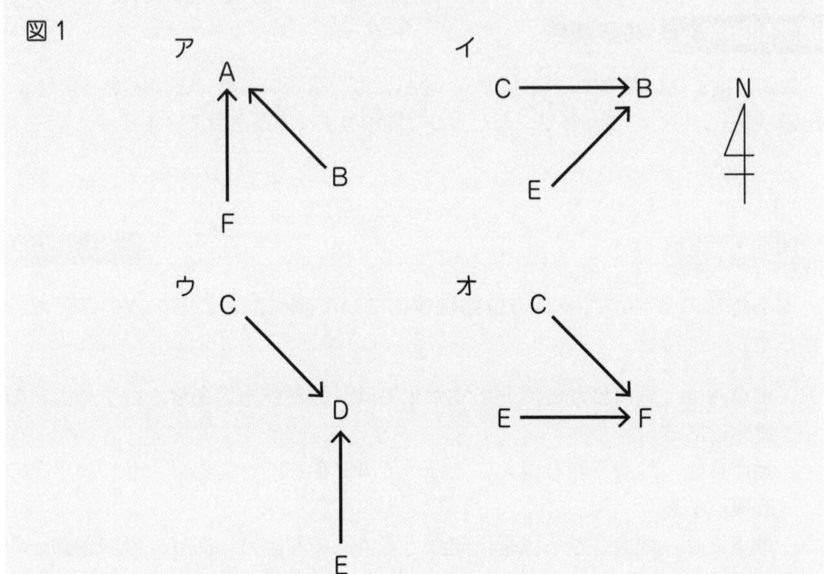

ここで、条件エを満たすような、B，C，E，Fの位置関係を考えます。

図1の、条件イ，オの図からわかるように、BとC、EとFは、それぞれ東西に並んでいて、BとCのほうが北のほうにありますね。そして、条件エより、BとCを結んだ線分BCは、EとFを結んだ線分EFの2倍の長さです。

こうすると、45°の方向や長さがわかりやすいからね。

では、ここで、図2のような、簡単な方眼を用意して、まず、上（北）のほうに、BCを適当に描きます。

さらに、図1の条件イ，オから、Bから南西方向にE、Cから南東方向にFを、EFがBCの半分の長さになる位置に取ります（図3）。

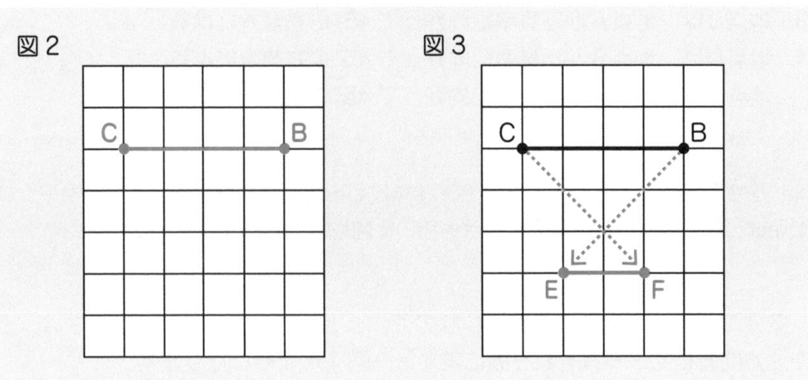

あと、残るのはAとDですが、図1の条件ア，ウより、それぞれ、図4の位置に決まりますね。

図4

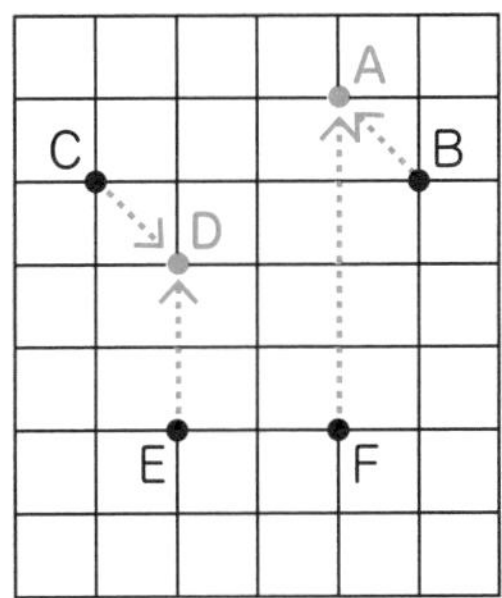

これより、選択肢を確認すると、肢3について、Aから見てDは、図5のような45°の位置関係にあり、確実にいえるとわかります。

図5

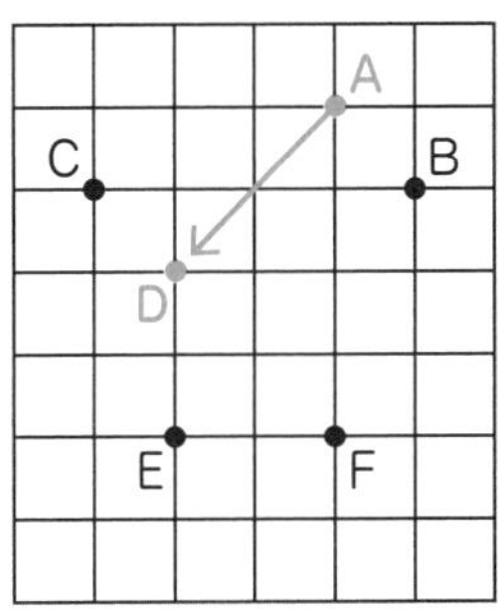

よって、正解は肢3です。

正解 ⇨ 3

過去問研究 6 対応関係

A，Bとも、数年に１問位しか出題されていません。条件が多く複雑そうに見える問題が多いですが、解いてみると、割と素直で得点しやすい問題が多いです。

パターン12

A 2017年 出題

ある書店は、年中無休で午前 10 時から午後 6 時まで営業しており、店員A～Eの５人が、次のア～キの条件で勤務している。

ア　各曜日とも、勤務する店員は３人である。
イ　店員Aは、週５日勤務し、火曜日と他の決まった曜日に休む。
ウ　店員Bは、週３日勤務する。
エ　店員Dは、週４日勤務し、月曜日、金曜日、及び土曜日に休む。
オ　店員Eは、店員Aが休む２日間と、土曜日、日曜日及び他の決まった曜日の週５日勤務し、２日続けて休む。
カ　各曜日とも、店員A、店員D及び店員Eのうち、同日に勤務するのは２人だけである。
キ　各曜日とも、店員B及び店員Dは、同日に勤務することはない。

以上から判断して、店員Cが勤務する曜日の組合せとして、妥当なのはどれか。

1. 月曜日、火曜日、水曜日、土曜日
2. 月曜日、水曜日、金曜日、日曜日
3. 月曜日、木曜日、金曜日、土曜日
4. 火曜日、水曜日、木曜日、日曜日
5. 火曜日、木曜日、金曜日、土曜日

ほぼ同じ問題が、A 2009 年にも出題されています。条件は多いですが、内容はけっこう単純です。

店員A～Eと、勤務する曜日の対応関係を考える問題で、表１のような対応表を作成して、条件を整理します。

まず、条件アより、各曜日の勤務する人数の合計欄に３と記入します。

各曜日とも３人だから、特にいらないと思うけど、忘れそうなら書いておこう！

次に、条件イ〜オからわかることを記入し、各人の勤務する日数の合計も記入します。条件エより、Dについては、勤務する4日もわかりますね。また、条件イ，オより、店員Eは火曜日に勤務することもわかります（表1）。

表1

	月	火	水	木	金	土	日	計
A		×						5
B								3
C								
D	×	○	○	○	×	×	○	4
E		○				○	○	5
計	3	3	3	3	3	3	3	21

ここで、条件カについて考えると、各曜日とも、A，D，Eのうち2人が勤務するので、Dが休む月曜日、金曜日、土曜日は、AとEが勤務することになります。

そして、これを表に記入すると、Eが勤務する5日が判明しますので、Eは水曜日と木曜日は休みで、この2日はAが勤務することになり、Aは日曜日に休むとわかります（表2）。

表2

	月	火	水	木	金	土	日	計
A	○	×	○	○	○	○	×	5
B								3
C								
D	×	○	○	○	×	×	○	4
E	○	○	×	×	○	○	○	5
計	3	3	3	3	3	3	3	21

さらに、条件キより、BとDは同日に勤務しないので、Dが勤務する4日はBが休みで、Bが勤務するのは、月曜日、金曜日、土曜日の3日となります。

条件カから、BとCのうち1人が勤務するので、条件キから、CはDと同じ日に勤務すること気づけば速いかな。

そうすると、各曜日とも3人が勤務するので、Cが勤務するのは、火曜日、水曜日、木曜日、日曜日の4日とわかります（表3）。

表3

	月	火	水	木	金	土	日	計
A	○	×	○	○	○	○	×	5
B	○	×	×	×	○	○	×	3
C	×	○	○	○	×	×	○	4
D	×	○	○	○	×	×	○	4
E	○	○	×	×	○	○	○	5
計	3	3	3	3	3	3	3	21

よって、正解は肢4です。

正解 ⇒ 4

過去問研究７ 試合

数年に１問程度しか出題されていませんが、最近では、2023 年にＡでトーナメント戦の出題がありました。ここでは、ちょっと特徴的な問題を１問ご紹介します。

パターン13

B 2019年 出題

Ａ～Ｅの５種類のカードを用いて２人で行うカードゲームがある。ゲームは、５種類のカードをそれぞれ持ち、同時にカードを１枚ずつ出し合って、各カード間の強弱の関係により勝負を決めるものである。これらのカードの関係について、次のことが分かっている。

ア　ＢはＤに強く、ＤはＥに強い。
イ　Ｃは３種類のカードに強く、そのうちの２種類はＥが強いカードの種類と同じである。
ウ　ＢとＤとＥはいずれも２種類のカードに強い。
エ　ＡはＣに弱い

以上から判断して、５種類のカードの関係として、正しくいえるのはどれか。ただし、引き分けとなるのは、同じ種類のカードを出し合ったときのみである。

1. ＡはＤに弱い。
2. ＢはＥに強い。
3. ＣはＢに弱い。
4. ＤはＣに弱い。
5. ＥはＡに強い。

ほぼ同じ問題が、B 2011 年にも出題されています。一見、試合の問題なのかどうかもわからないような問題ですが、リーグ戦で使う勝敗表が有効に使えるんですよ。

条件アを見ると、Ａ～Ｅを強い順に並べる「順序関係」の問題のようにも見えます。しかし、そうではないことが条件ウでわかりますね。すなわち、どのカードに強く、どのカードに弱いかは、序列で決まっているわけではないということになります。

後ろから３番目が３つもあることになるもんネ。

ただ、それでも、組合せによって強弱の関係があるわけで、同じ強さのカードはないわけですね。ここで、この「強い」「弱い」を「勝った」「負けた」に置き換えてみると、A～Eがそれぞれ自身以外の4種類と勝ち負けを決める、リーグ戦（総当たり戦）と同じように考えることができます。

「3種類に強い」＝「1種類に弱い」となるので、この場合は「3勝1敗」のように考えるんだね。

これより、表1のような表を用意し、縦に並んだA～Eから見て、それぞれ横の列にある他のカードに対して、強い（勝ち）なら○、弱い（負け）なら×を記入して、調べてみることにします。

まず、条件ア，エを記入し、条件イ，ウから、自身のほうが強いカードの数（勝ち数）と弱いカードの数（負け数）も記入します（表1）。

表1

	A	B	C	D	E	強い－弱い
A			×			
B				○		2－2
C	○					3－1
D		×			○	2－2
E				×		2－2

「BはDに強い」＝「DはBに弱い」だからね。○と×は、セットで記入しよう。

ここで、条件イについて考えます。Eが強いカードは2種類ですが、Dには弱いので、A，B，Cのうちの2種類ですね。そして、それは、Cが強いカード3種類の中にあるということですから、Cではなく、AとBであるとわかります。

「Cが強いカード」は、C以外の4種類の中の3種類だからね。

これより、Eは、AとBに強く、残るCに弱いとわかります。さらに、Eが強いAとBは、Cが強い3種類のカードに含まれているので、CはBに強く、ここまでを記入します（表2）。

表2

	A	B	C	D	E	強い－弱い
A			×		×	
B			×	○	×	2－2
C	○	○			○	3－1
D		×			○	2－2
E	○	○	×	×		2－2

表2より、Bは、残るAに強く、Cは、残るDに弱く、これを記入すると、Dは、残るAに弱いとわかります（表3)。

表3

	A	B	C	D	E	強い－弱い
A		×	×	○	×	1－3
B	○		×	○	×	2－2
C	○	○		×	○	3－1
D	×	×	○		○	2－2
E	○	○	×	×		2－2

以上より、選択肢を確認すると、正解は肢5です。

正解 ⇨ 5

過去問研究８ 論理

数年に１問出題される程度で、近年ではほとんど出題がありません。

繰り返し出題されている問題というのはありませんが、どの問題も同じような形で、論理式で簡単に解ける問題ばかりです。

パターン14

A 2019年 出題

ある小学校の児童について、好きな玉子料理を調べたところ、次のことが分かった。

A　厚焼玉子が好きな児童は、オムレツが好きである。
B　目玉焼が好きな児童は、厚焼玉子が好きである。
C　かき玉汁が好きでない児童は、目玉焼が好きであり、かつオムレツが好きである。
D　伊達巻が好きな児童は、かき玉汁が好きでない。

以上から判断して、確実にいえるのはどれか。

1. 厚焼玉子が好きでない児童は、伊達巻が好きでない。
2. オムレツが好きでない児童は、かき玉汁が好きでない。
3. かき玉汁が好きでない児童は、厚焼玉子が好きでない。
4. 伊達巻が好きな児童は、目玉焼が好きでない。
5. 目玉焼が好きな児童は、オムレツが好きでない。

論理式を使って簡単に解けるサービス問題です。2023年までの20年間で出題された問題は、いずれも本問と同形式、同レベルの問題ですので、得点源になります。

条件A～Dを論理式に表すと、次のようになります。

A　厚焼 → オム
B　目玉 → 厚焼
C　$\overline{\text{かき}}$ → 目玉 ∧ オム
D　伊達 → $\overline{\text{かき}}$

論理式を知らない人は、巻末公式集10でマスターして！

Cについては、分解して、次のようにしておきます。

$$\text{C}\qquad \overline{\text{かき}} \rightarrow \text{目玉}\qquad \overline{\text{かき}} \rightarrow \text{オム}$$

ここから、共通するものに着目して、A～Dをまとめます。

まず、AとBには「厚焼」が共通していますので、図１のようにまとめます。

図１

$$\begin{array}{ccc} \text{目玉} & & \\ \downarrow & & \\ \text{厚焼} & \rightarrow & \text{オム} \end{array}$$

さらに、Cより、「$\overline{\text{かき}}$」を加え、Dより、「伊達」を加えて、図２のようにまとめます。

図２

$$\begin{array}{ccccc} \text{目玉} & \leftarrow & \overline{\text{かき}} & \leftarrow & \text{伊達} \\ \downarrow & & \downarrow & & \\ \text{厚焼} & \rightarrow & \text{オム} & & \end{array}$$

論理式で、○から△に矢印がつながれば、「○→△」が確実にいえるってことだからね。

これより、ここから確実にいえるかどうかを、選択肢のそれぞれについて確認します。

肢１　図２より、「伊達→厚焼」がいえますので、その対偶である「$\overline{\text{厚焼}}$→$\overline{\text{伊達}}$」もいえ、本肢は確実にいえます。

肢２　条件Cの「$\overline{\text{かき}}$→オム」の対偶から、「$\overline{\text{オム}}$→かき」がいえますので、「オムレツが好きでない児童は、かき玉汁が好き」となり、本肢は誤りです。

肢３　図２より、「$\overline{\text{かき}}$→厚焼」がいえますので、「かき玉汁が好きでない児童は、厚焼玉子が好き」となり、本肢は誤りです。

肢４　図２より、「伊達→目玉」がいえますので、「伊達巻が好きな児童は、目玉焼が好き」となり、本肢は誤りです。

肢５　図２より、「目玉→オム」がいえますので、「目玉焼が好きな児童は、オムレツが好き」となり、本肢は誤りです。

以上より、正解は肢１です。

正解⇒ 1

東京都の数的推理

対象範囲
▶東京都Ｉ類Ａ事務，Ｂ行政　No.13 ～ No.16（※「基本情報」参照」）
▶東京都Ｉ類Ａ技術，Ｂ技術　No.14 ～ No.18

図形、整数、速さと、なぜか数列。

基本情報

Ａ事務、Ｂ行政（一般方式）とも教養試験の No.13 ～ 16 の 4 問が、「数的推理の枠」でした。しかし、2023 年のＢは、No.13 ～ 17 の 5 問に増え、その分、空間把握が 1 問減っています。ただ、以前から、この枠の 4 問以外に、空間把握で「図形の計量」が出題されることが多く、判断推理でも「確率」や「場合の数」が出題されていますので、それらも含めると 6 ～ 8 問程度の出題があり、数的推理を重要視しているのがわかります。

また、Ａ，Ｂとも技術については、No.14 ～ 18 の 5 問が「数的推理の枠」となっており、判断推理と同様に、事務や行政の 4 問に 1 問が追加されていますが、2023 年のＢでは、全く同じ 5 問が出題されています。2022 年までの追加の 1 問は、「図形の計量」などの頻出分野が多いようです。

データ

Ｉ類Ｂの数的推理の 2023 年までの出題データは、次のとおりです。

東京都Ｉ類Ｂ 行政（一般方式） 2023 年までの 10 年間の出題内容

	2023	2022	2021	2020	2019	2018	2017	2016	2015	2014
No.13	不等式	比と割合	整数	速さ	最適値	最適値	年齢算	整数解	不等式	整数解
No.14	比と割合	比と割合	整数	図形の計量	図形の計量	図形の計量	図形の計量	図形の計量	図形の計量	図形の計量
No.15	図形の計量	図形の計量	図形の計量	図形の計量	数列	n 進法	整数	数列	剰余系	n 進法
No.16	図形の計量	数列	魔方陣	図形の計量	整数	整数	仕事算	整数	数列	整数
No.17	n 進法									

東京都Ⅰ類B 行政（一般方式） 2023年までの20年間のテーマ別の出題数

	図形の計量	整数	数列	比と割合	n進法	不等式	最適値	速さ	仕事算	その他
2014～2023年	13	7	4	3	3	2	2	1	1	5
2004～2013年	12	5	7	1	2	2	1	3	2	5
合計	25	12	11	4	5	4	3	4	3	10

※2004～2008年は、A，B区分はないので「東京都Ⅰ類」の出題内容を集計しています。

「図形の計量」の出題数が多く、空間把握の枠も含めて3，4問出題されることもよくあります。あとは、「整数」も頻出で、最近、「比と割合」も増えてきています。また、他の試験であまり出題されない「数列」の出題が多いのも特徴です。

他の試験と比べると、やや数学っぽい印象を受ける問題が多く、本質的な理解が求められる傾向にあります。ただ、本書でご紹介するように、同じような問題が繰り返し出題されており、解法を覚えれば解ける問題も少なくありません。

また、Ⅰ類Aについては、以下のようになります。

東京都Ⅰ類A 事務2023年までの10年間の出題内容

	2023	2022	2021	2020	2019	2018	2017	2016	2015	2014
No.13	速さ	時計算	比と割合	速さ	濃度	速さ	濃度	速さ	不等式	濃度
No.14	数列	年齢算	図形の計量	整数	最適値	不等式	比と割合	計量	図形の計量	図形の計量
No.15	仕事算	平均算	最適値	図形の計量	図形の計量	図形の計量	図形の計量	図形の計量	速さ	暦算
No.16	整数	数列	整数	数列	覆面算	場合の数	数列	覆面算	覆面算	時計算

東京都Ⅰ類A 事務 2023年までの15年間のテーマ別の出題数

	図形の計量	比と割合	速さ	数列	整数	最適値	不等式	仕事算	n進法	その他
2014～2023年	9	5	5	4	3	2	2	1	1	8
2009～2013年	6	2	0	0	4	2	0	2	0	4
合計	15	7	5	4	7	4	2	3	1	12

Bと比べると、「速さ」の問題が多く、また、「整数」の問題が少ないですね。計算の量などを見ても、Bよりやや易しめの傾向があります。

過去問研究 9 図形の計量

Bでは毎年1問以上出題されており、空間把握でも1，2問出題されることがあります。また、Aでは、2022年、2023年では出題がありませんが、空間把握で2～3問出題されており、数的処理全体を通して、ダントツの頻出テーマといえます。

数的推理の枠で、繰り返し出題されている問題は7パターンほどですが、その他にも色々な問題が出題されています。他の試験同様、三平方の定理がよく使われますが、角度や円の定理など幅広い内容となっています。

けっこう面倒な計算を必要とする問題が少なくなく、時に、かなりの難問（高校数学の知識が必要な問題など）も出題されていますので、問題を選ぶことと時間配分に注意が必要です。

パターン15

B 2021年 出題

下の図のように、一辺の長さ $4a$ の正方形ＡＢＣＤの頂点Ａに、一辺の長さ $3a$ の正方形ＥＦＧＨの対角線の交点を合わせて二つの正方形を重ねたとき、太線で囲まれた部分の面積として、正しいのはどれか。

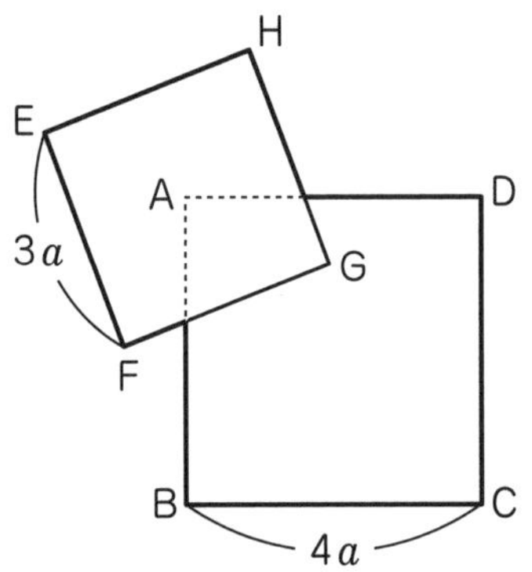

1. $\frac{89}{4}a^2$　　2. $\frac{91}{4}a^2$　　3. $\frac{93}{4}a^2$　　4. $\frac{95}{4}a^2$　　5. $\frac{97}{4}a^2$

ほぼ同じ問題がB 2016年にも出題されています。図を少し変形すれば簡単に解くことができ、東京都の図形の計量問題としては、かなりのサービス問題です。

1辺が4aの正方形をア、1辺が3aの正方形をイとします。2つの正方形は、アの頂点とイの重心が重なっている以外の条件がありませんので、位置関係は固定しません。

対角線の交点、つまり、どまん中の点ね。

すなわち、イは、重心をAに置いたまま回転させることができるわけで、それでも、太線で囲まれた部分の面積は確定するということですから、ここは、都合のいい形にイの向きを変えてみましょう。

そうすると、やはり、考えやすいのは、図1のように、2つの正方形の辺が平行になる状態ですね。2つの正方形が重なる部分は、イのちょうど$\frac{1}{4}$に当たるのがわかります。

図1

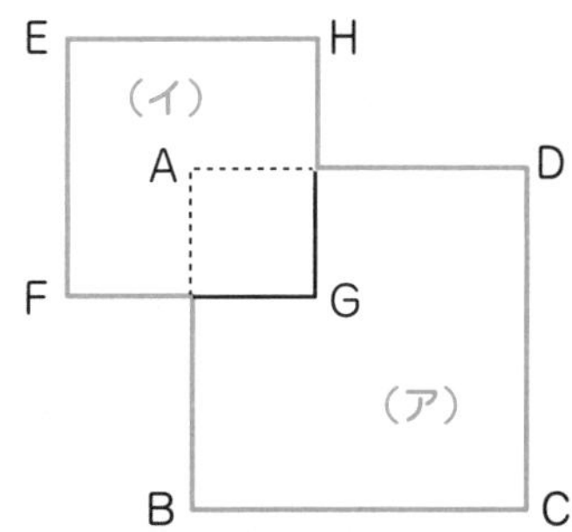

これより、太線部分の面積は、

$$
\begin{aligned}
&\text{アの面積} + \text{イの面積} - \text{イの面積の}\frac{1}{4}\\
&= (4a)^2 + (3a)^2 - (3a)^2 \times \frac{1}{4}\\
&= 16a^2 + 9a^2 - \frac{9}{4}a^2\\
&= \frac{91}{4}a^2
\end{aligned}
$$

となり、正解は肢2です。

本番では、この解法で十分ですが、一応、きちんと解く方法も説明いたします。図2のように、AからFG，GHに垂線を下ろし、交点をI～Lとします。

図２

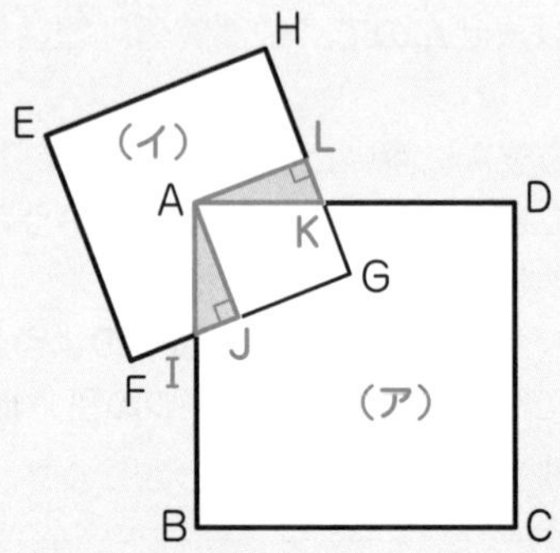

四角形ＡＪＧＬは、イのちょうど$\frac{1}{4}$の正方形で、１辺の長さはイの半分ですね。

そうすると、△ＡＩＪと△ＡＫＬについて、

$$AJ = AL = 3a \times \frac{1}{2}$$
$$\angle AJI = \angle ALK = 90^\circ$$
$$\angle IAJ = \angle KAL = 90^\circ - \angle JAK$$

となり、２つの三角形は合同になることがわかります。

「１辺とその両端の角が等しい」という合同条件を満たすね。まあ、「何となく合同」でもいいけどね。

これより、四角形ＡＩＧＫの面積は、四角形ＡＪＧＬの面積と同じであることがわかり、イの向きにかかわらず、先ほどの計算で求められることがわかりますね。

△ＡＩＪの部分を△ＡＫＬの部分に移動してみるとわかるね。

正解⇨ ２

パターン16

B 2018年 出題

下の図のような台形の高さ h として、正しいのはどれか。

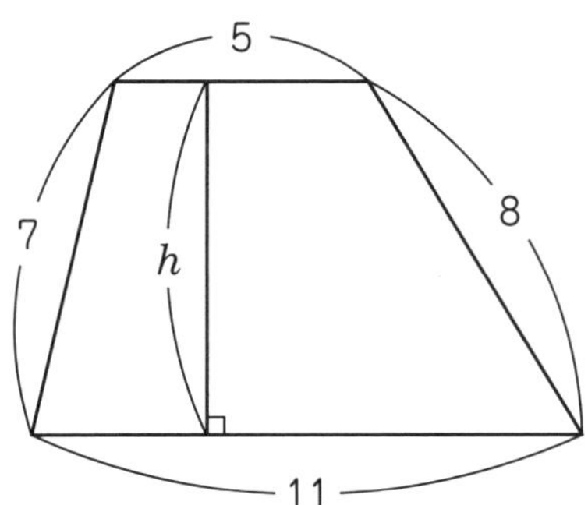

1. $\dfrac{7\sqrt{3}}{2}$　2. $\dfrac{7\sqrt{15}}{4}$　3. $\dfrac{3\sqrt{21}}{2}$　4. $\dfrac{5\sqrt{39}}{4}$　5. $\dfrac{3\sqrt{30}}{2}$

数字が違うだけの問題が、A 2014 年にも出題されています。また、同じような問題は、他の試験でもよく出題されていますので、解法をしっかりマスターしてください。

図形の問題で、長さを求める場合は、たいていは、三平方の定理、または相似を使います。すなわち、直角三角形、または相似な図形を探すか、ない場合は作るなどを試してみてください。

そうすると、本問の場合、高さ h に当たる線分を引くことで、h を 1 辺とする直角三角形を作れますので、ここから、三平方の定理を使って解いてみましょう。

三平方の定理は、巻末公式集 11 で確認してね。

まず、図 1 のように、台形の頂点をＡ～Ｄとし、ＡとＤからＢＣに垂線ＡＥ、ＤＦを下ろします。それぞれの垂線は、台形の高さに当たりますね。

また、四角形ＡＥＦＤは長方形になりますので、ＥＦ＝ＡＤ＝5 ですから、ＢＥ＋ＦＣ＝11 － 5 ＝ 6 となり、ＢＥ＝x とすると、ＦＣ＝6 － x と表せます。

図 1

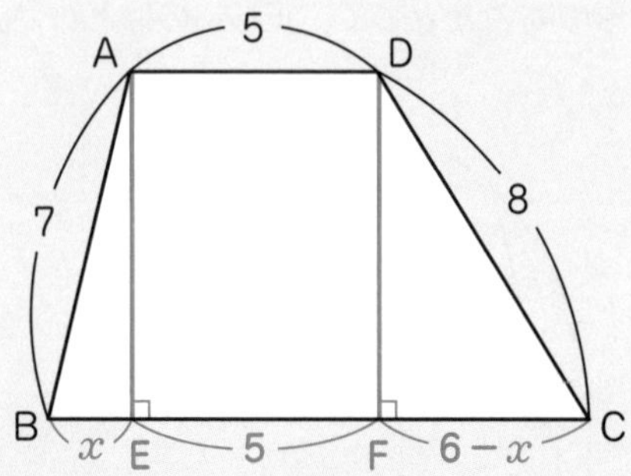

これより、x の値がわかれば、h もわかりますので、まず、2 つの直角三角形、△ABEと△CDFについて、三平方の定理より、次のような式を立てます。

△ABEについて、$h^2 + x^2 = 7^2 \rightarrow h^2 = 7^2 - x^2$ …①
△CDFについて、$h^2 + (6 - x)^2 = 8^2 \rightarrow h^2 = 8^2 - (6 - x)^2$ …②

①と②の左辺は同じ h^2 ですから、右辺どうしも等しくなり、次のように、x を求めます。

$$7^2 - x^2 = 8^2 - (6 - x)^2$$
$$49 - x^2 = 64 - (36 - 12x + x^2)$$
$$49 - x^2 = 64 - 36 + 12x - x^2$$
$$-12x = 64 - 36 - 49$$
$$-12x = -21 \qquad \therefore x = \frac{7}{4}$$

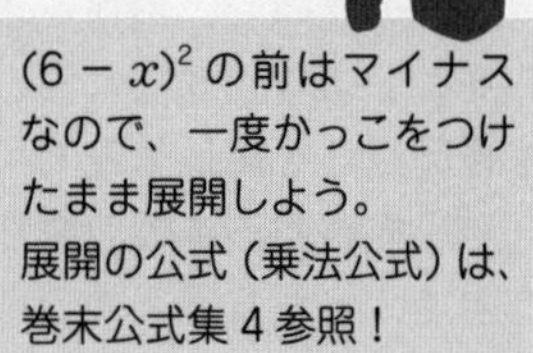

$(6 - x)^2$ の前はマイナスなので、一度かっこをつけたまま展開しよう。
展開の公式（乗法公式）は、巻末公式集 4 参照！

これで、$x = \frac{7}{4}$ とわかりましたので、あとは、①に代入して、h を求めます。

$$h^2 = 7^2 - \left(\frac{7}{4}\right)^2$$
$$= 7^2 - \frac{7^2}{16}$$
$$= \frac{7^2 \times 16 - 7^2}{16}$$
$$= \frac{7^2(16-1)}{16}$$
$$= \frac{7^2 \times 15}{16}$$

$h > 0$ より、$h = \dfrac{\sqrt{7^2 \times 15}}{4}$

$$= \frac{7\sqrt{15}}{4}$$

よって、正解は肢２です。

正解 ⇒ 2

パターン17

A 2016 出題

図のように、半径 5a の円Oがあり、長辺の長さ 5a、短辺の長さ a の長方形が、一方の長辺の両端で円Oに接しながら円Oの内側を 1 周するとき、長方形が通過する部分の面積として、正しいのはどれか。ただし、円周率は π とする。

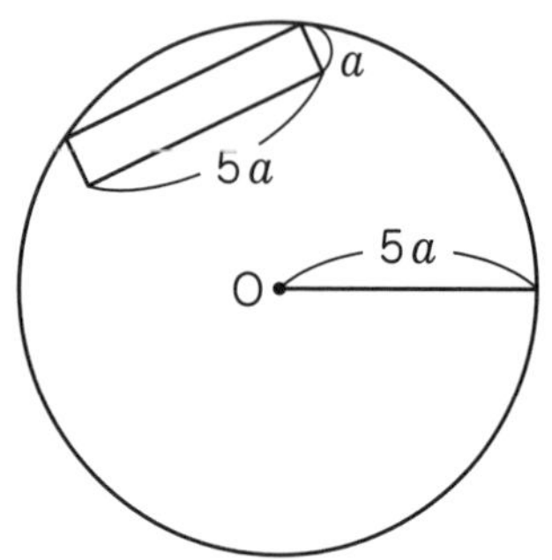

1. $\left(\frac{21}{4}\right)\pi a^2$
2. $\left(\frac{171}{4}-20\sqrt{3}\right)\pi a^2$
3. $\left(\frac{21}{4}+5\sqrt{3}\right)\pi a^2$
4. $(25-5\sqrt{3})\pi a^2$
5. $\left(\frac{171}{4}\right)\pi a^2$

ほぼ同じ問題が、B 2022 年（空間把握の枠）と 2007 年に、また、長方形を一本の線分にした問題が、B 2018 年、A 2023 年、A 2014 年にも出題されています。面倒な計算が必要になりますが、東京都の図形の計量問題では、この程度の計算はよくありますので、頑張ってください。

図 1 のように、長方形の頂点を A～D とすると、円Oに接している長辺の両端A，Dの 2 点が円Oに接した状態で、長方形は円周に沿って動くことになりますので、円周とその近辺部分は通ることがわかります。

図１

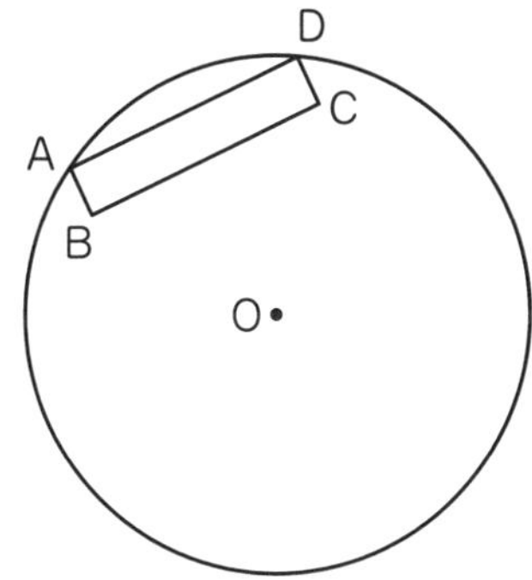

では、長方形が通らない部分を考えると、円の内側のほうになるわけですが、長方形の周上の点で、円Ｏの中心に最も近い点を考えると、図２のように、ＯからＢＣに下ろした垂線との交点Ｈとわかります。

すなわち、図のような半径ＯＨの円の内部は、長方形が通ることはありませんが、それ以外部分（図の色のついた部分）は通るとわかりますね。

図２

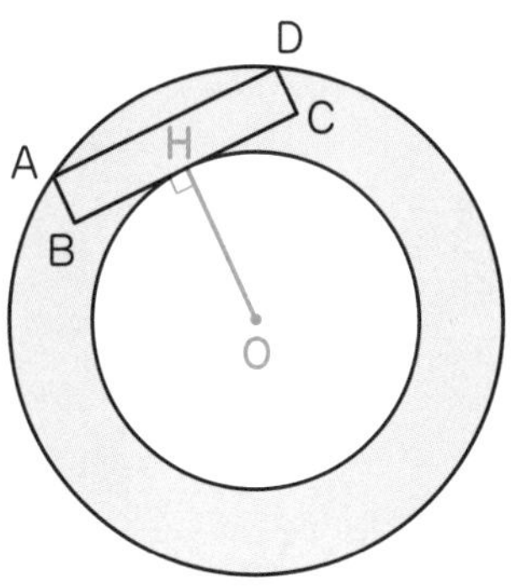

そうすると、ＯＨの長さがわかれば、面積は求められますので、これを求めるため、ＯＨを１辺とする直角三角形を描くことを考えます。

まず、図３のような、△ＯＢＨが描け、ＨはＢＣの中点ですから、ＢＨの長さはわかりますが、ＯＢの長さがわかりませんね。

ただ、近いところで考えると、ＯＡの長さは、円Ｏの半径５aですから、図４のように、ＯＨを

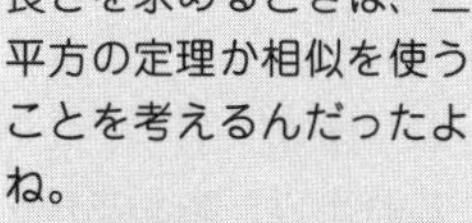

長さを求めるときは、三平方の定理か相似を使うことを考えるんだったよね。
この図には、相似な図形は見当たらないけど、直角マークがあるからね。

少し延長して、ＡＤとの交点をＨ′とすると、△ＯＡＨ′について、ＯＨ′の長さなら求められるとわかります。

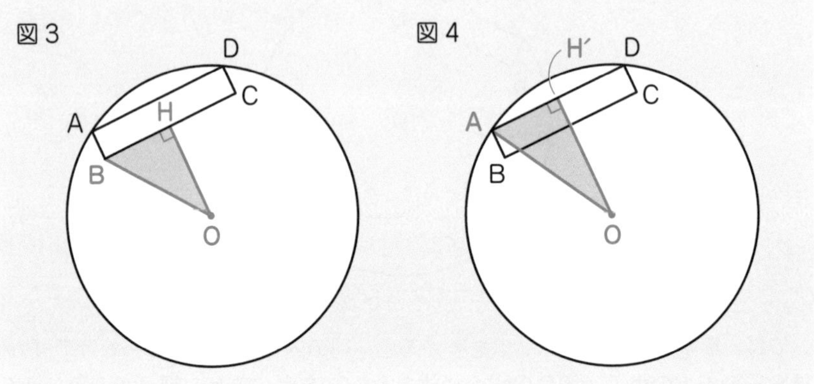

そうすると、ＨＨ′の長さは、ＡＢと同じ a ですから、ＯＨ′の長さがわかれば、ＯＨの長さもわかりますね。

ここで、あらためて、△ＯＡＨ′を見ると、ＯＡ＝ＡＤ＝５a ですから、ＯＡ：ＡＨ′＝２：１で、３辺比１：２：$\sqrt{3}$ の直角三角形となり、

△ＯＡＤは、３辺全て５a で、正三角形になるから、△ＯＡＨ′は、その半分で、30° 60° 90° の直角三角形（巻末公式集 12）になるんだ。

$$\text{OH}' = 5a \times \frac{\sqrt{3}}{2} = \frac{5\sqrt{3}}{2}a$$

より、ＯＨの長さは、

$$\text{OH} = \text{OH}' - \text{HH}' = \frac{5\sqrt{3}}{2}a - a$$
$$= \frac{5\sqrt{3}-2}{2}a$$

となります。

これより、求める部分の面積は、

円Oの面積　－　半径OHの円の面積

$$= (5a)^2\pi - \left(\frac{5\sqrt{3}-2}{2}a\right)^2\pi$$

$$= 25\pi a^2 - \frac{(5\sqrt{3}-2)^2}{4}\pi a^2$$

$$= 25\pi a^2 - \frac{25\times3-20\sqrt{3}+4}{4}\pi a^2$$

$$= 25\pi a^2 - \frac{79-20\sqrt{3}}{4}\pi a^2$$

$$= \frac{100-(79-20\sqrt{3})}{4}\pi a^2$$

$$= \frac{100-79+20\sqrt{3}}{4}\pi a^2$$

$$= \left(\frac{21}{4}+5\sqrt{3}\right)\pi a^2$$

「πa^2」は、全ての選択肢に付いているから、無視して、数字の部分だけ計算すればOK！
（　）^{2}の外し方は、巻末公式集4参照。

となり、正解は肢3です。

正解⇨ 3

過去問研究 10 整数

一般的な文章問題や演算記号の問題なども出題されていますが、やや数学っぽい、数式の問題が、他の試験と比べて多い印象です。

出題数はけっこう多く、Bではかなりの頻度で出題されています。また、Aでも、以前は少なかったのですが、最近はよく出題されています。

ここでは、数式の問題2パターンと、文章問題を1パターンご紹介しますが、他に、約数の個数を求める問題も、B 2013年と2009年に出題されていますので、こちらは、特別区編パターン18で確認してください。

パターン18

A 2021年 出題

一桁(けた)の正の整数 a、b、c について、$a + \dfrac{1}{b + \dfrac{2}{c}} = 3.16$ であるとき、$a + b + c$ の値として、正しいのはどれか。

1. 13　　2. 14　　3. 15　　4. 16　　5. 17

ほぼ同じ問題が、B 2017年、A 2012年、A 2009年に出題されています。数学っぽい問題に見えますが、実際は算数のような問題です。

与えられた数式を、次のように、「a」と「そのあとの分数」の形に分解し、「そのあとの分数」の部分を①とします。

$$a + \boxed{\dfrac{1}{b + \dfrac{2}{c}}} \leftarrow ①$$

①の分母「$b + \dfrac{2}{c}$」のうち、b は1桁の正の整数、つまり、1以上の数で、$\dfrac{2}{c}$ も正の数ですから、この分母は1より大きい数になります。

そうすると、①は、分子より分母のほうが大きいので、1より小さい数になりますね。

また、a は正の整数ですから、これに①を加えた値が、$3.16 = 3 + 0.16$ になるので、

$$a = 3 \qquad ① = 0.16$$

とわかります。

これより、①について、$0.16 = \dfrac{16}{100} = \dfrac{4}{25}$ですから、

$$\frac{1}{b + \dfrac{2}{c}} = \frac{4}{25}$$

となり、両辺をそれぞれ逆数にすると、

逆数とは、「1をその数で割った数」で、分数の場合は、分子と分母を入れ替えればOK。

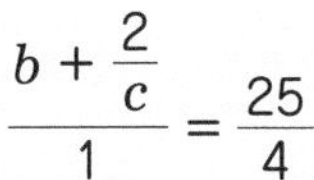

$$\frac{b + \dfrac{2}{c}}{1} = \frac{25}{4}$$

となります。

さらに、分母の「1」は省略し、$\dfrac{25}{4} = 6\dfrac{1}{4}$とすると、

$$b + \frac{2}{c} = 6 + \frac{1}{4}$$

となり、bは正の整数ですから、$\dfrac{2}{c}$の部分が分数になりますので、

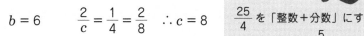

cが1や2だと、分数にならないから、cは3以上だね。

$$b = 6 \qquad \frac{2}{c} = \frac{1}{4} = \frac{2}{8} \quad \therefore c = 8$$

とわかります。

よって、$a + b + c = 3 + 6 + 8 = 17$となり、正解は肢5です。

$\dfrac{25}{4}$を「整数＋分数」にする方法は、「$5 + \dfrac{5}{4}$」とかもあるけど、分子が2になることを考えると、この方法しかないとわかるよね。

正解 ⇒ **5**

パターン19　　**B 2019年 出題**

正の整数 x、y があり、$x < y$ であるとき、下の式における x、y の組合せの数として、正しいのはどれか。

$$\frac{1}{x} + \frac{1}{y} = \frac{1}{6}$$

1. 3組　　2. 4組　　3. 5組　　4. 6組　　5. 7組

ほぼ同じ問題が、B 2013 年にも出題されていますし、他の試験でも過去に出題があります。やや数学っぽい問題ですが、解法を覚えてしまえば簡単です。

同じような問題がよく出題されていますので、解法を覚えてしまいましょう。

まず、$\frac{1}{x}$ と $\frac{1}{y}$ を足して $\frac{1}{6}$ なので、$\frac{1}{x}$ と $\frac{1}{y}$ はいずれも $\frac{1}{6}$ より小さい数になります。分子は同じ 1 ですから、分母が大きいほど分数の値は小さくなるので、x, y はいずれも 6 より大きい数で、条件より、$6 < x < y$ となることを覚えておきましょう。

では、ここで、与えられた数式の分母を払い、次のように因数分解をします。

$$\frac{1}{x} + \frac{1}{y} = \frac{1}{6}$$

両辺に $6xy$ をかけて、$6y + 6x = xy$

$$-xy + 6x + 6y = 0$$
$$xy - 6y - 6x = 0$$
$$y(x-6) - 6x = 0$$

両辺に 36 を足して、　$y(x-6) - 6x + 36 = 36$

$$y(x-6) - 6(x-6) = 36$$
$$(x-6)(y-6) = 36$$

36 は、6^2 だよ。これを両辺に足すことで、$(x-6)$ をもう 1 つ作って、$(x-6)$ でくくるんだ。

あとは、これを満たす整数 x, y を探すわけですが、x, y は6より大きい正の整数ですから、($x-6$) と ($y-6$) も正の整数となりますので、かけて 36 になる正の整数の組合せを探すと、次の 5 組があります。

つまり、「$\frac{1}{x}+\frac{1}{y}=\frac{1}{m}$」の形になる正の整数 x, y の組合せは、かけて m^2 になる正の整数の組合せだけあるので、面倒くさければ、これだけ覚えてしまってもOK！ただし、下にあるように、$x=y$ になる場合もあるから、与えられた条件に気をつけて！

(1, 36), (2, 18), (3, 12), (4, 9), (6, 6)

しかし、このうち、(6, 6) だけは、($x-6$) と ($y-6$) が同じ数になる、すなわち、$x=y$ となり、条件に反します。

残る 4 組については条件を満たし、次のようになりますね。

($x-6$, $y-6$) = (1, 36) の場合 → (x, y) = (7, 42)
($x-6$, $y-6$) = (2, 18) の場合 → (x, y) = (8, 24)
($x-6$, $y-6$) = (3, 12) の場合 → (x, y) = (9, 18)
($x-6$, $y-6$) = (4, 9) の場合 → (x, y) = (10, 15)

よって、正解は肢 2 です。

正解 ⇒ 2

パターン20

A 2020年 出題

各位（くらい）の数字がそれぞれ異なり、各位の数字の和が 16 となる 3 桁（けた）の正の整数がある。この整数のうち、一の位の数字と百の位の数字を入れ替えると、入れ替える前の整数に比べて297大きくなる整数の個数として、正しいのはどれか。

1. 3個　　2. 4個　　3. 5個　　4. 6個　　5. 7個

ほぼ同じ問題が、B 2017 年とA 2011 年に出題されています。とりあえず、式を立てますが、一の位の数字と百の位の数字の差は、「297」から大体わかりますよね。

入れ替える前の整数をX、あとの整数をYとして、それぞれを式に表します。
Xの、百の位を a、十の位を b、一の位を c とすると、

$$X = 100a + 10b + c$$

と表せ、これの a と c を入れ替えたのがYですから、

$$Y = 100c + 10b + a$$

と表せます。
そうすると、Yは X より 297 大きいので、

$$100c + 10b + a = 100a + 10b + c + 297$$
$$99c - 99a = 297$$
両辺を 99 で割って、$c - a = 3$

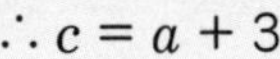

$$\therefore c = a + 3$$

となり、Xの一の位の数字は百の位の数字より 3 大きいとわかります。
これより、十の位は b と置いたまま、まずは、これを満たす 3 桁の整数を書き上げると、次の 6 個があります。

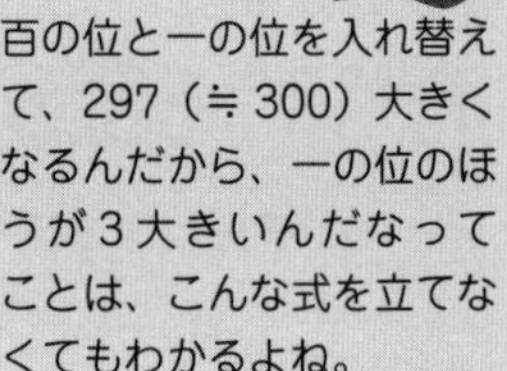

百の位と一の位を入れ替えて、297（≒ 300）大きくなるんだから、一の位のほうが 3 大きいんだなってことは、こんな式を立てなくてもわかるよね。

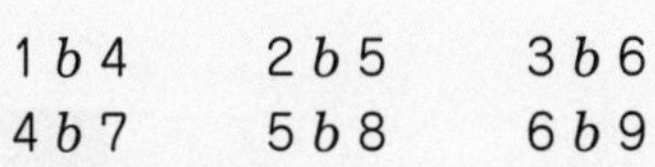

$1\,b\,4$	$2\,b\,5$	$3\,b\,6$
$4\,b\,7$	$5\,b\,8$	$6\,b\,9$

大きいのは一の位のほうだからね。逆にしないように気をつけて！

あとは、各位の数字の和が 16 となる b を確認すると、「1 b 4」については、$b = 11$ となり、b が 1 桁の整数になりませんので NG ですが、その他は次のように OK ですね。

295　　376　　457　　538　　619

よって、このような整数の個数は 5 個となり、正解は肢 3 です。

正解 ⇨ 3

過去問研究 11 速さ

最近は、Bでの出題はほとんどないですが、Aではよく出題されています。人と人がすれ違ったり追いかけたりという、旅人算のようなストーリーが多いですが、比を使って解く問題が主流です。ここでは、比を使うタイプと、旅人算の公式を使う２パターンをご紹介しますが、いずれも定番問題です。

パターン21

A 2018年 出題

A、Bの２人が、一周20kmの湖の周囲をAはオートバイに乗って、Bは自転車に乗って、午前10時00分に同じ地点から反対方向に走り始めた。Aは一周するまでの間、止まることなく走り続け、湖を一周し終えた。Bは途中でAと出会った地点で10分間留まって休憩をとった後、再び同じ方向に走り始めてから40分後に湖を一周し終えた。A、Bの走った速さはそれぞれ一定であり、Aが時速40kmで走ったとき、Bが湖を一周し終えた時刻として、正しいのはどれか。

1. 午前11時00分
2. 午前11時10分
3. 午前11時20分
4. 午前11時30分
5. 午前11時40分

ほぼ同じ問題が、2007年にも出題されていますし、本問は湖の周りですが、普通の直線道路で同様の問題は、他の試験でしょっちゅう出題されている定番問題で、特別区2011年でも出題されています。また、「仕事算」でも同じ仕組みの問題がよく出題されていますので、この後の「パターン30」と合わせて見ておいてください。

まず、Aの速さは時速40kmですから、20kmを一周するのにかかった時間は、

20 ÷ 40 = 0.5（時間）= 30分

とわかります。

ここで、図1のように、スタート地点をSとし、Aが時計回りに、Bが反時計回りに走り、2人が出会った地点をPとして、2人が出会うまでに、Aが走ったほうを（1）、Bが走ったほうを（2）とします。

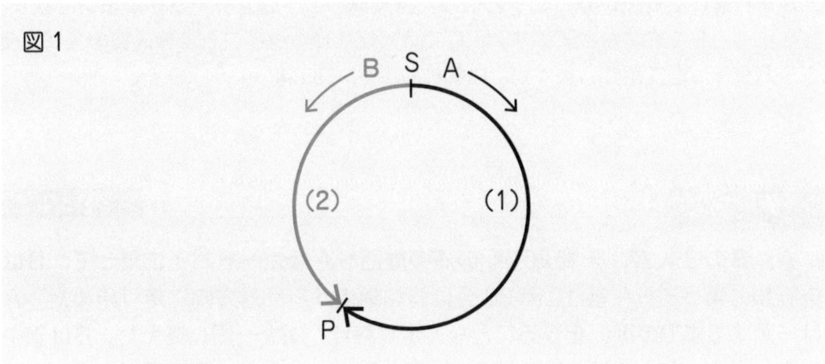

さらに、AとBがスタートしてから出会うまでにかかった時間をx分とすると、Aは、（1）にx分、（2）には30 − x（分）かかったとわかります。同様に、Bのほうは、（2）にx分で、（1）には40分かかっていますので、これを図2のように記入します。

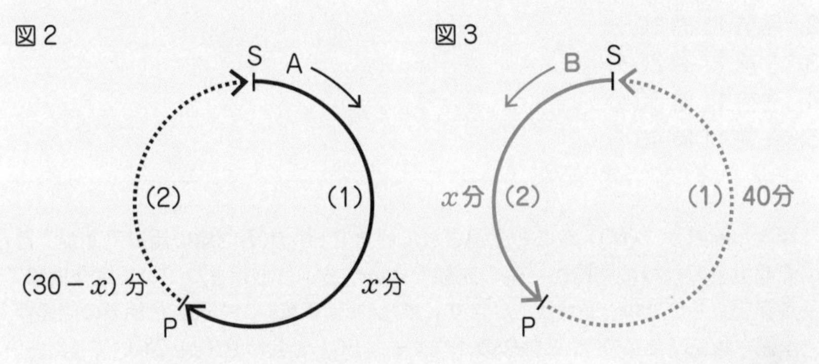

ここで、（1）と（2）の距離の比について考えると、AとBは、それぞれ一定の速さで走っていますので、距離の比はかかった時間に比例することから、まず、Aがかかった時間について、

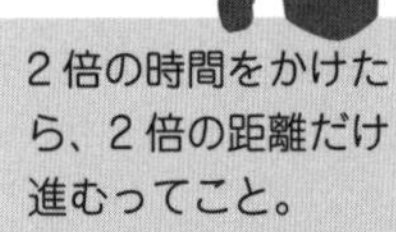

2倍の時間をかけたら、2倍の距離だけ進むってこと。

$$（1）の距離：（2）の距離 = x :(30 - x) \quad \cdots ①$$

となり、同様に、Bがかかった時間について、

$$(1)\text{の距離}:(2)\text{の距離} = 40 : x \quad \cdots②$$

となります。

そうすると、①，②より、次のような式が立ちますね。

外項の積＝内項の積
$a:b = m:n$ のとき、$an = bm$ が成り立つってやつ。

$$x : (30 - x) = 40 : x$$

外項の積＝内項の積より、$x^2 = 40(30 - x)$

$$x^2 = 1200 - 40x$$

$$x^2 + 40x - 1200 = 0$$

左辺を因数分解して、$(x - 20)(x + 60) = 0$

$$\therefore x = 20,\ x = -60$$

$x > 0$ より、$x = 20$

因数分解の公式は、巻末公式集４参照。

これより、ＡとＢはスタートしてから20分後に出会ったとわかり、Ｂは、Ｐまで20分走り、10分休憩して、その後40分走って一周したので、10時00分にスタートしてから70分後の11時10分に一周し終えたとわかり、正解は肢２です。

正解 ⇒ 2

パターン22

A 2015年 出題

線路沿いの道を一定の速さで走る自動車に乗っている人が、前方から来る電車に３分ごとに出会い、後方から来る電車に６分ごとに追い越された。全ての電車は、長さが等しく、速さ及び運転の間隔は一定であるとき、電車の運転の間隔として正しいのはどれか。ただし、自動車の長さは考えないものとする。

1. ４分　2. ４分15秒　3. ４分30秒　4. ４分45秒　5. ５分

中学受験などでも出題されている、旅人算の定番問題で、2005年には東京都と特別区の両方で出題されています。

電車の間隔（距離のほう）をＬｍとし、電車の速さを分速xm、自動車の速さを分速ymとして、まず、前方から来る電車と３分ごとに出会うことから考えます。

いま、この自動車が１本の電車Ａと出会ったとして、そこから３分後に、次の電車Ｂと出会うわけですから、図１のように、Ｌｍ離れた自動車と電車Ｂが３分後に出会う「出会い算」の場面となります。

旅人算の１つだね。公式は、巻末公式集５参照。

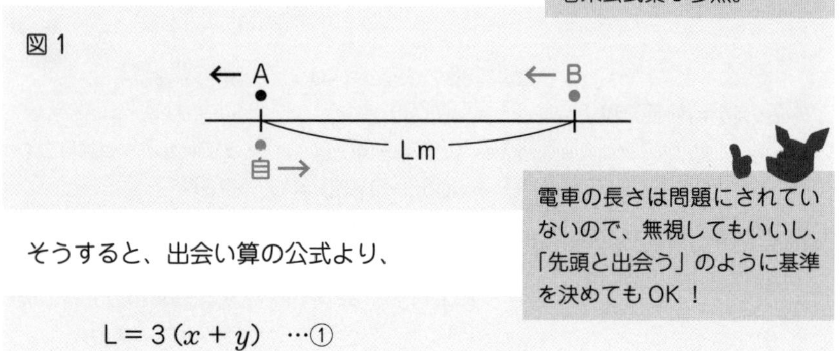

電車の長さは問題にされていないので、無視してもいいし、「先頭と出会う」のように基準を決めてもOK！

そうすると、出会い算の公式より、

$$L = 3(x + y) \quad \cdots ①$$

が成り立ちます。

次に、後方から来る電車に６分ごとに追い越されることについて、同様に考えます。

いま、この自動車が１本の電車Ｃに追い越されたとして、そこから６分後に、次の電車Ｄに追い越されるわけですから、図２のように、電車ＤがＬｍ離れた自動車を６分後に追い越す「追いかけ算」の場面となります。

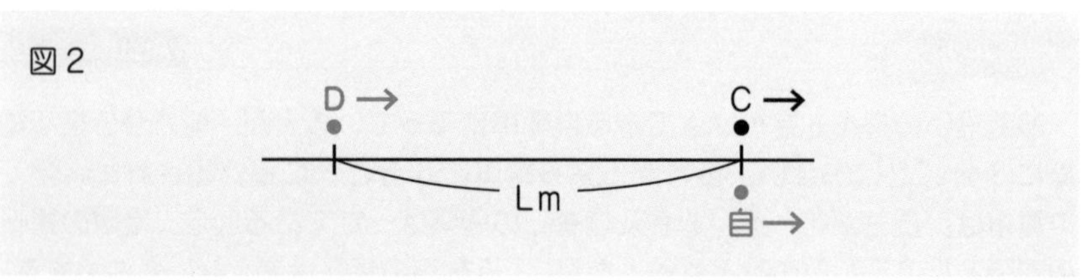

同様に、追いかけ算の公式より、

$$L = 6(x - y) \quad \cdots ②$$

が成り立ちますので、①と②について、左辺が等しいので、右辺も等しくなることから、

$$3(x+y)=6(x-y)$$
$$3x+3y=6x-6y$$
$$-3x=-9y \qquad \therefore x=3y$$

となり、電車の速さは自動車の３倍とわかります。

これより、電車の間隔（時間のほう）について考えると、たとえば、図１において、電車ＢがＬｍを走るのにかかった時間を求めればいいとわかりますね。

自動車が図１の位置で動かないでいるとすると、Ａが行っちゃってから、何分後にＢが来るかを考えればいいわけだね。

ここで、図３のように、図１の自動車と電車Ｂの位置をそれぞれＰ，Ｑとし、両者がすれ違う位置をＲとします。自動車がＰ、電車ＢがＱの位置からスタートして３分後にＲですれ違うわけですが、電車Ｂのほうが自動車に比べて速さが３倍なので、両者がこの３分間に走った距離も、電車Ｂが自動車の３倍とわかり、ＰＲ：ＱＲ＝１：３となりますね。

図３

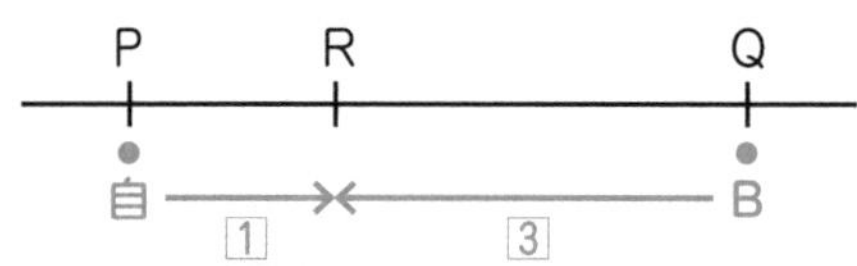

ということは、電車ＢはＱＲ間を３分で走るなら、ＲＰ間は１分で走ることになりますので、ＱＰ間＝Ｌを４分で走ることがわかり、これが電車の間隔となります。

よって、正解は肢１です。

正解 ⇨ 1

過去問研究 12　比と割合

一般的な比や割合に関する問題は、これまであまり出題されていませんでしたが、最近増えてきているようです。ここでは、過去に何度も出題されている濃度算の問題と、方程式を立てる文章問題をご紹介します。

パターン23　A 2019年 出題

ビーカーに入った濃度10%の食塩水200gに対して、次のA～Dの順番で操作を行ったところ、濃度4.5%の食塩水200gができた。

A　ある重さの食塩水をビーカーから捨てる。
B　Aで捨てた食塩水と同じ重さの純水をビーカーに加え、よくかき混ぜる。
C　Aで捨てた食塩水の5倍の重さの食塩水をビーカーから捨てる。
D　Cで捨てた食塩水と同じ重さの純水をビーカーに加え、よくかき混ぜる。

以上から判断して、Aで捨てた食塩水の重さとして、正しいのはどれか。

1. 12g　　2. 14g　　3. 16g　　4. 18g　　5. 20g

ほぼ同じ問題が、A 2014年とA 2009年で出題されています。近年ではAのみでの出題ですが、このタイプはけっこう昔から繰り返し出題されており、他の試験でも同様の出題が見られます。まともに解くと大変なので、ここでは、ちょっと速く解く方法をご紹介します。

本問のタイプは、捨てる→水を混ぜる→また捨てる→また水を混ぜる、というけっこう複雑な操作を行います。方程式ではもちろん大変ですし、てんびん算でもストレートには解けませんが、選択肢を代入することで割と簡単に解けるかと思います。

裏ワザなんで、確実に使える保証はない！
でも、過去に出題された問題は、全てこの方法で解けるんだ。だって、こうでもしないと時間内でなんか解けないしね。

Aで捨てた食塩水の重さを xgとします。Cで捨てた食塩水は5xgとなりますね。

まず、Bの操作について、てんびん算を使います。Aで捨てた残りの食塩水は 200 − x（g）で、ここに純水 x g を混ぜ合わせる関係で、図１のようなてんびん図が描けます。ここでできた食塩水の濃度は y %としておきましょう。

てんびん図は、巻末公式集９参照。２つのものを混ぜ合わせる場面で使うんだよ。

図１

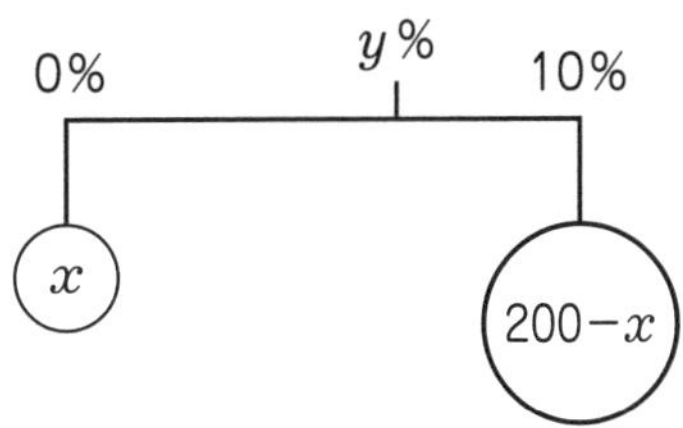

この操作で食塩水の量は 200 g に戻りましたので、次のCの操作で残る食塩水は、200 − 5x（g）ですね。

そうすると、次のDの操作では、ここに純水 5x g を混ぜ合わせる関係で、図２のようなてんびん図が描け、ここでできた食塩水の濃度が 4.5%になります。

図２

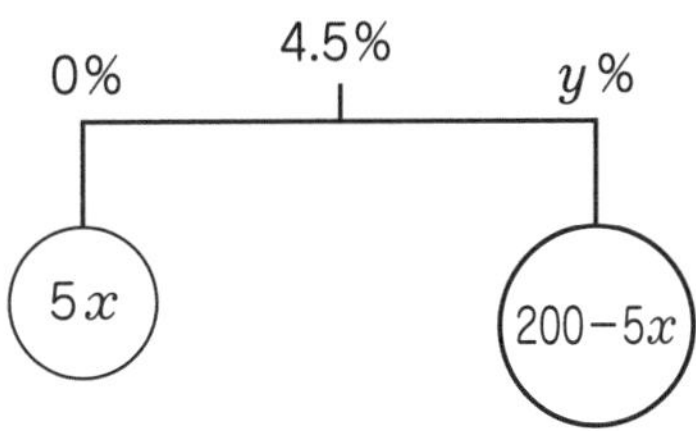

では、ここから先ですが、普通の問題であれば、図２から、たとえば y がわかって、それを図１に入れて x がわかって…、という流れになるわけですが、本問の場合は、中々思うようにいきません。

もちろん、かなり面倒ですが、方程式で解くこともできます。しかし、ここは、冒頭でお話ししたように、選択肢を代入する方法で解説することにします。

本問で求めるのは、Aで捨てた食塩水の量、すなわち、x ですね。なので、図の x のところに選択肢の数字を代入して、図１，２のてんびんがともに釣り合うかを確認するわけですね。

そして、その選択肢ですが、肢1から順に入れて行くと、運が悪ければけっこう時間がかかります。本問のタイプは、割ときれいな数字に答えがあることが圧倒的に多いので、ここは、選択肢で一番きれいな数字（計算しやすい数字）である、肢5の「20g」をまず代入してみます。

まあ、ダメっぽいのはすぐにわかるから、そういうとこに時間かけないようにね。

図3のように、図1のxに20を代入すると、右のおもりは、200 − 20 = 180（g）ですから、左右のおもりの比は、20：180 = 1：9となり、ウデの長さの比は9：1となります。そうすると、支点の位置は9%ですね。

さらに、図4のように、図2の$5x$に、5 × 20 = 100（g）を代入すると、右のおもりは、200 − 100 = 100（g）ですから、左右のおもりの比は、100：100 = 1：1となり、ウデの長さの比も1：1で、支点の位置は0%と9%のちょうどまん中で4.5%になります。

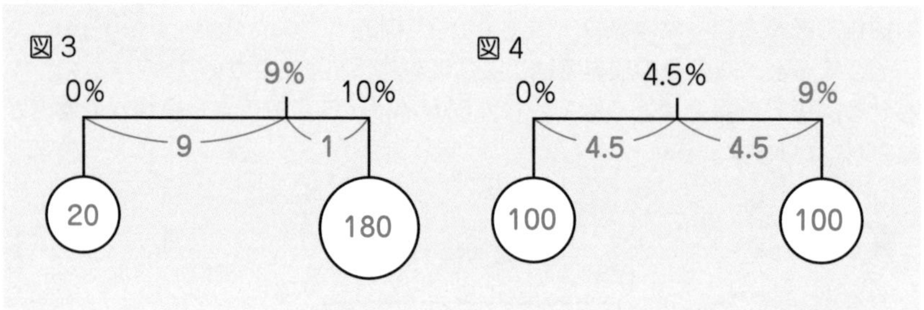

これで、両方のてんびん図が成立しましたので、肢5が正解と確認できますね。

正解⇨ 5

パターン24　　**A 2017年 出題**

2本の新幹線のぞみ、ひかりが品川駅に到着したとき、のぞみ、ひかりの乗客数の合計は2,400人であり、到着後、のぞみから降りた乗客数はひかりから降りた乗客数の3倍であった。出発までにのぞみには206人、ひかりには120人が乗ったため、品川駅に到着したときに比べ出発したときの乗客数は、のぞみが4%、ひかりが7%増加した。品川駅を出発したときののぞみ、ひかりの乗客数の合計として、正しいのはどれか。

1. 2,516人　2. 2,521人　3. 2,526人　4. 2,531人　5. 2,536人

ほぼ同じ問題が、B 2013年にも出題されています。計算が面倒なので、時間配分を考えて取り組んでください。

品川駅において、のぞみ、ひかりのそれぞれについて、

到着時の乗客数－降りた乗客数＋乗った乗客数＝出発時の乗客数

の関係で式を立てることを考えます。

この中でわかっているのは、「乗った乗客数」のみですが、「到着時の乗客数」は、のぞみとひかり合計で2,400人、「降りた乗客数」は、のぞみがひかりの3倍ですから、いずれも、片方を文字で置くと、もう片方が表せますね。また、「出発時の乗客数」は、「到着時の乗客数」に対する増加率が与えられていますので、「到着時の乗客数」をもとに表せます。

そうすると、文字を2つ使えば式を作ることができそうですし、のぞみとひかりで式を2本作れば、連立方程式として解いて求めることができます。

とはいえ、けっこう面倒な計算になるという予想はできるよね。本番では、時間配分を考えて、ここから先をやるかどうか決めよう！ちなみに、過去に出た問題は2問とも、正解は肢3。参考までに！

では、まず、到着時の乗客数について、

のぞみ　→　x人　　　ひかり　→　$2400-x$（人）

と表し、降りた乗客数については、ひかりのほうをyとして、

のぞみ → $3y$ 人　　ひかり → y 人

と表します。

さらに、出発時の乗客数は、

のぞみ → $1.04x$ 人　　ひかり → $1.07(2400-x)$ 人

到着時の4％増しは、到着時の人数に、（1＋0.04）をかけた人数になるよ。

と表せ、のぞみ、ひかりのそれぞれについて、次のような方程式が立ちます。

のぞみ　$x-3y+206=1.04x$　…①

ひかり　$2400-x-y+120=1.07(2400-x)$　…②

①×100より、$100x-300y+20600=104x$

$-4x-300y=-20600$

$4x+300y=20600$　…①′

②×100より、$240000-100x-100y+12000=107(2400-x)$

$240000-100x-100y+12000=107\times2400-107x$

$7x-100y=107\times2400-240000-12000$

$7x-100y=4800$　…②′

①′＋②′×3より、

$$\begin{array}{rrcl} & 4x+300y & = & 20600 \\ +) & 21x-300y & = & 14400 \\ \hline & 25x & = & 35000 \end{array}$$

$\therefore x=1400$

$x=1400$ を①′に代入して、$4\times1400+300y=20600$

$300y=20600-5600$

$300y=15000$　$\therefore y=50$

この右辺は、こうすると楽に計算できるよ。

$107\times2400-240000-12000$

$=107\times2400-2400\times100-2400\times5$

$=2400(107-100-5)$

$=2400\times2$

$=4800$

これより、到着時の乗客数は、のぞみが1,400人、ひかりが $2400-1400=1000$（人）で、出発時の乗客数は、

のぞみ　1400 × 1.04 = 1456（人）
ひかり　1000 × 1.07 = 1070（人）

となり、合計で、1456 + 1070 = 2526（人）とわかります。
よって、正解は肢3です。

降りた人数は、ひかりが50人、のぞみは150人だから、次のように求めてもOK
のぞみ
1400 − 150 + 206 = 1456
ひかり
1000 − 50 + 120 = 1070

正解 ⇒ 3

過去問研究 13　数列

公務員試験全体で見ると、「数列」の出題数はあまり多くはないのですが、東京都では比較的よく出題されています。

繰り返し出題されているパターンは4つほどありますが、やや特殊な2パターンをご紹介いたします。

パターン25

B 2021年 出題

次のア～エは、それぞれ一定の規則により並んだ数列である。空欄A～Dに当てはまる四つの数の和として、正しいのはどれか。

ア　1，4，10，[A]，46，……
イ　1，4，13，40，[B]，364，……
ウ　1，9，41，[C]，681，……
エ　1，11，41，91，[D]，251，……

1．453　　2．463　　3．473　　4．483　　5．493

ほぼ同じ問題が、B 2012年にも出題されています。数列が4つもあるのでヘビーな問題に見えますが、いずれも規則性はほとんど同じです。

数列の規則性を調べるとき、最初に確認して頂くのは、隣どうしの差が等しい「等差数列」と、隣どうしの比が等しい「等比数列」ですが、本問の4つの数列は、いずれもどちらにも当てはまらないとわかります。

そうすると、次は、隣どうしの差、つまり、「階差」を取って、階差の規則性を調べてみることにします。

等差数列は、たとえば、「2, 4, 6, 8, …」のように、等間隔で数字が並ぶ数列。等比数列は、たとえば、「1, 2, 4, 8, …」のように、何倍か（この場合は2倍）した数字が並ぶ数列だよ。

まず、アの階差を並べると、次のようになりますね。

ア　1, 4, 10, [A], 46, ……

階差→　3, 6,

この、階差を並べた「階差数列」の規則性が、仮に等差数列なら、「3, 6, 9, 12, …」ですので、これを当てはめてみると、

ア　1, 4, 10, [A], 46, ……

階差→　3, 6, 9, 12, …

となり、A = 10 + 9 = 19ですが、その次の項は、19 + 12 = 31で、46にはなりませんね。

しかし、等比数列なら、「3, 6, 12, 24, …」ですので、同様に当てはめると、

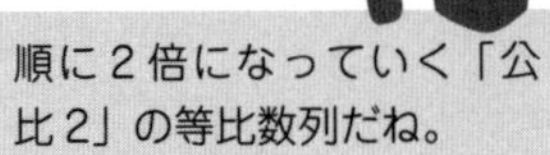
順に2倍になっていく「公比2」の等比数列だね。

ア　1, 4, 10, [A], 46, ……

階差→　3, 6, 12, 24, …

となり、A = 10 + 12 = 22で、その次の項は、22 + 24 = 46となり、規則性を満たします。

次に、イの数列について、同様に階差数列を作ると、

イ　　1，4，13，40，[B]，364，……

階差→　3，9，27，…

となり、順に3倍になっていますので、「3，9，27，81，243，…」という、公比3の等比数列と考えられます。

これより、同様に当てはめて確認すると、B = 40 + 81 = 121 で、その次の項は、121 + 243 = 364 となり、規則性を満たします。

同様に、ウの数列についても、階差数列を作ると、

ウ　　1，9，41，[C]，681，……

階差→　8，32，…

となり、ア，イと同じ等比数列と推測してみると、8 → 32 は4倍になっていますので、順に4倍して確認すると、C = 41 + 32 × 4 = 41 + 128 = 169 で、その次の項は、169 + 128 × 4 = 169 + 512 = 681 となり、規則性を満たします。

最後に、エの数列についても、階差数列を作ると、

エ　　1，11，41，91，[D]，251，……

階差→　10，30，50，…

となり、この場合は、隣どうしの間隔がいずれも20ですから、「10，30，50，70，90，…」という等差数列と推測すると、D = 91 + 70 = 161 で、その次の項は、161 + 90 = 251 となり、規則性を満たします。

以上より、A～Dの和は、22 + 121 + 169 + 161 = 473 となり、正解は肢3です。

正解⇒ 3

パターン26 A 2023 出題

下の図のようなパスカルの三角形において、上から 12 段目の左から 3 番目の数と、上から 15 段目の右から 9 番目の数との和として正しいのはどれか。

1 段目								1							
2 段目							1		1						
3 段目						1		2		1					
4 段目					1		3		3		1				
5 段目				1		4		6		4		1			
6 段目			1		5		10		10		5		1		
7 段目		1		6		15		20		15		6		1	
8 段目	1		7		21		35		35		・		・		・
・	・	・	・	・	・	・	・	・	・						
・	・	・	・	・	・	・	・	・	・	・					

1. 3,058　　2. 3,597　　3. 5,071　　4. 6,655　　5. 7,158

パスカルの三角形は、B 2019 年と 2007 年にも出題されていますが、公式を使って解くしか方法がないかと思います。簡単な公式ですから、試験の直前に確認するようにしてください。

パスカルの三角形というのは、見ての通り、一番上の頂点から左下と右下へ 1 を並べ、**隣り合う 2 数の和**を、そのすぐ下の行の間に置いていくというものです。

この規則性については、高校数学で習った二項定理に基づいており、各行の数が二項係数になっている…、ということなんですが、難しいことはどうでもいいです。

要するに、それぞれの数は、図 1 のようになっていると覚えてください。

図1

$$
\begin{array}{ccccccccc}
 & & & & {}_0C_0 & & & & \\
 & & & {}_1C_0 & & {}_1C_1 & & & \\
 & & {}_2C_0 & & {}_2C_1 & & {}_2C_2 & & \\
 & {}_3C_0 & & {}_3C_1 & & {}_3C_2 & & {}_3C_3 & \\
{}_4C_0 & & {}_4C_1 & & {}_4C_2 & & {}_4C_3 & & {}_4C_4 \\
\cdot & \cdot & \cdot & \cdot & \cdot & \cdot & & & \\
\cdot & \cdot & \cdot & \cdot & \cdot & \cdot & \cdot & &
\end{array}
$$

Cは、「場合の数」で使う、組合せの公式だよ。巻末公式集1参照。

これより、たとえば、上から5段目の左から2番目は、${}_4C_1$ となるように、

上から n 段目の左から r 番目の数 → ${}_{(n-1)}C_{(r-1)}$

1を引くのは、0から始まっているからだね。

となることがわかります。

ちなみに、問題の図でわかるように、左右対称ですので、左から r 番目の数は、右から r 番目の数と同じです。

そうすると、上から12段目の左から3番目の数は、

$$
{}_{(12-1)}C_{(3-1)} = {}_{11}C_2 = \frac{11 \times 10}{2 \times 1} = 55
$$

15段目は15個で、右から9番目の数は、その左にあと6個あるから、左からだと7番目になるからね。

となり、上から15段目の右から9番目の数は、

$$
{}_{(15-1)}C_{(9-1)} = {}_{14}C_8 = {}_{14}C_6
$$

$$
= \frac{14 \times 13 \times 12 \times 11 \times 10 \times 9}{6 \times 5 \times 4 \times 3 \times 2 \times 1}
$$

$$
= 7 \times 13 \times 11 \times 3 = 3003
$$

分子の14と12は分母の6と4、分子の10は分母の2と5、分子の9は分母の3と約分したってことね。

となり、その和は、55 + 3003 = 3058 とわかります。

よって、正解は肢1です。

正解 ⇒ 1

過去問研究 14 不等式

2023 年までの 20 年間で 6 回出題されていますが、全て同じタイプの問題です。少々の計算は必要ですが、効率よく解いて、確実に得点したいところです。

パターン27

B 2023年 出題

T 大学のテニス部の練習が終わり、ボール全てをボール収納用のバッグに入れようとしたところ、次のことが分かった。

ア　全てのバッグにボールを 40 個ずつ入れるには、ボールは 100 個足りない。
イ　全てのバッグにボールを 20 個ずつ入れると、ボールは 280 個より多く残る。
ウ　半数のバッグにボールを 40 個ずつ入れ、残りのバッグにボールを 20 個ずつ入れてもボールは残り、その数は 110 個未満である。

以上から判断して、ボールの個数として、正しいのはどれか。

1. 700 個　　2. 740 個　　3. 780 個　　4. 820 個　　5. 860 個

ほぼ同じ問題が、A 2018 年、A 2015 年、B 2015 年、B 2012 年、B 2009 年に出題されています。本問は、過去の問題と比べても数字が単純ですので、割と短時間で解けるでしょう。

条件イ、ウを見ると、「より多く」「未満」というワードから、不等式になるのがわかるかと思いますが、条件アについては、「100 個足りない」と、ピッタリした数字の条件ですので、まず、ここで、ボールの個数を式にします。

バッグの数を x とすると、40 個ずつ入れるには、ボールは $40x$ 個必要ですが、100 個足りないので、ボールの個数は、

$40x - 100$（個）

と表せますね。

次に、条件イについて、全てのバッグにボールを 20 個ずつ入れると、ボールは $20x$ 個入り、さらに、あと 280 個より多いボールがあるわけですから、

$20x + 280$ より多くあることになります。

これより、ボールの個数について、次のような不等式が立ちます。

$$40x - 100 > 20x + 280 \quad \cdots ①$$

同様に、条件ウについて、半数のバッグに 40 個、残る半数のバッグに 20 個入れると、バッグに入るボールの個数は、

$$40 \times \frac{1}{2}x + 20 \times \frac{1}{2}x = 20x + 10x = 30x$$

平均 30 個って考えたら、計算しなくてもわかるよね。

となり、さらに、あと 110 個未満のボールがあるわけですから、ボールの個数は $30x + 110$ 未満であることになり、次のような不等式が立ちます。

$$40x - 100 < 30x + 110 \quad \cdots ②$$

ここから、①，②をともに満たす整数 x を求めます。

①より、$40x - 100 > 20x + 280$

$20x > 380 \qquad \therefore x > 19$

②より、$40x - 100 < 30x + 110$

$10x < 210 \qquad \therefore x < 21$

①，②より、$19 < x < 21 \qquad \therefore x = 20$

たとえば、不等式を立てるときに、不等号の向きを間違えたとしても、「19 と 21 の間」と考えれば、答えは出る！
それより、「<」を「≦」としてしまうミスのほうが心配かな。

これより、バッグの数は 20 とわかりましたので、これを条件アの式に代入すると、ボールの数は、

$$40 \times 20 - 100 = 700 \text{（個）}$$

とわかり、正解は肢 1 です。

正解 ⇨ 1

過去問研究 15 最適値

利益の最大値や、費用の最小値、または、面積の最大値などを求める問題で、公務員試験全体では、さほど多くはありません。

東京都でもそれほど多くはありませんが、以前から3パターンほど出題されており、ここでは、その中でも得点しやすい問題をご紹介します。

パターン28

B 2019年 出題

下の表は、2種類の製品A及びBを製造する工場において、A、Bをそれぞれ1個製造するときの電気使用量、ガス使用量及び利益を示している。この工場の1日の電気使用量の上限が210kWh、1日のガス使用量の上限が120m^{3}のとき、製品A及びBの製造個数をそれぞれ調整することによって、1日に得られる最大の利益として、正しいのはどれか。

製品	電気使用量（kWh／個）	ガス使用量（m^3／個）	利益（千円／個）
A	14	6	14
B	6	4	8

1. 252千円
2. 254千円
3. 256千円
4. 258千円
5. 260千円

ほぼ同じ問題が、2005年にも出題されていますが、このタイプの問題は、国家（総合職、専門職、一般職）でよく出題されており、いずれも同様の解法で解くことができます。

まず、A，Bをそれぞれa個、b個製造するとすると、そこにかかる電気とガスの使用量について、その上限より、次のような関係が成り立ちます。

$$14a + 6b \leqq 210 \quad \cdots ①$$
$$6a + 4b \leqq 120 \quad \cdots ②$$

①, ②をともに満たす範囲で、利益が最大になる a, b を求めるわけですが、ここから先は、正攻法でいくと、やや専門的な解き方になりますので、ここでは省略させて頂きます。

もし、どうしても気になるなら、別売『畑中敦子の数的推理ザ・ベスト NEO』を参照してもらえるかな。

では、どのように解くかというと、過去に出題された問題（国家などを含む）では、国家総合職などで出題された一部の問題を除いて、次のように、連立方程式を解くことで求められます。

$$14a + 6b = 210 \quad \cdots ①'$$
$$6a + 4b = 120 \quad \cdots ②'$$

つまり、電気、ガスとも、上限ピッタリに使い切る場合になりますね。

もちろん、必ずこうなるという数学的な理由はありませんし、国家総合職などでわずかですが、例外（特殊な条件がついた問題）もありました。

それでも、過去に出題されたこの形の問題はほぼ全て、この「使い切り状態」に答えがあり、そうなるように問題が作られていると考えられます。

なので、まずは、①′と②′を連立させて解くと、

①′ − ②′ × 1.5 より、

$$\begin{array}{rl} & 14a + 6b = 210 \\ -) & 9a + 6b = 180 \\ \hline & 5a \quad\quad = 30 \end{array} \quad \therefore a = 6$$

$a = 6$ を②′に代入して、$6 \times 6 + 4b = 120$

$$4b = 84 \quad \therefore b = 21$$

となり、ここから、Aを 6 個、Bを 21 個製造したとき、電気、ガスとも上限ピッタリに使い切ることになります。

しかし、これが、本当に利益が最大になるときか不安であれば、ここから、もっと利益が上がらないか、調整して確認してみるといいですね。

たとえば、1 個当たり利益が大きいのはAのほうなので、もう少しAを増やす方法を考えるわけです。しかし、Aを 1 個増やすと、電気が 14 必要なので、そのためにBを 2 個以上減らさなくてはなりません。そうすると、A 1 個の

14千円の利益と引き換えに、B2個の16千円の利益を失い、利益が増えることはありませんね。Bをさらに増やす方法を考えても同様のことがいえます。

よって、A6個、B21個のとき、利益が最大になるとわかり、利益を計算すると、

$$14 \times 6 + 8 \times 21 = 84 + 168 = 252 \text{（千円）}$$

となり、正解は肢1です。

正解 ⇨ 1

過去問研究16　n 進法

2023年までの20年間で、**10進法に変換するだけの単純な問題が4回出題**されています。ただ、2023年には、これまでと異なり、やや応用力を要する問題が出題されていますので、今後どうなるかは何とも言えません。

とりあえず、ここでは、過去に多く出題されているほうの問題をご紹介します。

パターン29　　B 2018年 出題

2進法で1010110と表す数と、3進法で2110と表す数がある。これらの和を5進法で表した数として、正しいのはどれか。

1. 102　　2. 152　　3. 201　　4. 1021　　5. 1102

同じような問題がB 2014年、B 2009年、2004年に出題されています。n 進法と10進法の変換方法がわかっていれば確実に解けるレベルですので、落とさないようにしましょう。

まず、2進法で1010110と表す数と、3進法で2110と表す数を、それぞれ10進法に変換します。

n 進法と10進法の変換方法は、巻末公式集8参照。

$$\begin{aligned}1010110_{(2)} &= 2^6 \times 1 + 2^4 \times 1 + 2^2 \times 1 + 2 \times 1 \\ &= 64 + 16 + 4 + 2 \\ &= 86\end{aligned}$$

$$\begin{aligned}2110_{(3)} &= 3^3 \times 2 + 3^2 \times 1 + 3 \times 1 \\ &= 54 + 9 + 3 \\ &= 66\end{aligned}$$

これより、この2数の和は10進法で、86 + 66 = 152となり、これを次のようにして、5進法に変換します。

$$\begin{array}{r|rl} 5 & 152 & \\ \hline 5 & 30 & \cdots 2 \\ \hline 5 & 6 & \cdots 0 \\ \hline & 1 & \cdots 1 \end{array}$$

これより、求める数は5進法で1102と表せ、正解は肢5です。

正解 ⇒ 5

過去問研究 17 仕事算

2023年までの20年間で、ここで紹介する比を使うタイプの問題が3回出題されていますが、それ以外はほとんど出題されていません。

また、仕事算の一種であるニュートン算については、A 2023年とB 2011年に基本的な問題が出題されている程度です。

パターン30

B 2017年 出題

ある作業を、AとBとの2人で共同して行うと、Aだけで行うより4日早く終了し、Bだけで行うより9日早く終了する。この作業をAだけで行う場合の作業日数として、正しいのはどれか。ただし、A、Bの1日当たりの作業量はそれぞれ一定とする。

1. 10　　2. 11　　3. 12　　4. 13　　5. 14

ほぼ同じ問題が、A 2011年と2008年に、また、特別区でも2022年と2005年に出題されています。「速さ」で紹介した「パターン21」の問題と合わせて考えてみてください。

全体の作業量を、図1のような線分図で表します。

まず、この作業をAとBの2人で共同して行ったときにかかる日数をx日とし、そのx日で、Aが図の（1）の部分の作業を、Bが（2）の部分の作業を行ったとします。

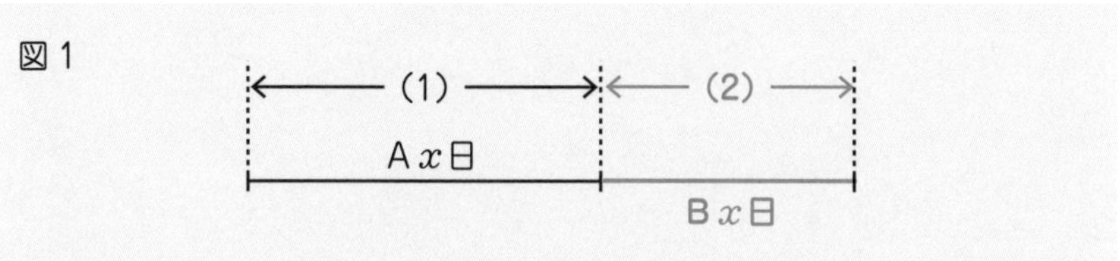

そうすると、Aだけで行うとx日より4日多くかかるということは、Aが（2）の部分を行うのに4日かかるということですよね。同様に、Bだけで行うと9日多くかかるということは、Bが（1）の部分を行うのに9日かかるということなので、これを、図2のように表します。

図2

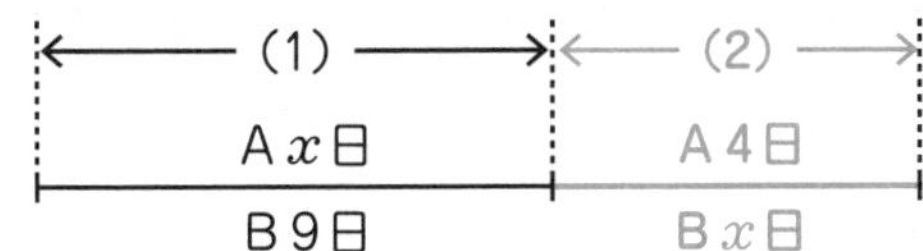

ここで、(1) と (2) の作業量の比について考えると、条件より、AとBそれぞれの1日当たりの作業量は一定なので、(1) と (2) の比は、Aがかかった日数の比より、

(1) の作業量：(2) の作業量 ＝ x 日：4日 …①

となり、同様に、Bがかかった日数の比より、

(1) の作業量：(2) の作業量 ＝ 9日：x 日 …②

となります。

そうすると、①，②より、次のような式が立ちますね。

$x:4=9:x$

外項の積＝内項の積より、$x^2=36$

$x>0$ より、$x=6$

これより、AとBで共同して行うと6日かかるとわかり、Aだけで行うと、さらに4日をプラスして、10日かかるとわかります。

よって、正解は肢1です。

正解 ⇒ 1

東京都の資料解釈

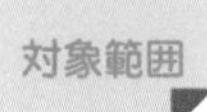

対象範囲

▶東京都Ⅰ類Ａ事務，Ｂ行政　No.17 ～ No.20（※「基本情報」参照）
▶東京都Ⅰ類Ａ技術，Ｂ技術　No.19 ～ No.22

毎年、決まった４パターン！

基本情報

Ａ事務、Ｂ行政（一般方式）とも、これまでは教養試験の No.17 ～ 20、技術では No.19 ～ 22 の 4 問が、「資料解釈の枠」でした。しかし、2023 年のＢ行政は、数的推理が 1 問増えたため、資料解釈は No.18 ～ 21 で出題されています。

例年、どのポジションにもほぼ決まった形の資料が出題され、最近は以下の形で落ち着いています（2023 年のＢは①が 2 問出題され、④の出題はありませんでした）。

① No.17　実数の棒グラフ
② No.18　増加率の折れ線グラフ
③ No.19　構成比の帯グラフ
④ No.20　増加率の折れ線グラフ＋ 1 データ

いずれも、多少面倒な計算を余儀なくされることがあり、特に③と④はその傾向が強く、平均すると難易度の高い問題が多いです。

なので、まずは、①と②をきちんと解き、③と④は時間配分を考えて解いてください。ただ、難問であっても、正解肢がたやすく判断でき、他の肢を見なくて済むこともありますので、面倒な肢を後回しにするなど、本番で効率よく解けるよう、できるだけ多くの過去問で練習することをお勧めします。

過去問研究 18 実数の棒グラフ

A事務、B行政とも、No.17で出題されており、2023年のBでは、No.18, 19の2問がいずれもこのタイプでした（前ページの「基本情報」参照）。

4～6項目の5か年（まれに4か年）の推移を表したグラフで、中には少々面倒な肢もありますが、最近は割と易しい内容が多いです。

このタイプの問題については、2問ご紹介いたします。

パターン31−1

B 2023年 出題

次の図から正しくいえるのはどれか。

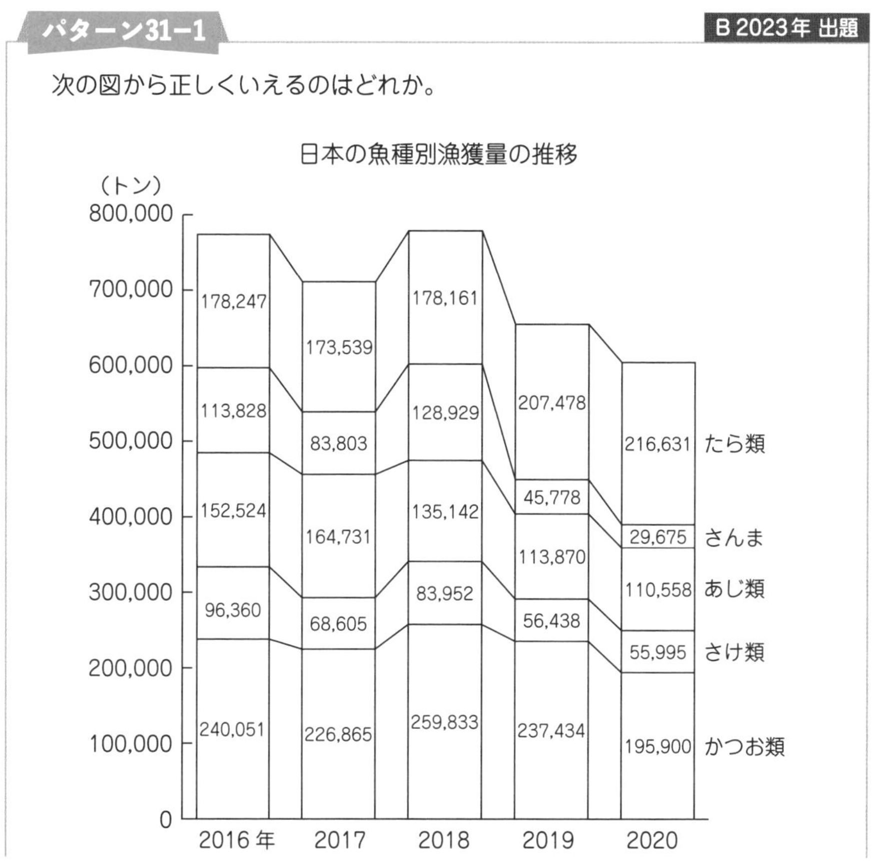

1. 2016 年におけるかつお類の漁獲量を 100 としたとき、2016 年から 2020 年までのたら類の漁獲量の指数は、いずれの年も 80 を下回っている。
2. 2016 年から 2020 年までの各年についてみると、5 種類の漁獲量の合計に占めるさけ類の漁獲量の割合は、いずれの年も 10%を上回っている。
3. 2016 年から 2020 年までの各年についてみると、かつお類の漁獲量は、いずれの年もさけ類の漁獲量を 3 倍以上、上回っている。
4. 2016 年から 2020 年までのあじ類とさんまを合わせた 5 か年の漁獲量の合計は、2016 年から 2020 年までのかつお類の 5 か年の漁獲量の合計を下回っている。
5. 2018 年における漁獲量の対前年増加率を魚種別にみると、最も大きいのはさんまであり、最も小さいのはたら類である。

面倒な計算をしなくても、選択肢を切ることができますので、そのつもりで練習しましょう。肢 3 の表現が少し気になりますが、正誤に影響はありません。

1（誤） 2016 年のかつお類は 240,051 で、これを 100 としたときの 80 は、20％減少した値です。240,051 の 20％は、48,000 以上ですから、240,051 からこれだけ減少すると、200,000 を下回りますね。

しかし、2019 年と 2020 年のたら類はいずれも 200,000 以上ですから、2016 年のかつお類の 80%を上回っていますので、これに対する指数も 80 を上回ります。

資料解釈の解説では、単位（「トン」など）は、基本的に省略するからね。

2（誤） 2019 年の 5 種類の合計は、左目盛より明らかに 600,000 を上回っていますが、この年のさけ類は 56,438 で、合計の 10％を下回っています。

2017 年と 2020 年も 10％に満たないね。わかりやすいところを 1 か所見つけたら終わりにしよう！

3（誤）「3 倍以上、上回っている」は、「3 倍以上になっている」なのか、「3 倍以上プラス＝ 4 倍以上になっている」なのか、この表現だと微妙ですね（多分前者だと思いますが）。ただ、2016 年のかつお類は 240,051 で、明らかに、同年のさけ類 96,360 の 3 倍に満たないので、いずれにしても正しくありません。

こういうこともたまにある！あまり深く考えないで、寛大に受け止めてあげてね。

4（正） 各年の「あじ類＋さんま」をざっくり計算して、同年のかつお類と比較してみます。

2016年 152,524 ＋ 113,828 → 260,000 ～ 270,000 で、
かつお類 240,051 より 20,000 ～ 30,000 多い。
2017年 164,731 ＋ 83,803 → 250,000 弱で、
かつお類 226,865 より 20,000 ほど多い。
2018年 135,142 ＋ 128,929 → 260,000 ～ 270,000 で、
かつお類 259,833 より多いが、差は多くても 10,000 程度。
2019年 113,870 ＋ 45,778 → 160,000 程度で、
かつお類 237,434 より 70,000 以上少ない。
2020年 110,558 ＋ 29,675 → 140,000 程度で、
かつお類 195,900 より、50,000 以上少ない。

これより、2016年～2018年は、「あじ類＋さんま」のほうが多いですが、その差の合計は 60,000 程度なのに対して、2019年，2020年は、かつお類のほうが多く、その差の合計は 120,000 以上なので、5か年の合計は、あじ類＋さんま＜かつお類となり、本肢は正しいです。

尚、きちんと計算した値は、次のようになります。

あじ類 152,524＋164,731＋135,142＋113,870＋110,558＝676,825
さんま 113,828＋83,803＋128,929＋45,778＋29,675＝402,013
あじ類＋さんま 676,825＋402,013＝1,078,838
かつお類 240,051＋226,865＋259,833＋237,434＋195,900＝1,160,083

5（誤） 2017年→2018年において、さんまは 83,803 → 128,929 で、1.5倍以上になっています。対前年増加率がこれほど大きいのは他にありませんので、最も大きいのはさんまで OK です。

しかし、最も小さいのについては、たら類は 173,539 → 178,161 で、わずかですが増加しているのに対して、あじ類は 164,731 → 135,142 で、減少していますので、あじ類の増加率のほうが小さいとわかります。

対前年増加率はマイナスってことだね。

正解 ⇒ 4

パターン31−2 B 2022年 出題

次の図から正しくいえるのはどれか。

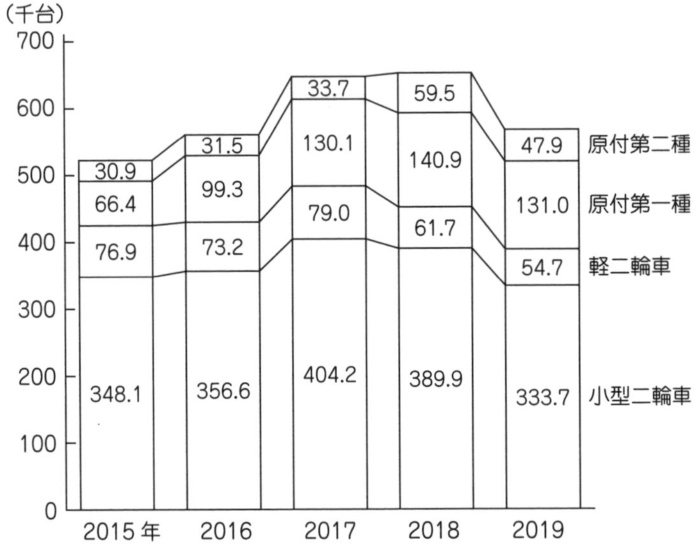

1. 2015年における原付第一種と原付第二種の生産台数の計を100としたとき、2018年における原付第一種と原付第二種の生産台数の計の指数は200を下回っている。
2. 2015年から2019年までの各年についてみると、二輪車生産台数の合計に占める小型二輪車の生産台数の割合は、いずれも60%を上回っている。
3. 2016年から2019年までの各年における軽二輪車の生産台数の対前年増加率が、最も大きいのは2017年であり、最も小さいのは2018年である。
4. 2017年から2019年までの3か年における原付第二種の生産台数の平均に対する2019年における原付第二種の生産台数の比率は、1.0を下回っている。
5. 2019年についてみると、小型二輪車の生産台数の対前年増加率は、原付第一種の生産台数の対前年増加率を上回っている。

前問と比較しながら解いてみてください。グラフの形だけでなく、選択肢の内容もけっこう似ているのがわかると思います。

1（誤） 2015年の原付第一種と原付第二種の計は、66.4 + 30.9 で100に及びませんが、2018年のそれは、140.9 + 59.5 で200を超えます。

よって前者を100としたとき、後者はその2倍を上回っていますので、指数200を上回っています。

2（誤） 小型二輪車が60%を上回る場合、その他の3種類で40%を下回ることになりますので、小型二輪車はその他の3種類の合計の1.5倍を上回ります。

60は40の1.5倍だから、60を上回るなら、1.5倍を上回るよね。

しかし、2019年について見ると、小型二輪車は333.7ですが、その他の3種類の合計は、54.7 + 131.0 + 47.9 で、230を上回り、前者は後者の1.5倍に及びません。

よって、2019年の小型二輪車は合計の60%を上回っていません。

3（正） 軽二輪車の推移を見ると、増加しているのは2016年→2017年のみですから、対前年増加率が最も大きいのは2017年でOKです。

また、2017年→2018年は、79.0→61.7で、17以上減少しており、これは79.0の20%以上です。その他の年を見ても、20%以上も減少している年はありませんので、対前年増加率が最も小さいのも2018年でOKです。

よって、本肢は正しいです。

4（誤） 比率が1.0というのは、「同じ」ということですから、原付第二種の「3か年の平均より2019年のほうが下か」を確認します。

2019年の47.9に対する、2017年と2018年の過不足を考えると、2017年は33.7ですから14以上少ないのに対し、2018年は59.5ですから12まで多くありません。すなわち、不足のほうが多いので、3か年の平均 ＜ 2019年とわかります。

この程度なら、普通に平均を計算してもいいけどね。一応、練習だと思って！

5（誤） 2018年→2019年を見ると、小型二輪車と原付第一種はいずれも減少していますので、減少率を比較してみます。

まず、小型二輪車については、389.9→333.7で、50以上減少しており、これは389.9の10%以上ですね。また、原付第一種は、140.9→131.0で、10まで減少しておらず、これは140.9の10%に及びません。

すなわち、小型二輪車の減少率は10%以上なのに対し、原付第一種のそれは10%に及ばないので、前者の方が、減少率が大きい＝増加率が小さいとわかります。

よって、小型二輪車の対前年増加率は原付第一種のそれを下回っています。

正解⇒ 3

過去問研究 19 増加率の折れ線グラフ

Ａ事務、Ｂ行政とも、No.18で出題されておりますが、2023年のＢでは、No.20がこのタイプでした（90ページ「基本情報」参照）。

4項目（まれに3項目）の4，5か年の対前年増加率を表したグラフで、増加率を足し算して見当をつけるなどのテクニックを使えば、一番得点しやすいタイプかと思われます。このタイプも2問ご紹介します。

パターン32−1

B 2023年 出題

次の図から正しくいえるのはどれか。

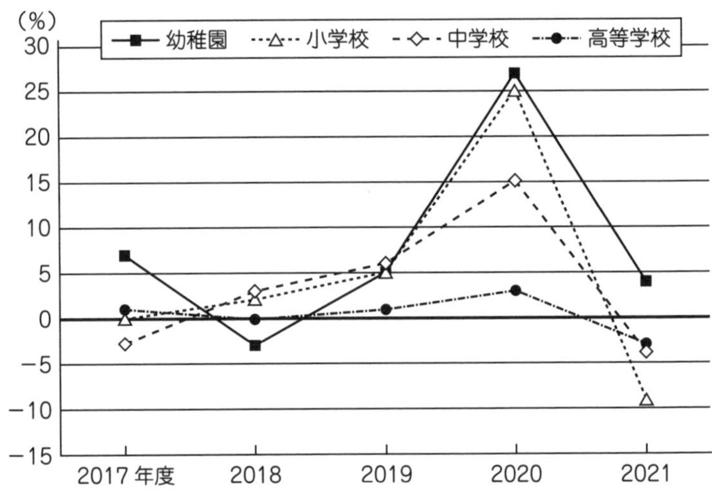

1. 2016年度から2021年度までのうち、幼稚園の肥満傾向児の出現率が最も高いのは2020年度であり、最も低いのは2018年度である。
2. 2017年度における中学校の肥満傾向児の出現率を100としたとき、2020年度における中学校の肥満傾向児の出現率の指数は130を上回っている。
3. 2018年度から2020年度までの各年の肥満傾向児の出現率についてみると、小学校に対する幼稚園の比率は、いずれの年度も前年度に比べて減少している。

4. 2021 年度における肥満傾向児の出現率を学校区分別にみると、肥満傾向児の出現率が 2019 年に比べて減少しているのは、小学校と高等学校である。
5. 2021 年度における高等学校の肥満傾向児の出現率は、2018 年度における高等学校の肥満傾向児の出現率に比べて増加している。

数年後の数値を考える場合は、増加率を足し算して見当をつけます。また、肢 3 のような場合は、増加率の大小を比べます。まずは、解説を参考に理解してください。

1（誤） データに「2016 年度」はありませんが、2017 年度の数値は「2016 年度に対する増加率」なので、2016 年度も比較の対象になります。

幼稚園のグラフを見ると、2021 年度の対前年度増加率はプラスなので、2020 年度 ＜ 2021 年度となり、最も高いのは 2020 年度ではありません。

グラフの高低だけを見ると、2020 年度が最も高く、2018 年度が最も低いね。こういうひっかけが多いので、気をつけよう！

また、2016 年度を 100 とすると、2017 年度は約 7%増加で約 107、そこから、2018 年度は約 3%減少していますが、107 の 3%は約 3 ですから、107 − 3 ＝ 104 程度で、2016 年度 ＜ 2018 年度となり、最も低いのも 2018 年度ではありません。

2（誤） 中学校の 2017 年度を 100 としたときの、2018 年度〜 2020 年度の指数を、肢 1 と同じように、順に概数で計算すると、次のようになります。

2018 年度　約 3%の増加で、約 103
2019 年度　約 6%の増加で、103 の 6%は約 6 なので、
　　　　　103 ＋ 6 ＝ 109 程度
2020 年度　約 15%の増加で、109 の 15%は 16 強なので、
　　　　　109 ＋ 16 ＝ 125 強

これより、2020 年度の指数は、多少の誤差を考慮しても、130 を下回ると判断できます。

ちなみに、きちんと計算する場合、順に、「1 ＋増加率」をかけて求めるので、次のようになります。

たとえば、10％増えたら、元の 1 に 10％＝ 0.1 を足して、1.1 倍になるってこと。

2017 年度　2018 年度　2019 年度　2020 年度
100 × (1 + 0.03) × (1 + 0.06) × (1 + 0.15)
≒ 125.6

これでわかるように、ある年度に対する数年後の値は、本来であれば、上記のようなかけ算で求めるのですが、増加率があまり大きくなければ、増加率を足し算した値を上乗せした数でもある程度の判断はできるわけです。

3%＋6%＋15%＝24%よりちょっと大きめって感じで考えればいいってこと！
ただし、増加率が大きな数になると、これで判断するのは危険！
たとえば、50%とか 80%とか増えた場合、
100 × 1.5 × 1.8 = 270
100 + 50 + 80 = 230
と、誤差が大きくなるからね。

3（誤） 2017 年度の小学校と幼稚園の値をそれぞれ a, b とすると、小学校に対する幼稚園の比率は $\frac{b}{a}$ と表せます。

そして、2018 年度の値は、小学校の対前年度増加率は約 2%ですから $1.02a$ と表せ、幼稚園のほうは約 3%の減少ですから、$0.97b$ と表せますので、この年度の比率は $\frac{0.97b}{1.02a}$ と表せます。

そうすると、$\frac{b}{a} > \frac{0.97b}{1.02a}$ となり、2018 年度の比率は前年度より減少しているとわかりますね。

ここでわかるように、Aに対するBの値は、Aに比べてBのほうの対前年度増加率が大きければ増加し、小さければ減少することになります。

そうすると、2019 年度の対前年度増加率は、小学校と幼稚園でいずれも約 5%なので、小学校に対する幼稚園の比率はほぼ変わりませんが、2020 年度の対前年度増加率は、小学校より幼稚園のほうが大きいので、小学校に対する幼稚園の値は前年度より増加しています。

4（誤） 肢 2 と同様に、対前年度増加率を足し合わせて検討します。2019 年を基準としていますので、2020 年度と 2021 年度を足し合わせると、

幼稚園　27 + 4 = 31　　小学校　25 − 9 = 16
中学校　15 − 4 = 11　　高等学校　3 − 3 = 0

数値は全て「約」だけど、省略するね。

となり、誤差を考慮しても、小学校は減少していないと判断できます。また、高等学校については、(1 + 0.03) × (1 − 0.03) = 0.9991 で、増加か減少かは微妙ですね。

5（正） 同様に、高等学校について、2018 年度を基準としますので、2019 年度～ 2021 年度の対前年度増加率を足し合わせると、

$$1 + 3 - 3 = 1$$

となり、誤差を考慮しても、わずかですが増加していると判断できます。

正解 ⇒ **5**

パターン32−2 **A 2023年 出題**

次の図から正しくいえるのはどれか。

日本における民生用電気機械器具 4 種の生産台数の**対前年増加率**の推移

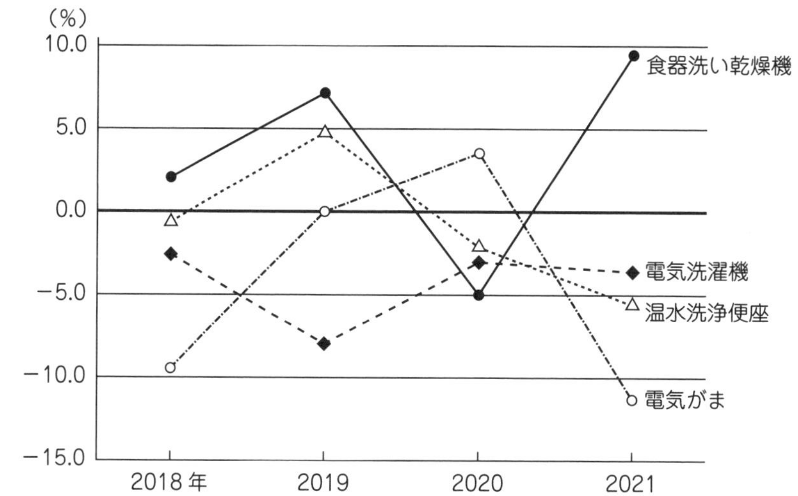

1. 電気洗濯機の生産台数についてみると、2017 年と 2019 年の生産台数の差は、2018 年と 2021 年の生産台数の差を上回っている。
2. 2017 年から 2021 年までのうち、食器洗い乾燥機の生産台数が最も少ないのは 2017 年であり、2 番目に少ないのは 2020 年である。
3. 2018 年に対する 2021 年の民生用電気機械器具 4 種の生産台数の比率を種類別にみると、2 番目に大きいのは電気がまである。
4. 2019 年から 2021 年までの 3 か年における温水洗浄便座の生産台数の年平均は、2018 年の温水洗浄便座の生産台数を上回っている。

5. 2019年における食器洗い乾燥機の生産台数を100としたとき、2021年における食器洗い乾燥機の生産台数の指数は102を下回っている。

ここでも、増加率を足し合わせて検討しますので、前問の解説を参考にしてください。本問は、このタイプの中では面倒なほうですが、頑張りましょう！

1（誤） 電気洗濯機の2017年を100として、2018年～2021年の概数を計算すると、次のようになります。

2018年　約2.5%の減少で、約97.5
2019年　約8%の減少で、97.5 − 8 = 89.5程度
2020年　約3%の減少で、89.5 − 3 = 86.5程度
2021年　約3.5%の減少で、86.5 − 3.5 = 83程度

前問の肢2で解説したように、ここも、引き算で大体わかる。少し誤差があることは頭に入れておいてよ。

これより、2017年と2019年の差は、100 − 89.5 = 10.5程度で、2018年と2021年の差は、97.5 − 83 = 14.5程度ですから、誤差を考慮しても前者が後者を上回ってはいないと判断できます。

2（誤） 食器洗い乾燥機の2017年を100として、2020年までの概数を計算すると、

2018年　約2%の増加で、約102
2019年　約7%の増加で、102 + 7 = 109程度
2020年　約5%の減少で、109 − 5 = 104程度

となり、この4か年で最も少ないのは2017年、2番目に少ないのは2018年となります。

2021年は2020年より増えているから、考えなくていいよね。

3（誤） それぞれの2018年を100として、2021年について対前年増加率を足し合わせた値を見ると次のようになります。

食器洗い乾燥機　100 ＋ 7 － 5 ＋ 9.5 ＝ 111.5
電気洗濯機　100 － 8 － 3 － 3.5 ＝ 85.5
温水洗浄便座　100 ＋ 4.5 － 2 － 5.5 ＝ 97
電気がま　100 ＋ 0 ＋ 3.5 － 11.5 ＝ 92

これより、2018 年に対する比率が最も大きいのは食器洗い乾燥機で、誤差を考慮しても、2 番目に大きいのは温水洗浄便座と判断できます。

4（正） 温水洗浄便座の 2018 年を 100 として、2019 年～ 2021 年の概数を計算すると、

2019 年　約 4.5％の増加で、約 104.5
2020 年　約 2％の減少で、104.5 － 2 ＝ 102.5 程度
2021 年　約 5.5％の減少で、102.5 － 5.5 ＝ 97 程度

となり、3 か年の平均は 100 を超えますので、2018 年を上回っています。

5（誤） 食器洗い乾燥機の 2019 年を 100 として、2021 年の概数を計算すると、

100 － 5 ＋ 9.5 ＝ 104.5

となり、誤差を考慮しても、102 を下回ることはありません。

正解 ⇒ 4

過去問研究 20 構成比の帯グラフ

Ａ事務、Ｂ行政とも、No.19で出題されておりますが、2023年のＢでは、No.21がこのタイプでした（90ページ「基本情報」参照）。

4，5項目の5か年（まれに4か年）の構成比を表したグラフで、全体の数値に構成比をかけて検討します。

平均すると、4問の中で最も面倒な問題であることが多く、時間配分に注意が必要です。ここでは、ここ最近に出題された中では割と易しめの2問をご紹介します。

パターン33-1

B 2023年 出題

次の図から正しくいえるのはどれか。

日本における発生場所別食品ロスの発生量の構成比の推移

※（　）内の数値は、発生場所別食品ロス発生量の合計（単位：万トン）

1. 2016年度から2019年度までのうち、食品製造業の食品ロス発生量が最も多いのは2018年度であり、最も少ないのは2017年度である。
2. 2016年度における食品小売業の食品ロス発生量を100としたとき、2020年度における食品小売業の食品ロス発生量の指数は、80を下回っている。

3. 2017 年度から 2019 年度の各年度についてみると、外食産業の食品ロス発生量は食品小売業の食品ロス発生量を、いずれの年度も 50 万トン以上、上回っている。
4. 2018 年度についてみると、一般家庭からの食品ロス発生量の対前年度減少率は外食産業の食品ロス発生量の対前年度減少率を上回っている。
5. 2018 年度から 2020 年度までの 3 か年度における食品卸売業の食品ロス発生量の平均は、15 万トンを下回っている。

各年度の（　）内の数値（合計）に構成比をかけて各項目の数値を求めます。暗算、概算で判断できない場合は、ある程度の見当をつけて後回しにするなど、時間を有効に使うことを考えましょう。

1（誤） 食品製造業の 2018 年度は、600 × 21.0％で求められます。これに対し、2016 年度のそれは、643 × 21.3％で、明らかに、2016 年度のほうが多く、最も多いのは 2018 年度ではありません。

ちなみに、最も少ないのは 2017 年度で OK です。

2（誤） 2016 年度 → 2020 年度で、全体は 643 → 522 で、121 減少していますが、これは 643 の 2 割に及びませんので、全体は 20％まで減少していません。さらに、食品小売業の構成比は、2016 年度 < 2020 年度ですから、「全体 × 構成比」も当然、20％まで減少していません。

よって、2020 年度の指数は 80 を上回っています。

3（誤） 2019 年度について見ると、外食産業と食品小売業の構成比の差は、18.1 － 11.2 ＝ 6.9（％）ですから、発生量の差は、570 × 6.9％となり、これは 50 に及びません。

600 × 7％＝ 42 だから、これより下なのは明らかだね。

すなわち、この年度の外食産業は食品小売業より 50 以上、上回ってはいません。

4（誤） 対前年度増加率（減少率）は、前年度に比べて何％増加（減少）したかを表す数値ですから、その大小は、前年度に対する今年度の割合で判断できます。

たとえば、10％増加だと前年比 1.1 だし、20％増加だと前年比 1.2 ってことだからね。

これより、一般家庭と外食産業の $\frac{2018\text{年度}}{2017\text{年度}}$ について見ると、

（一般家庭）　　　　　　（外食産業）

$$\frac{600 \times 46.0\%}{612 \times 46.3\%} \qquad \frac{600 \times 19.3\%}{612 \times 20.8\%}$$

となり、分子の 600 と分母の 612 は両方とも同じですから、これを相殺すると、

（一般家庭）　　　　　　（外食産業）

$$\frac{46.0\%}{46.3\%} \qquad \frac{19.3\%}{20.8\%}$$

のように、構成比の比率で判断することができます。

そうすると、一般家庭について、分子 46.0 は分母 46.3 より 0.3 小さく、これは分母 46.3 の **1%にも及びません**が、外食産業については、分子 19.3 は分母 20.8 より 1.5 小さく、これは分母 20.8 の **7%程度**あり、外食産業のほうが**比率は小さい＝減少率が大きい**と判断できます。

よって、一般家庭の対前年度減少率は外食産業を上回っていません。

5（正） 食品卸売業の 2018 年度～2020 年度の発生量は以下のようになります。

> 600 × 2.5%＝15 だから、2018 年度だけ少し多いけど、他の 2 年度は足りないとわかるね。その加減を考えても十分判断できるけど、この程度の計算なら、やっちゃったほうが速いかな。

2018 年度　600 × 2.7%＝16.2
2019 年度　570 × 2.5%＝14.25
2020 年度　522 × 2.5%＝13.05

これより、**15 との過不足**を考えると、2018 年度の超過分より 2020 年度の不足分のほうが大きく、3 か年度の平均は 15 を下回ります。

正解 ⇒ 5

パターン33-2

B 2020年 出題

次の図から正しくいえるのはどれか。

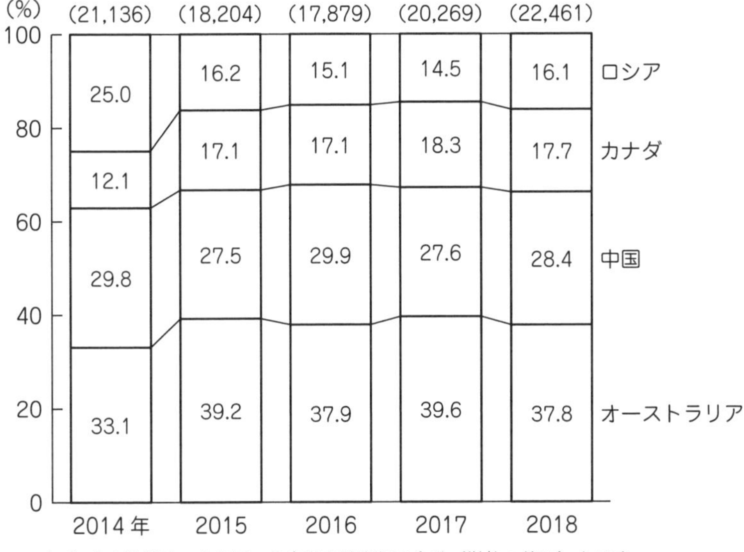

※(　)内の数値は、４か国への自動車輸出額の合計（単位：億円）を示す。

1. 2014年におけるオーストラリアへの自動車輸出額を100としたとき、2017年におけるオーストラリアへの自動車輸出額の指数は120を下回っている。
2. 2015年から2017年までの3か年における中国への自動車輸出額の累計は、15,000億円を下回っている。
3. 2015年から2018年までのうち、ロシアへの自動車輸出額が最も多いのは2015年であり、最も少ないのは2017年である。
4. 2016年から2018年までのうち、カナダへの自動車輸出額が前年に比べて最も増加したのは、2018年である。
5. 2018年についてみると、オーストラリアへの自動車輸出額は、中国への自動車輸出額を2,500億円以上、上回っている。

本問もやや面倒な選択肢がありますが、本番ではどうするかを考えながら解いてみてください。

1（正） 2014 年 → 2017 年で、全体は 21,136 → 20,269 で、やや減少しています。さらに、オーストラリアの構成比は、33.1 → 39.6 で、6.5 増加していますが、これは 33.1 の 2 割に及びません。

これより、「全体 × 構成比」が 20%以上増加していることはなく、2017 年の指数は 120 を下回っています。

2（誤） 2015 年 ～ 2017 年の中国を見ると、大体似たような数値になりそうですね。累計 15,000 ということは、年平均 5,000 ですから、各年を概算してそれぞれ 5,000 を下回っているか確認してみます。

まず、2015 年は、18,204 × 27.5%ですが、18,000 × 27.5% = 4,950 ですから、5,000 を少し超えるとみていいでしょう。

次に、2016 年は、17,879 × 29.9%ですが、29.9% ≒ 30%とすると、17,000 × 30% = 5,100 なので、余裕で 5,000 を超えますね。

最後に、2017 年は、20,269 × 27.6%ですが、20,000 × 25% = 5,000 ですから、ここも余裕で 5,000 を超えます。

よって、3 か年全て 5,000 を超えますので、累計が 15,000 を下回ることはありません。

3（誤） ロシアの 2015 年と 2018 年を比較すると、構成比は 2015 年の 16.2 に対し、2018 年は 16.1 で若干小さいですが、全体は 2015 年の 18,204 に対し 2018 年は 22,461 で 2 割以上大きく、「全体×構成比」は、明らかに 2015 年 ＜ 2018 年とわかります。

よって、最も多いのは 2015 年ではありません。

また、最も少ないほうについても、2016 年と 2017 年を比較すると、構成比は 2017 年の 14.5 に対し 2016 年の 15.1 は 1 割まで大きくなく、全体は 2016 年の 17,879 に対し 2017 年は 20,269 で 1 割以上大きく、2016 年 ＜ 2017 年とわかり、最も少ないのも 2017 年ではありません。

4（誤） カナダの 2017 年 → 2018 年の増加額を考えると、全体では増加していますが、構成比は減少していますね。

これに対して、2016 年 → 2017 年のほうは、両方とも増加しており、増加幅を見ても、こちらのほうが増加額は大きいように見えます。もう少し細かく見てもいいですが、本肢はこれくらいで消去していいでしょう。

ちなみに、きちんと計算すると、次のようになります。

2016 年　17,879 × 0.171 ≒ 3,057
2017 年　20,269 × 0.183 ≒ 3,709
2018 年　22,461 × 0.177 ≒ 3,976
2016 年 → 2017 年の増加額　3,709 − 3,057 = 652
2017 年 → 2018 年の増加額　3,976 − 3,709 = 267

5（誤） 2018 年の構成比を見ると、オーストラリアは 37.8％で、中国は 28.4％ですから、その差は 10％に及びません。同年の全体は 22,461 ですから、これの 10％でも 2,500 を上回ることはありません。

正解 ⇨ 1

過去問研究 21　増加率の折れ線グラフ＋1データ

A事務、B行政とも、No.20 で出題されておりますが、2023 年のBでは出題がありませんでした（90 ページ「基本情報」参照）。

増加率のグラフともう 1 つのデータを組み合わせて考える問題で、過去には色々なパターンが出題されていますが、最近では次の 2 パターンに定着しています。

①実数の表と、その翌年以降の対前年増加率のグラフ（パターン 34）
②対前年増加率のグラフと構成比のグラフ（パターン 35）

いずれもけっこう面倒な選択肢を含む難易度の高い問題が多いです。出題数では①のほうが多いですが、ここでは、1 問ずつご紹介いたします。

パターン34

B 2022年 出題

次の図から正しくいえるのはどれか。

貯蓄の種類別貯蓄現在高（二人以上の世帯）

貯蓄の種類別貯蓄現在高（2016 年）（単位：万円）

通貨性預貯金	定期性預貯金	有価証券	生命保険など
412	727	265	378

貯蓄の種類別貯蓄現在高の**対前年増加率**の推移

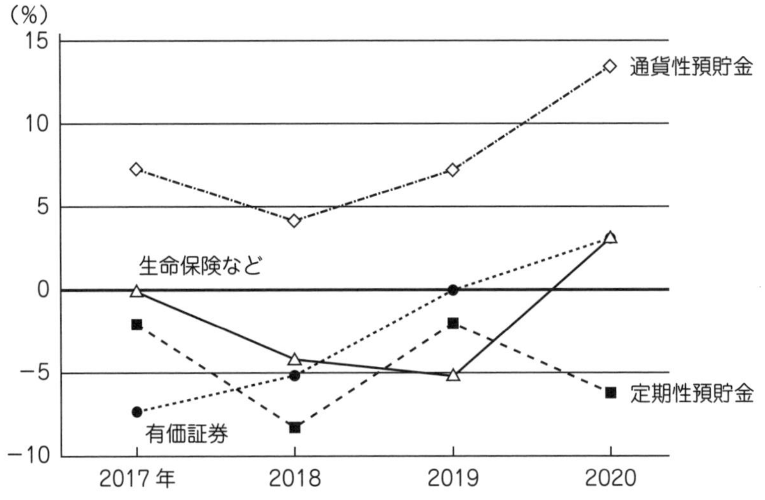

1. 2016 年における有価証券の貯蓄現在高を 100 としたとき、2018 年における有価証券の貯蓄現在高の指数は 85 を下回っている。
2. 2017 年における生命保険などの貯蓄現在高と定期性預貯金の貯蓄現在高との差は、350 万円を上回っている。
3. 2017 年から 2019 年までの 3 か年における定期性預貯金の貯蓄現在高の累計は、2,000 万円を下回っている。
4. 2018 年から 2020 年までの 3 か年における通貨性預貯金の貯蓄現在高の年平均は、2017 年における有価証券の貯蓄現在高を下回っている。

5. 2020 年についてみると、通貨性預貯金の貯蓄現在高に対する生命保険などの貯蓄現在高の比率は、0.6 を上回っている。

面倒な計算を余儀なくされる選択肢がいくつかありますが、計算せずに見当をつけるか、計算して確認するか、後回し（パス）にするかの選択ですね。本番をイメージして考えてみてください。

1（誤） 有価証券の 2017 年と 2018 年の対前年増加率を見ると、約 7%減少→約 5%減少ですから、2016 年 → 2018 年で 15%も減少していませんね。

よって、2018 年の指数は 85 を上回っています。

7%減少で、100 − 7 = 93 になるよね。93 の 5%は 5 より少ないから、減少分は合わせても 12%まで行かないってことだよね。

2（誤） 2016 年の生命保険などと定期性預貯金の差は、727 − 378 = 349 ですね。

そして、2017 年の対前年増加率を見ると、生命保険などはほぼ 0%なので、2016 年とほぼ同じですが、定期性預貯金はマイナスですから、2016 年より減少しています。

そうすると、2017 年の両者の差は 349 より少なくなり、350 を上回ることはありません。

定期性は 727 より少なくなって、生命保険は 378 のままだから、差は縮まるよね。

3（誤） 定期性預貯金の 2016 年は 727 で、2017 年は約 2%減少しており、727 の 2%は 14 ～ 15 ですから、ここで、712 ～ 713 になります。

1 %で、7.27 だから、14.54 かな。

また、2018 年は約 8%減少で、712 の 8%は 60 弱ですから、ここで、650 ～ 660 になり、さらに、2019 年は約 2%減少で、650 の 2%は 13 ですから、ここで、640 ～ 650 になります。

そうすると、この 3 か年の累計は、少なく見積もっても。712 + 650 + 640 = 2,002 なので、2,000 を下回ることはなさそうですが、やや微妙ですね。

ちなみに、きちんと計算すると、次のようになります。

2017 年　727 × (1 − 0.02) ≒ 712.5
2018 年　712.5 × (1 − 0.08) = 655.5
2019 年　655.5 × (1 − 0.02) ≒ 642.4
3 か年の累計　712.5 + 655.5 + 642.4 = 2010.4

4（誤） 通貨性預貯金の 2016 年は 412 で、2017 年以降の対前年増加率はいずれもプラスですから、どの年も 412 より多いです。

また、有価証券の 2016 年は 265 で、2017 年の対前年増加率はマイナスですから、2017 年は 265 より少ないです。

そうすると、2018 年～ 2020 年の通貨性預貯金の年平均が 2017 年の有価証券を下回ることはありませんね。

5（正） 2016 年 → 2020 年で、通貨性預貯金は、約 7%増加 → 約 4%増加→ 約 7%増加 → 約 14%増加で、単純に足し合わせても 32%ですから、誤差を考慮すると、35 ～ 40%増加していそうです。

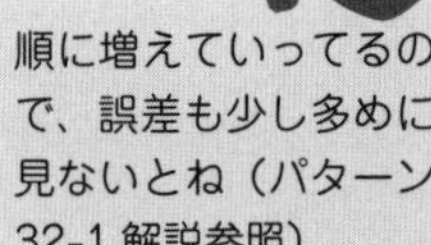

順に増えていってるので、誤差も少し多めに見ないとね（パターン 32-1 解説参照）。

そうすると、2016 年の 412 に対して、140 ～ 160 程度の増加はありそうですから、550 ～ 570 程度と推測します。

これに対して、生命保険などのほうは、約 0%増加 → 約 4%減少 → 約 5%減少 → 約 3%増加で、単純に足し合わせると約 6%の減少で、2016 年の 378 に対して、23 程度の減少で、355 程度と推測します。

同じくらいの増加と減少を繰り返す場合は、誤差も相殺されるので、あまり考慮しなくていいからね。

これより、前者に対する後者の比率は、小さめに見ても、355 ÷ 570 ≒ 0.623 より、0.6 を上回ると判断できますが、本肢もやや微妙ですね。

ちなみに、きちんと計算すると、次のようになります。

通貨性預貯金
　412 × (1 + 0.07) × (1 + 0.04) × (1 + 0.07) × (1 + 0.14) ≒ 559
生命保険など
　378 × (1 + 0) × (1 − 0.04) × (1 − 0.05) × (1 + 0.03) ≒ 355
通貨性預貯金に対する生命保険などの比率
　355 ÷ 559 ≒ 0.635

正解 ⇒ 5

パターン35 **A 2023年 出題**

次の図から正しくいえるのはどれか。

日本における水産缶・びん詰生産量の状況

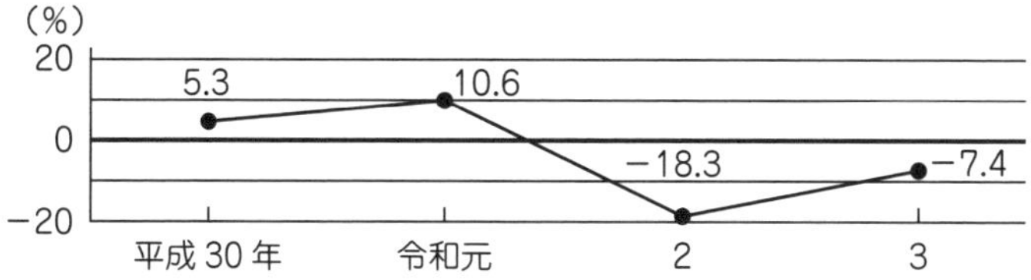

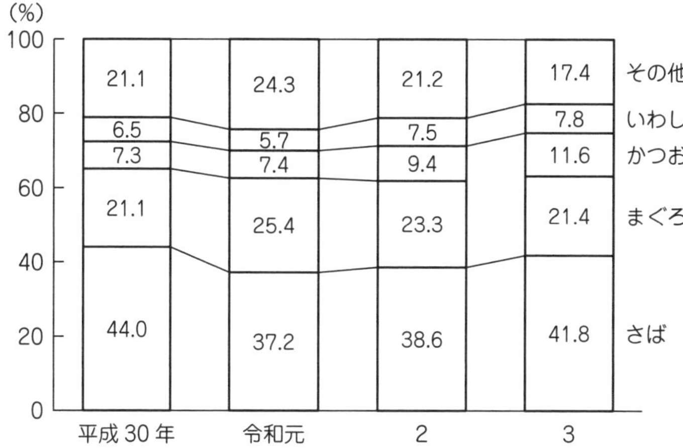

1. 平成 29 年から令和 2 年までの各年についてみると、水産缶・びん詰生産量の合計が最も少ないのは、平成 29 年である。
2. 「かつお」の水産缶・びん詰生産量についてみると、平成 30 年を 100 としたとき、令和 2 年の指数は、110 を下回っている。
3. 平成 30 年から令和 2 年までの各年の水産缶・びん詰生産量についてみると、「まぐろ」に対する「いわし」の比率は、いずれの年も 0.3 を上回っている。
4. 「その他」の水産缶・びん詰生産量についてみると、令和元年から令和 3 年までの 3 か年の年平均は、平成 30 年を下回っている。

5.「さば」の水産缶・びん詰生産量についてみると、令和３年は、令和元年を上回っている。

本問もけっこう面倒な問題ですが、正解肢以外は割と簡単に切れるかと思いますので、正解肢を後回しにしても、消去法で答えに辿り着けるでしょう。

パターン 32-1 の解説参照。

1（誤） 平成 30 年 ～ 令和 2 年の対前年増加率を足し合わせると、5.3 + 10.6 − 18.3 = −2.4 ですから、誤差を考慮しても、平成 29 年から令和 2 年は減少していると判断できます。

よって、最も少ないのは平成 29 年ではありません。

2（誤） 全体については、令和元年と 2 年の対前年増加率を足し合わせると、10.6 − 18.3 = −7.7 より、平成 30 年に対して令和 2 年は、誤差を考慮しても 1 割程度しか減っていません。さらに、「かつお」の構成比については、7.3 → 9.4 で、2.1 増加しており、これは 7.3 の 3 割近くになります。

これより、「全体 × 構成比」については、1 割以上は増加していると判断でき、平成 30 年を 100 とした令和 2 年の指数は 110 を上回ります。

ちなみに、平成 30 年に対する令和 2 年の比率は、平成 30 年の全体を 100 としてきちんと計算すると、次のようになります。

平成 30 年の「かつお」= 7.3　…①

令和 2 年の「かつお」

　= 100 ×（1 + 0.106）×（1 − 0.183）× 0.094 ≒ 8.5　…②

② ÷ ① → 8.5 ÷ 7.3 ≒ 1.16

同じ年の生産量の比率は、構成比だけで比較できるからね。

3（誤） 令和元年について見ると、「まぐろ」の構成比は 25.4% で、これの 0.3 倍は「7.5%」を上回ります。しかし、同年の「いわし」の構成比は 5.7% ですから、この年の「まぐろ」に対する比率は 0.3 を上回っていません。

合計を 3 で割ったのが平均だからね。

4（正） 平成 30 年の全体を 100 とすると、この年の「その他」は 21.1 ですから、平成元年 ～ 3 年の合計が、21.1 × 3 = 63.3 を下回るかを確認します。

まず、令和元年の全体は、前年より 10.6% 増加して 110.6 ですから、この年の「その他」はその 24.3％で、27 程度ですね。

約 110 の 24.3 % だから、24.3 の 1 割増くらいで考えればいいね。

次に、令和 2 年の全体は、前年の 110.6 より 18.3％減少していますので、90 程度で、「その他」はその 21.2％で、19 程度です。

約 90 の 21.2％だから、21.2 の 1 割減くらいで考えてね。

さらに、令和 3 年の全体は、前年の約 90 より 7.4％減少して 83 程度で、「その他」はその 17.4％で、15 程度です。

83 の 17.4％だから、17.4 の 2 割弱を引いたくらい。ちょっと多めに見ておこう。

これより、3 か年の合計は、27 ＋ 19 ＋ 15 ＝ 61 程度で、誤差を考慮しても 63.3 を下回ると判断でき、3 か年の平均は平成 30 年を下回ります。

ちなみに、きちんと計算すると次のようになります。

令和元年　110.6 × 0.243 ≒ 26.9

令和 2 年　110.6 ×（1 － 0.183）× 0.212 ≒ 90.4 × 0.212 ≒ 19.2

令和 3 年　90.4 ×（1 － 0.074）× 0.174 ≒ 83.7 × 0.174 ≒ 14.6

3 か年の平均　（26.9 ＋ 19.2 ＋ 14.6）÷ 3 ＝ 60.7 ÷ 3 ≒ 20.2

5（誤） 令和元年 → 令和 3 年で、全体は、18.3％減少 → 7.4％減少で、少なくとも 20％は減少しています。

対して、「さば」の構成比のほうは、37.2 → 41.8 で、その差は 4.6 ですから、2 割まで増えてはいません。

よって、「全体 × 構成比」は、令和元年 ＞ 令和 3 年とわかります。

正解 ⇒ 4

東京都の空間把握

対象範囲
▶東京都Ⅰ類A事務，B行政　No.21 ～ No.24（※「基本情報」参照）
▶東京都Ⅰ類A技術，B技術　No.23 ～ No.27

軌跡は、ほとんど図形の計量!?

基本情報

A事務、B行政（一般方式）とも教養試験のNo.21 ～ 24の4問が、「空間把握の枠」でした。しかし、2023年のBは数的推理が例年より1問増えたため、空間把握が1問減って3問の出題となりました。ただ、それ以前から、本来は数的推理の問題である「図形の計量」が空間把握の枠でも出題されていますので、大きな変化ではありません。

また、A，Bとも技術については、No.23 ～ 27の5問が「空間把握の枠」となっており、いずれも、事務や行政の問題に1問が追加（2023年のBは2問追加）されています。追加の1問の出題分野は多岐に渡っており、特に頻出なのはないようです。

データ

Ⅰ類Bの空間把握の2023年までの出題データは、次のとおりです。

東京都Ⅰ類B行政（一般方式）　2023年までの10年間の出題内容

	2023	2022	2021	2020	2019	2018	2017	2016	2015	2014
No.21		一筆書き	パズル	円の分割	パズル	図形の計量	図形の計量	パズル	展開図	折り紙
No.22	折り紙	展開図	図形の計量	展開図	立体の切断	サイコロ	折り紙	投影図	位相	パズル
No.23	サイコロ	移動と軌跡	積み木	正多面体	移動と軌跡	移動と軌跡	立体の構成	立体の切断	投影図	回転体
No.24	移動と軌跡	移動と軌跡	移動と軌跡	移動と軌跡	移動と軌跡	移動と軌跡	移動と軌跡	移動と軌跡	移動と軌跡	移動と軌跡

※色のついた部分は、内容的には「図形の計量」に該当する問題です。

東京都Ⅰ類B行政（一般方式） 2023年までの20年間のテーマ別の出題数

	移動と軌跡	パズル	展開図	図形の計量	折り紙	サイコロ	投影図	積み木	立体の切断	その他
2014～2023年	13	4	3	3	3	2	2	1	2	6
2004～2013年	10	8	9	2	2	2	2	3	0	2
合計	23	12	12	5	5	4	4	4	2	8

※2004～2008年は、A，B区分はないので「東京都Ⅰ類」の出題内容を集計しています。

例年、No.24は「移動と軌跡」が出題されていますが、近年は、No.23と合わせて2問出題されることもよくあります。軌跡の問題は、本来は、図形が移動したときの軌跡の形などを考える問題なのですが、近年は、軌跡の長さや面積などを求める問題が多く出題され、他にも、立体を切断したときの面積など、「図形の計量」に該当する問題が多くを占めています（前ページ表の色つきの部分参照）。

また、Ⅰ類Aについては、以下のようになります。

東京都Ⅰ類A事務 2023年までの10年間の出題内容

	2023	2022	2021	2020	2019	2018	2017	2016	2015	2014
No.21	図形の計量	図形の計量	パズル	パズル	パズル	折り紙	円の分割	パズル	パズル	図形の計量
No.22	パズル	円の分割	図形の計量	正多面体	積み木	立体の切断	展開図	展開図	展開図	展開図
No.23	図形の計量	サイコロ	移動と軌跡	移動と軌跡	移動と軌跡	移動と軌跡	図形の計量	移動と軌跡	積み木	積み木
No.24	移動と軌跡	移動と軌跡	移動と軌跡	移動と軌跡	移動と軌跡	移動と軌跡	移動と軌跡	移動と軌跡	移動と軌跡	移動と軌跡

※色のついた部分は、内容的には「図形の計量」に該当する問題です。

東京都Ⅰ類A事務 2023年までの15年間のテーマ別の出題数

	移動と軌跡	パズル	図形の計量	展開図	積み木	円の分割	立体の切断	折り紙	サイコロ	その他
2014～2023年	15	7	5	4	3	2	1	1	1	1
2009～2013年	5	6	0	2	1	1	2	1	0	2
合計	20	13	5	6	4	3	3	2	1	3

B同様、最後の1～2問は「移動と軌跡」で、やはり長さや面積を求める問題が多く、純粋な「図形の計量」の問題も多く出題されていますので、最近では半分以上が計量問題になりつつあります（上の表の色つき部分参照）。

過去問研究 22 移動と軌跡

A，Bとも、空間把握の最後の問題は、例年、移動と軌跡（円の回転を含む）で締めくくられており、2問出題されることもあります。

この分野の問題は、一般的には、図形が移動したときのある点が描いた軌跡の形や、移動後の図形の向きなどを求める問題が主流で、もちろん、そういう問題も出題されています。しかし、近年では、軌跡の長さや移動範囲の面積などを求める、数的推理の「図形の計量」タイプの問題が6割以上を占めており、時間がかかる問題も多いので、対策が必要です。

繰り返し出題されているタイプとして最も多いのは、数的推理のパターン17の問題（長方形をただの直線にしたタイプを含む）で、2023年までの10年間で6回出題されています。

パターン36

A 2021 出題

下の図のように、斜辺の長さ $2\sqrt{3}a$ の直角三角形が、Aの位置からBの位置まで長さ $(3+3\sqrt{3})a$ 及び $(6+5\sqrt{3})a$ の線分と接しながら、かつ、線分に接している部分が滑ることなく矢印の方向に回転するとき、直角三角形の頂点Pが描く軌跡の長さとして、正しいのはどれか。ただし、円周率は π とする。

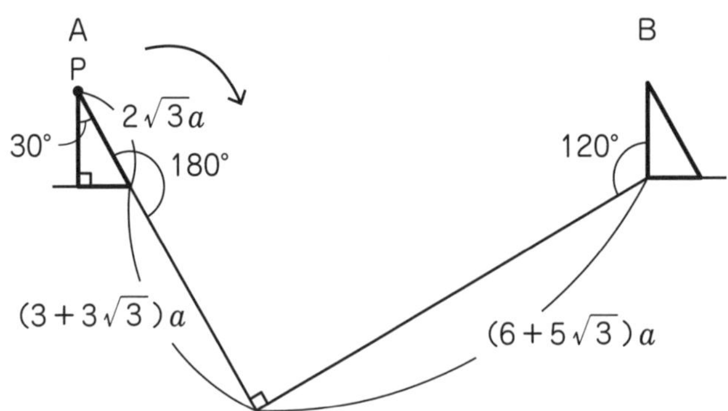

1. $\left(\dfrac{14+11\sqrt{3}}{3}\right)\pi a$
2. $\left(5+\dfrac{11\sqrt{3}}{3}\right)\pi a$
3. $(5+4\sqrt{3})\pi a$

4. $\left(\frac{16}{3}+4\sqrt{3}\right)\pi a$

5. $\left(\frac{16+13\sqrt{3}}{3}\right)\pi a$

ほぼ同じ問題がB 2011 年に、少し形の違う問題が、A 2018 年とA 2009 年に出題されています。軌跡の長さを求める問題のほとんどは、円弧の長さを求めますので、半径と中心角を正確に把握して、効率よく計算する練習をしておきましょう。

直角三角形のP以外の頂点を、図1のように、Q，Rとします。この直角三角形は、30° 60° 90° の角を持つ、3辺比 $1:2:\sqrt{3}$ の形ですから、

巻末公式集12参照。

$$QR = PR \div 2 = 2\sqrt{3}a \div 2 = \sqrt{3}a$$
$$PQ = QR \times \sqrt{3} = \sqrt{3}a \times \sqrt{3} = 3a$$

となります。

図1

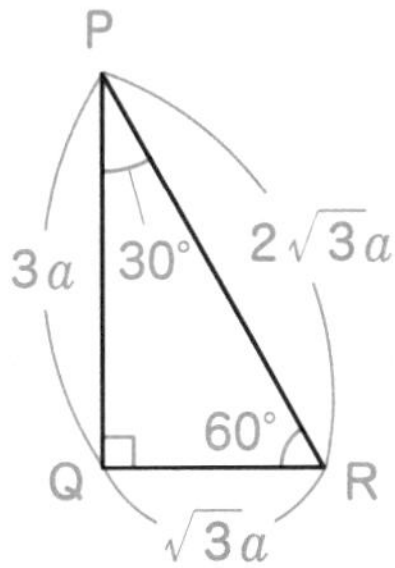

これより、直角三角形が回転した様子を確認すると、まず、$(3+3\sqrt{3})a$ の部分については、図2のように回転し、点Pは図の①，②のような円弧を描いたとわかります。

回転したのは3回だけど、Pを中心に回転したときは、Pは動かないからね。

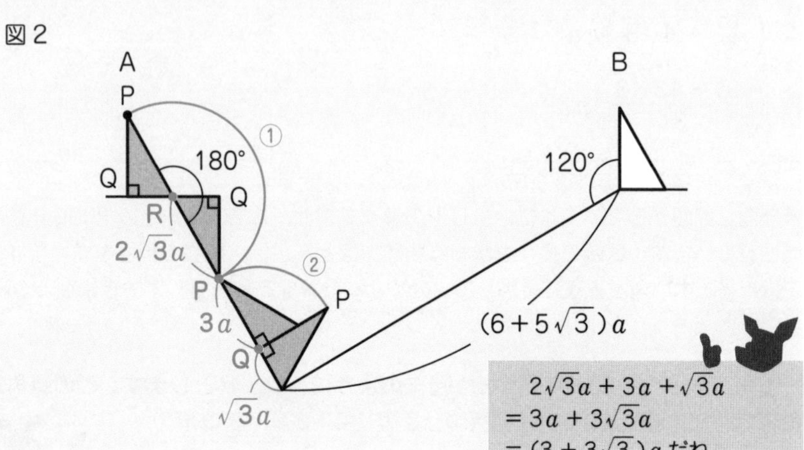

これより、それぞれの円弧について、半径と中心角を確認すると、

①Rを中心とした円弧　→　半径＝PR＝$2\sqrt{3}a$　中心角＝180°
②Qを中心とした円弧　→　半径＝PQ＝$3a$　中心角＝90°

となります。

同様に、この後の（$6+5\sqrt{3}$）a の部分については、図3のように回転し、点Pは③〜⑥のような円弧を描いたとわかります。

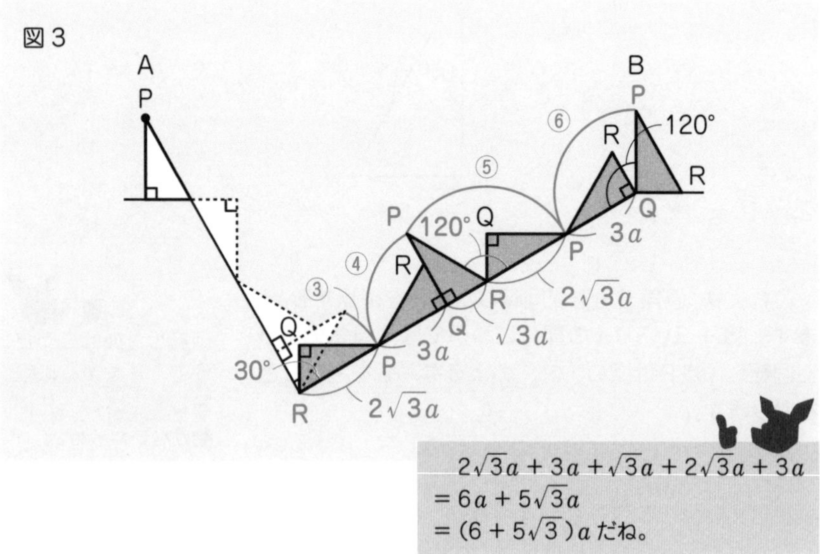

同様に、それぞれの円弧の半径と中心角を確認すると、

③Rを中心とした円弧 → 半径＝ＰＲ＝$2\sqrt{3}a$　中心角＝90°－60°＝30°
④Qを中心とした円弧 → 半径＝ＰＱ＝$3a$　中心角＝90°
⑤Rを中心とした円弧 → 半径＝ＰＲ＝$2\sqrt{3}a$　中心角＝180°－60°＝120°
⑥Qを中心とした円弧 → 半径＝ＰＱ＝$3a$　中心角＝120°

となります。

これより、①～⑥の円弧の長さを合計します。①，③，⑤は、いずれも、半径は同じ$2\sqrt{3}a$ですから、中心角をまとめると、180°＋30°＋120°＝330°となりますので、円弧の長さの合計は、

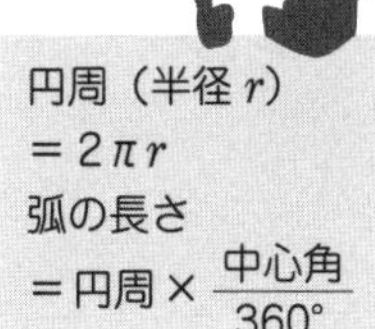

円周（半径 r）
＝$2\pi r$
弧の長さ
＝円周×$\frac{中心角}{360°}$

$$2\pi \times 2\sqrt{3}a \times \frac{330}{360} = 4\sqrt{3}\pi a \times \frac{11}{12} = \frac{11\sqrt{3}}{3}\pi a$$

となり、同様に、②，④，⑥は、いずれも半径$3a$ですから、中心角をまとめると、90°＋90°＋120°＝300°となりますので、円弧の長さの合計は、

$$2\pi \times 3a \times \frac{300}{360} = 6\pi a \times \frac{5}{6} = 5\pi a$$

となります。

よって、①～⑥の合計は、

$$\frac{11\sqrt{3}}{3}\pi a + 5\pi a = \left(5 + \frac{11\sqrt{3}}{3}\right)\pi a$$

となり、正解は肢２です。

正解 ⇨ 2

パターン37 A 2016年 出題

下図に示す太い曲線は、一辺の長さ a のひし形が、一辺の長さ $3a$ の正三角形ＡＢＣの周りを、図の位置から右回りに滑ることなく矢印の方向に回転して1周したとき、ひし形中の点が描いた軌跡の一部である。ひし形中の点ア〜オのうち、この軌跡を描いた点として、正しいのはどれか。

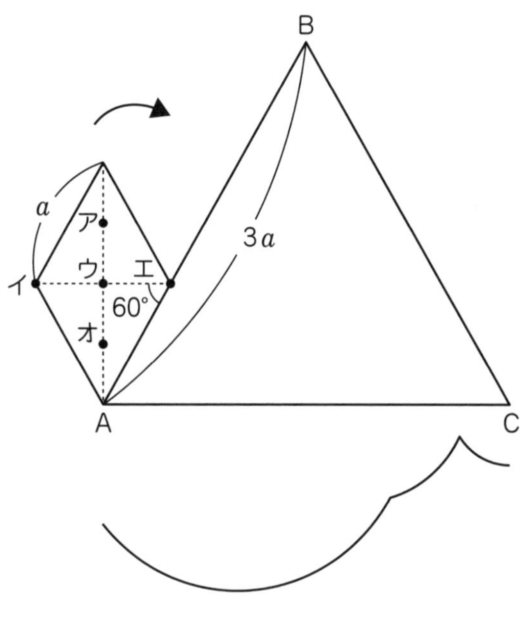

1. ア　2. イ　3. ウ　4. エ　5. オ

ほぼ同じ問題が2006年にも出題されています。本問のような、軌跡が与えられて、これを描いた図形や点を求める問題は、軌跡（円弧）の中心をとって、半径や中心角から判断するのがポイントです。

図1のように、ひし形の頂点を p 〜 s とし、正三角形ＡＢＣの辺の3等分点の一部をＸ，Ｙとします。

ひし形は右回りに回転しますので、まず初めに、頂点 s を中心に60°回転して、頂点 p がＸに接します。

そうすると、次は、頂点 p が中心になって回転し、頂点 q がＢに接することになり、その次は、頂点 r がＹに

ひし形は上下対称な図形なので、頂点 s の内角は120°だからね。

接して、というように、正三角形の辺の３等分点に、順に $p \to q \to r \to s \to p \to$ …のように接することがわかります。

正三角形の１辺は、ひし形の３倍だからね。

図１

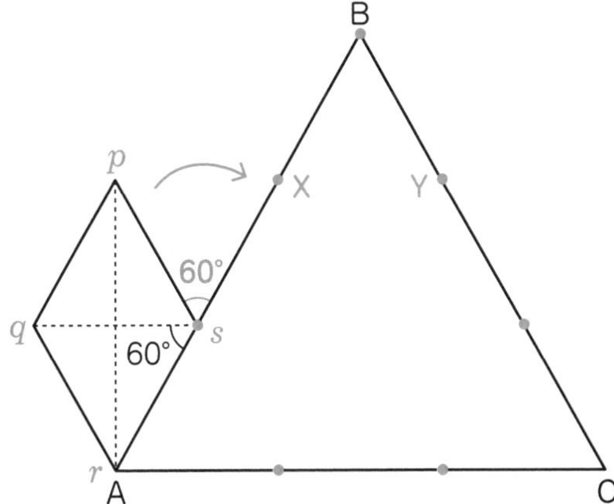

これより、正三角形の３等分点のそれぞれに接するひし形の頂点を調べると、図２のようになり、与えられた３つの円弧の中心は、右から p，q，r であることがわかります。

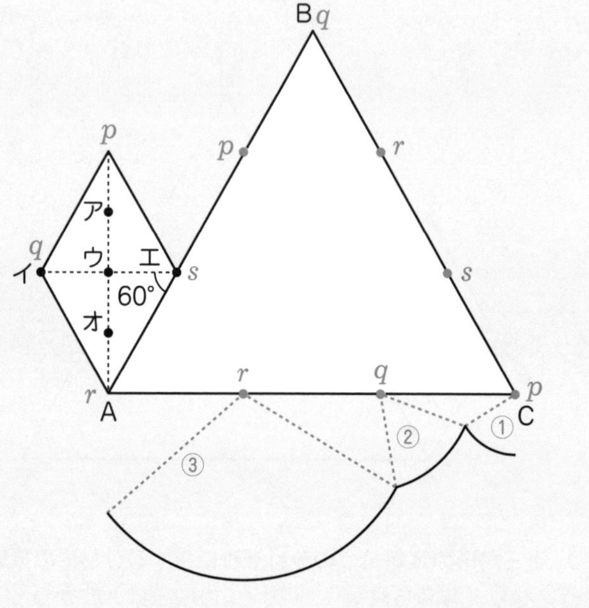

それぞれの円弧の半径は、図２の①，②，③の長さとなりますので、この円弧を描いた点は、頂点 p から①の長さ、頂点 q から②の長さ、頂点 r から③の長さの点となり、これを満たす点はアとわかります。

よって、正解は肢１です。

正解 ⇨ 1

パターン38

B 2019年 出題

下の図のように、同一平面上で直径 $3a$ の大きい円に、「A」の文字が描かれた直径 a の円盤Aが外接し、「B」の文字が描かれた直径 a の円盤Bが内接している。円盤Aと円盤Bがそれぞれ、アの位置から大きい円の外側と内側に接しながら、かつ、接している部分が滑ることなく矢印の方向に回転し、大きい円を半周してイの位置に来たときの円盤A及び円盤Bのそれぞれの状態を描いた図の組合せとして、妥当なのはどれか。

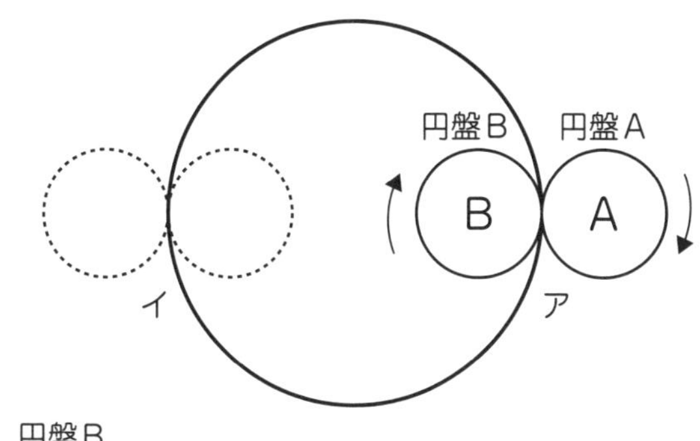

	円盤A	円盤B
1.	A	B
2.	A	ᗺ
3.	∀	ᗺ
4.	∀	B
5.	A	B

同じような問題が、B 2016 年、2014 年、2008 年に、また、少し違いますが、やはり円の回転の問題が、A 2022 年とB 2020 年にも出題されています。

円盤A，Bに対して大きい円の直径は3倍ですから、円周も3倍ですね。

ここで、まず、円盤Aについて、図1のように、アで接している点をPとすると、この位置から大円を $\frac{1}{3}$ 周したところで、図のように、Pは再び大円の円周に接することになります。

> 大円の円周の $\frac{1}{3}$ の長さと円盤Aの円周が同じ長さだから、図の色のついた部分どうしがちょうど重なって、Pが再び円周に付くんだね。

大きい円の半周は、円盤Aの円周の長さの1.5倍ですから、図1からさらに、円盤Aの円周の半分が大円の円周と重なったところで、図2のように、イの位置に来ることになり、Pからちょうど半周離れた点で大きい円に接することになります。

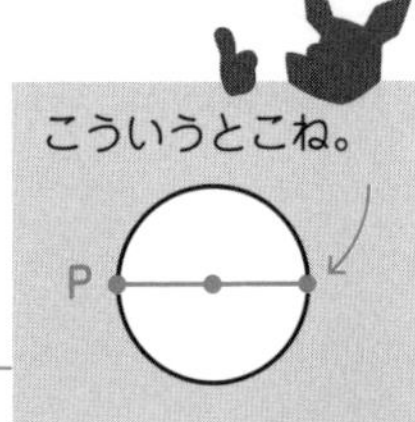

これより、イでのPの位置は図のようになり、アの位置のときと同じ、9時の方向になりますので、文字の向きも、アのときと同じになります。

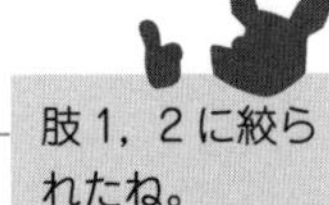

> 肢1，2に絞られたね。

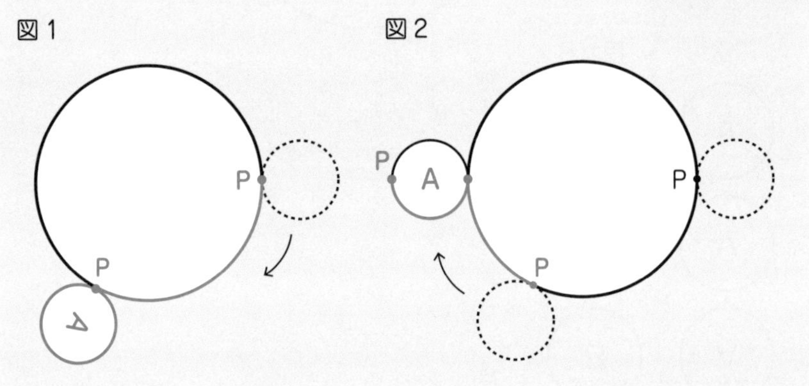

では、同じように、円盤Bについて、図3のように、アで接している点をQとすると、大きい円の半周と円盤Bの1.5周が重なって、やはり、Qの半周離れた点が大きい円に接しますので、図のように、文字の向きはアのときと同じです。

図 3

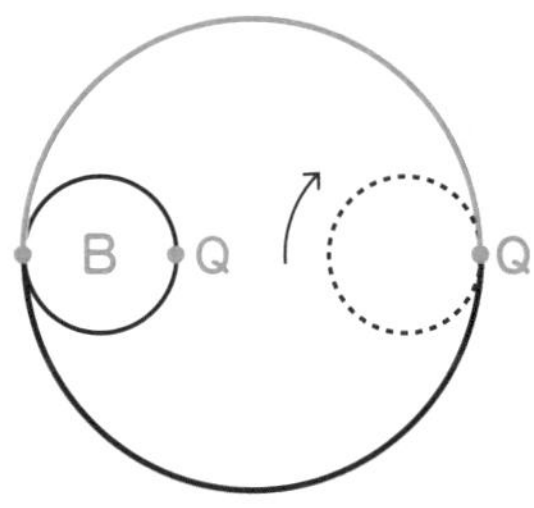

よって、正解は肢 1 です。

正解 ⇒ 1

過去問研究 23 パズル

ピースを組み合わせて図形を完成させる、パズルの王道のような問題が主流で、出題率もけっこう高いです。ただ、難問も多く、たまたま当てはまればいいですが、うまくいかないと時間だけが過ぎていく危険な問題も多いです。手ごわいと思ったら、捨てるなり、後回しにするなり、考えてみましょう。

パターン39

A 2016年 出題

図のように、正方形の折り紙を破線で切ってできた４つの紙片を、裏返すことなく、移動、回転させて組み合わせた図形として、妥当なのはどれか。

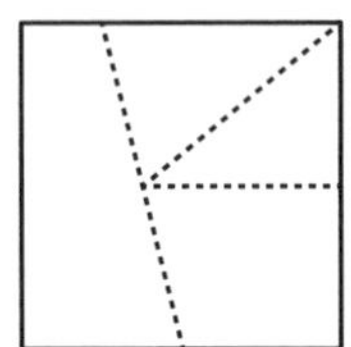

1.

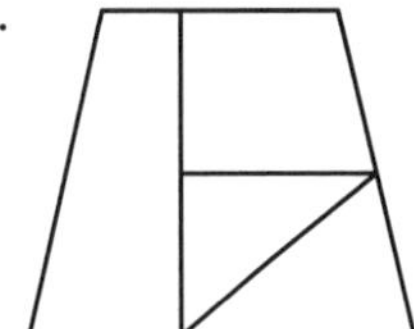

2.

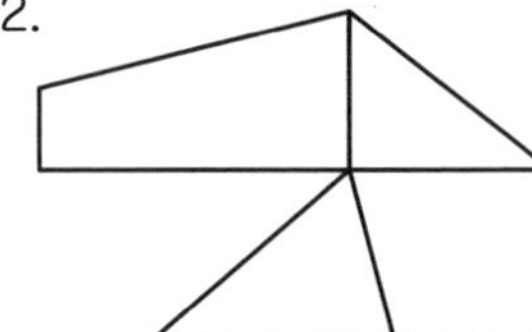

3.

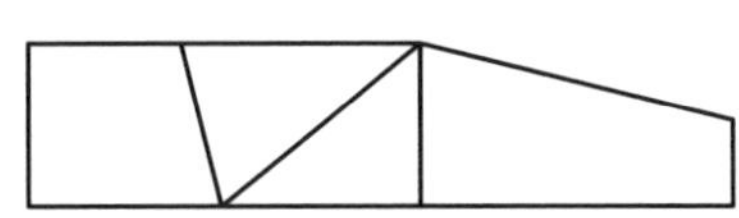

4.

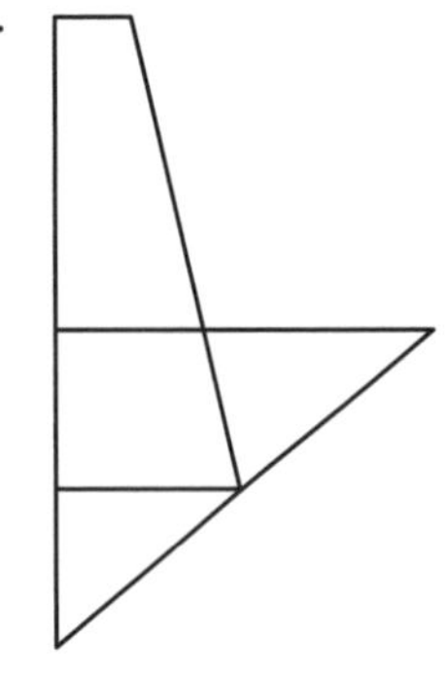

5.

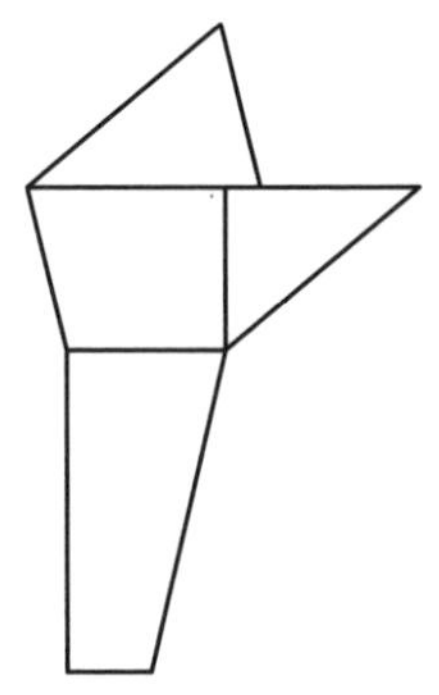

ほぼ同じ問題が、B 2011 年にも出題されています。本問は、図形の特徴から選択肢を消去して解くというタイプで、東京都のパズル問題の中では易しいほうです。

まず、図１のように、４つの紙片をＡ～Ｄとします。

選択肢それぞれの図形で、Ａ～Ｄがどの部分に当たるかは、形から割と簡単にわかりますが、特に形や大きさが異なるというものはなく、いずれの図形も、この４つの紙片の組合せでできているようです。

図１

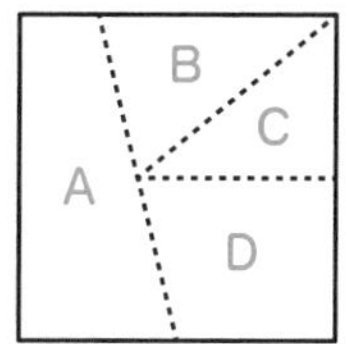

そうすると、問題になるのは、「裏返すことなく」という条件を満たしているかですね。

まず、紙片Ａについて見ると、この紙片の正しい向きは、図２のようになりますが、肢１，３，５については、図２と同様に直角の部分を下にすると、図３のような向きになることがわかります。しかし、図２を回転するだけでは、図３のようにはなりませんので、これらは裏返しにする必要があり、条件を満たさないとわかります。

図２

図３

これより、肢２，４に絞られましたので、紙片Ｂ～Ｄについて同様に見ると、まず、紙片Ｂは二等辺三角形のような図形ですから、わかりにくいですね。

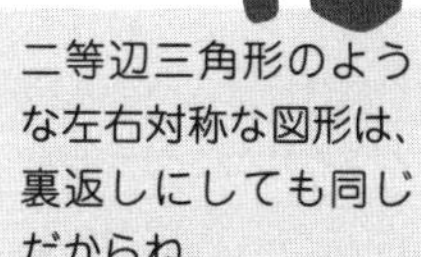

二等辺三角形のような左右対称な図形は、裏返しにしても同じだからね。

では、紙片Ｃですが、こちらも、正しい向きは、図４のようになり、肢４は回転すると、これと合致しますが、肢２は、図５のようになり、やはり裏返しにしないといけません。

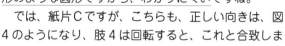

残る肢4については、紙片Dも回転すると正しい向きになり、条件を満たします。

よって、正解は肢4です。

正解 ⇨ 4

パターン40

A 2020年 出題

図Ⅰは、図Ⅱと同じ大きさの正六角形の紙片A～Gの7枚を重ね合わせたときの状態を真上から見た図である。このとき、点ア～ウのそれぞれの位置において、重なっている紙片の枚数の和として、妥当なのはどれか。

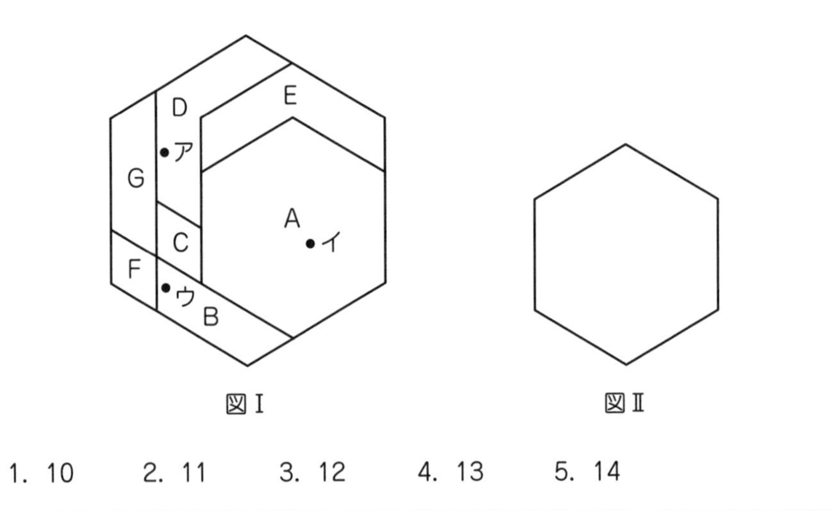

1. 10　　2. 11　　3. 12　　4. 13　　5. 14

ほぼ同じ問題がB 2012年に、正方形を重ね合わせる問題がB 2009年に出題されています。各紙片の位置は、補助線を引くとわかりやすいですよ。

図1のように、各辺に平行な線を引いて、A～Fの位置を確認します。

図1

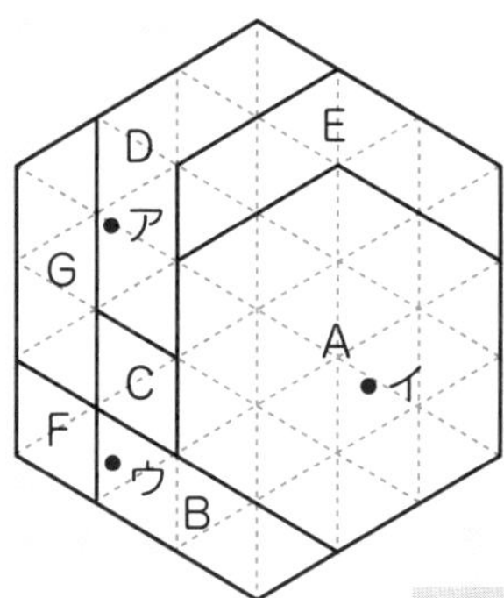

Aをめくったら全体が現れるのはEだよね。本問では重なっている順番は関係ないけど、そういう問題もあるから、練習がてら確認していこう。

まず、1番上のAのすぐ下のEは、図2の位置とわかります。また、Eのすぐ下はD、その下はCですが、その下はGとBのいずれかで、どちらが上かわかりませんね。さらに一番下はFで、それぞれ、図のような位置と確認できます。

A～Fの位置を鉛筆でなぞってみて、その中にあるア～ウを確認するんだ。

図2

E

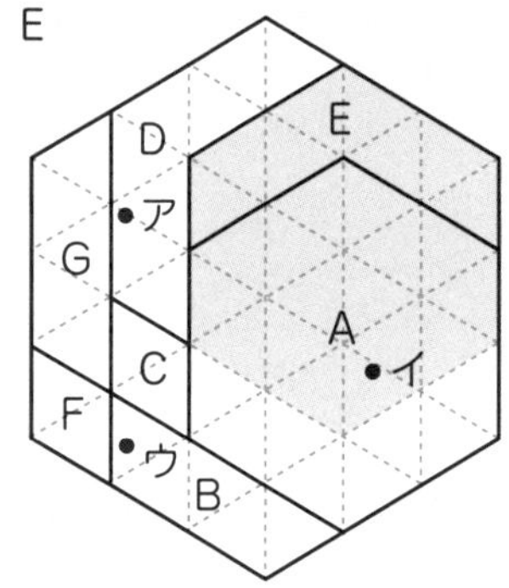

D

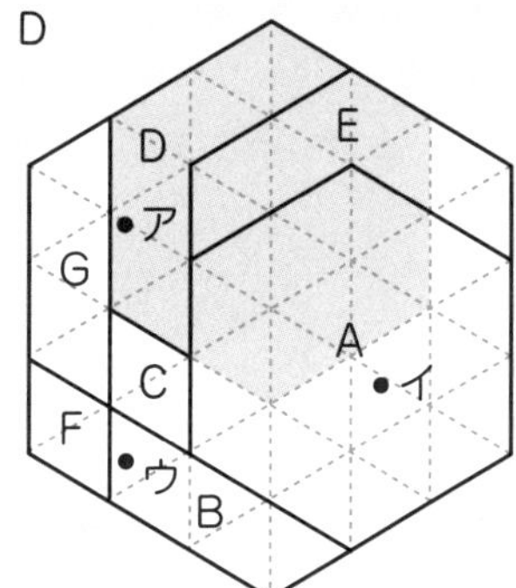

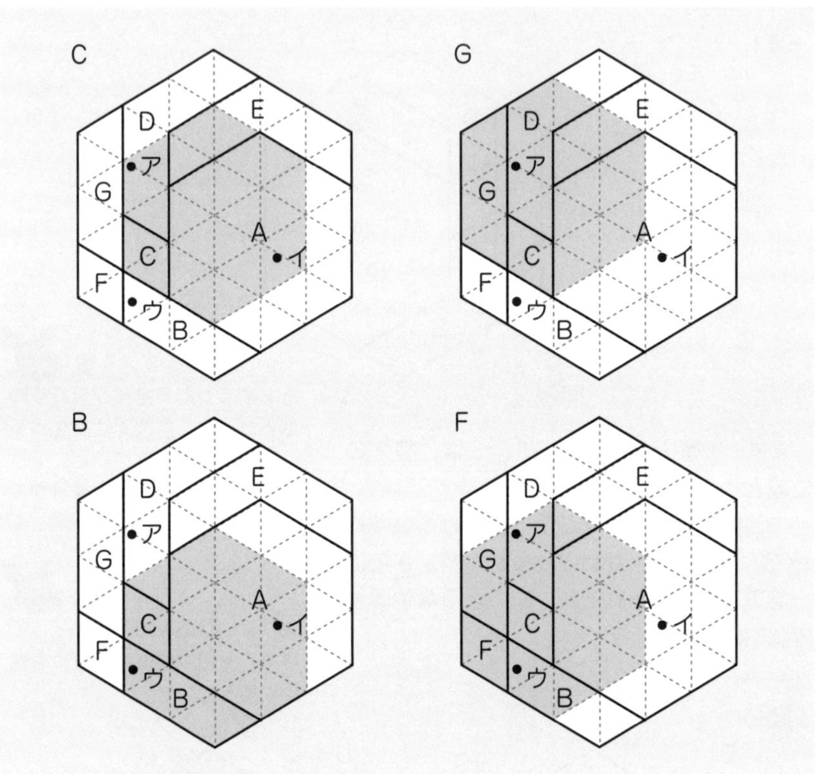

これより、点ア～ウの上にあるのは、

ア　→　D，C，G，F
イ　→　A，E，C，B
ウ　→　B，F

とわかり、合わせて 10 枚で、正解は肢 1 です。

正解 ⇒ 1

過去問研究 24 展開図

立方体や正八面体の割と基本的な展開図の問題も多く出題されていますが、他の試験ではあまり出題されない、正十二面体や、階段型の立体（立方体をいくつか組み合わせた立体）の展開図などもよく出題されています。

立方体はもちろんですが、正八面体や正十二面体の基本的な構造も押さえておいたほうがいいでしょう。

パターン41

A 2017年 出題

下の図のように、A及びア～オの文字が描かれた展開図を組み立ててできた正十二面体を、Aが描かれた面が真上になるように、水平な床の上に置いたとき、ア～オのうち、正十二面体の底面となる面に描かれている文字として、正しいのはどれか。

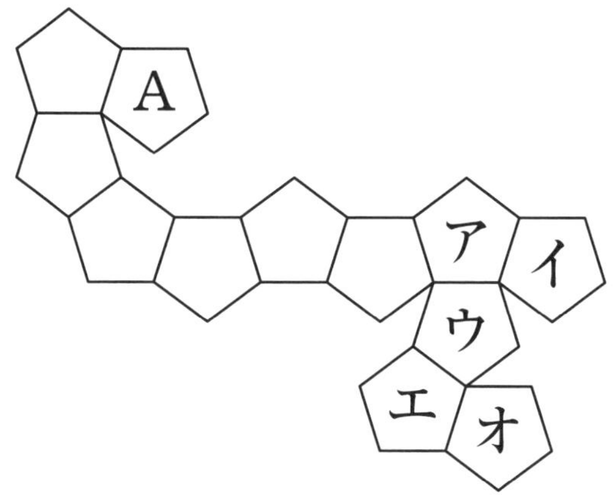

1. ア　　2. イ　　3. ウ　　4. エ　　5. オ

ほぼ同じ問題が、2007 年に、少し違いますが、正十二面体の問題がB 2012 年に出題されています。正十二面体の基本構造がわかっていれば、非常に易しい問題です。

正十二面体とは、正五角形12面で構成される多面体で、図1のような形状になります。図の上面Xの周りに面が5枚、同様に、底面Yの周りに面が5枚という構造で見るとわかりやすいですね。ここで、XとYは向かい合っており、平行な位置関係になります。

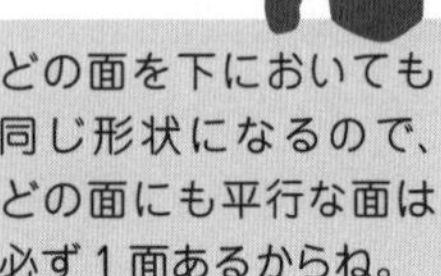

どの面を下においても同じ形状になるので、どの面にも平行な面は必ず1面あるからね。

そして、X，Yそれぞれを5枚の面が囲む形で展開した図が、図2になります。

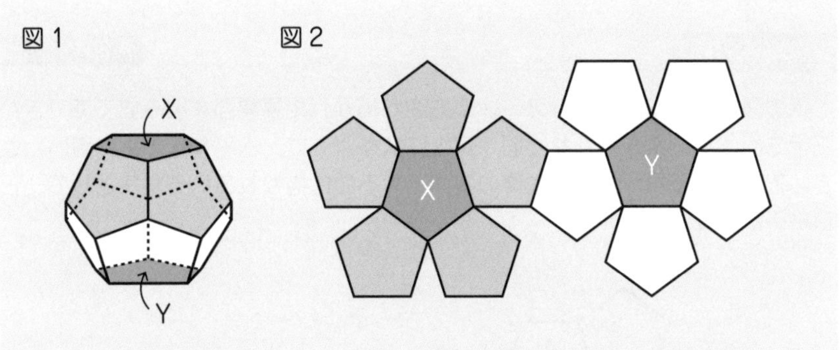

そうすると、本問の展開図も、形を変えると図2と同じになるわけですから、図2のような、6面で構成する2組（図2の左半分と右半分）の形を作ることを考えます。

展開図を組み立てるときは、辺と辺を重ね合わせるわけですが、そのときに重ねる辺には、次のようなルールがあります。

ルール1　初めに、最小の角をなす辺を重ねる。
ルール2　さらに、その隣どうしを重ねる。

これに従うと、まず、図3の①の辺を重ねて、続いて②～④を重ねて組み立てると、図の色のついた5面がAを囲むような形になるのがわかります。

図３

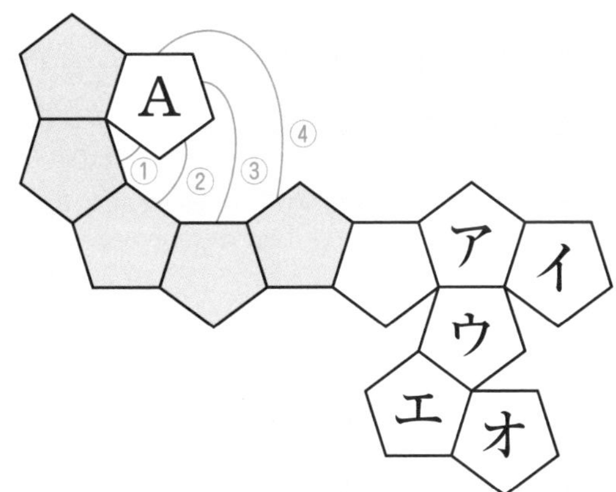

そうすると、残る６面でもう１組を作るわけですが、図４のように、最小の角をなす⑤，⑥，⑦をそれぞれ重ねると、図の色のついた５面がウを囲むような形になるのがわかります。

図４

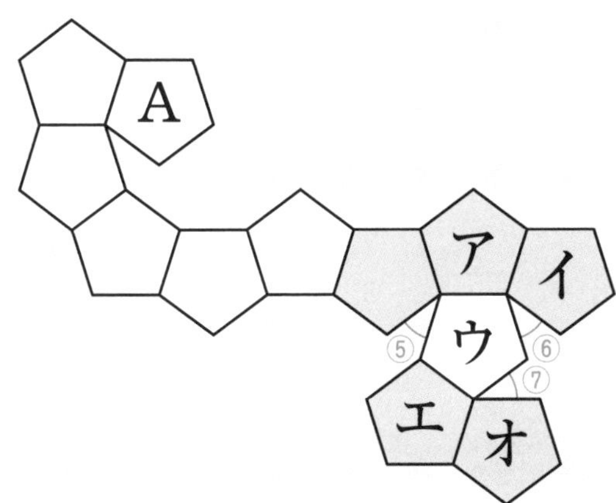

これより、Ａとウが、図１のＸとＹのような位置関係とわかりますので、底面となる面はウで、正解は肢３です。

正解⇨ ３

過去問研究 25 サイコロ

一般的には 1 ～ 6 の目が描かれたサイコロの「目の配置を考える問題」が多いですが、東京都では、パターン 42 のような、立方体を「回転させて面の向きを考える問題」が主流で、割と得点しやすいです。ただ、2022 年の A では、「目の配置を考える」タイプ（特別区編パターン 42 参照）も出題されていました。

パターン42

B 2023年 出題

下の図のように、矢印が 1 つの面だけに描かれている立方体を、滑ることなくマス目の上を A ～ S の順に回転させ、最初に S の位置にきたときの立方体の状態を描いた図として、妥当なのはどれか。

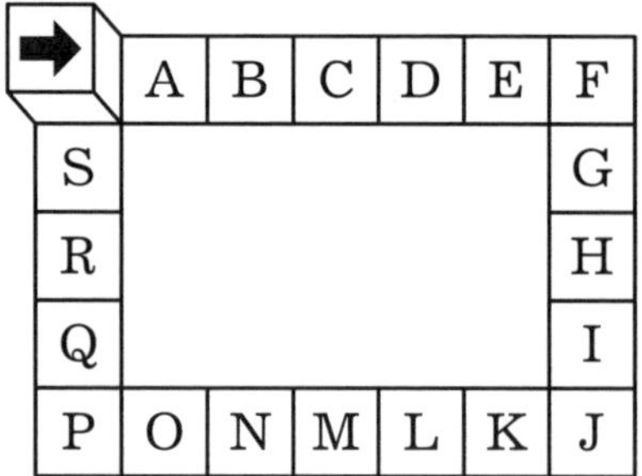

1. 
2. 
3. 
4. 
5. 

ほぼ同じ問題が、B 2015 年と 2005 年にも出題されています。位相図を使って解きますが、模様（矢印）が描かれているのは 1 面だけなので、アバウトな図でもわかるかと思います。

通過点を含めて、F → J → P → S の位置での、矢印の面の位置と向きを確認していきます。

立方体の面の配置は、たとえば、図 1 のような、「位相図」という図を使うのが便利です。

図１　向かい合う面の目の合計が７になるサイコロの例

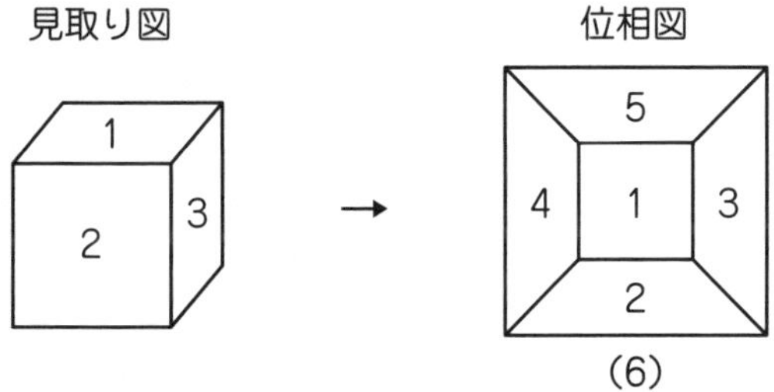

立方体は、同じ方向に４回、転がすと元の状態に戻りますので、図２のように、Ｄの位置でスタートと同じ状態になりますね。そうすると、そこからＦの位置まで、あと２回、転がしますので、矢印の面は底面になり、上から見た向きは図のように左向きになります。

サイコロが透明だったら、上からこう見えるってこと。

図２

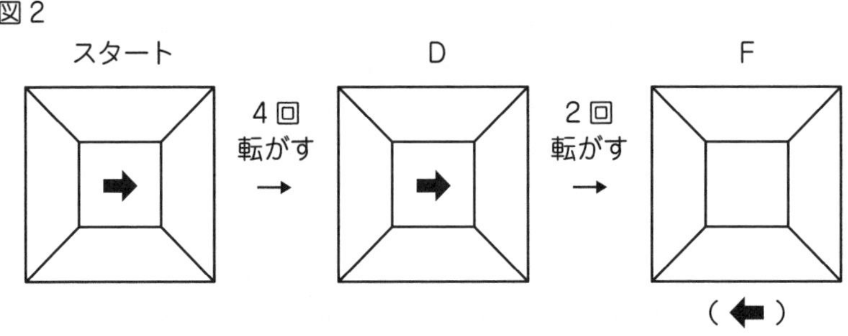

次に、Ｆ→Ｊですが、ここはちょうど４回、転がしますので、Ｆと同じ状態に戻りますね。

さらに、Ｊ→Ｐについて、まず、Ｊ→Ｎで４回、転がして、Ｊ（＝Ｆ）の状態に戻りますから、図３のように、あと２回、転がして、Ｐの位置では矢印の面は上面になり、スタートと同じ状態になります。

Ｄ→Ｆの逆の動きになるよ。

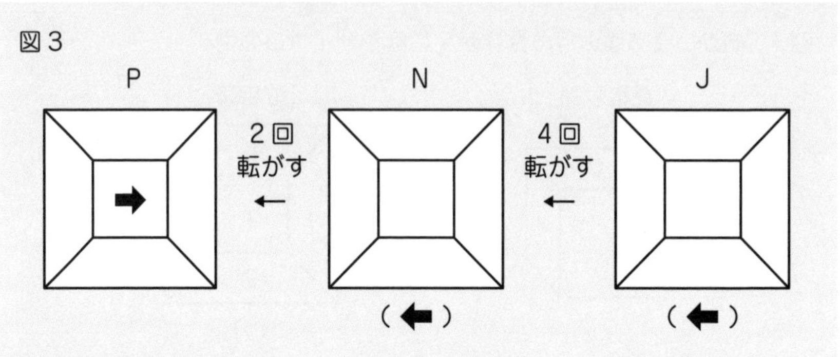

最後に、P→Sですが、P→スタートの位置で、ちょうど4回、転がして、Pと同じ状態に戻りますので、そこから手前に1回戻して、Sでは図4のような状態になるとわかります。

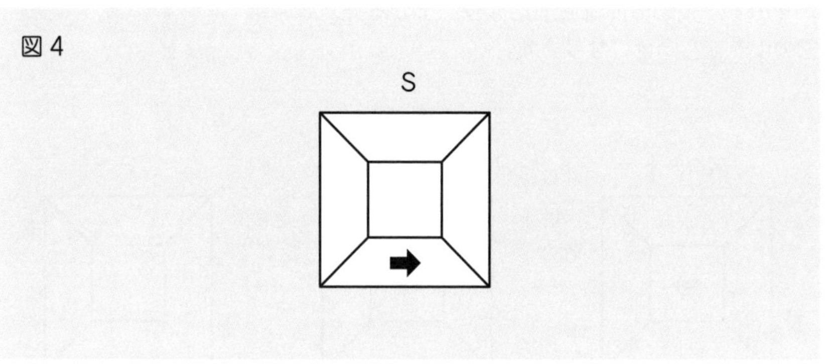

これより、図4と合致する状態を探すと、正解は肢5とわかります。

正解 ⇒ 5

過去問研究 26 積み木

立方体を積み上げてできた「積み木」を、着色したり、線を貫通させるなど、公務員試験ではおなじみの問題がよく出題されています。基本的な問題が多く、ほとんどの問題は、一段スライスという定石の解法で解くことができます。

パターン43

A 2015年 出題

下図のように、一辺の長さ a の立方体を 27 個すき間なく積み重ねて一辺の長さ 3a の立方体をつくり、1 つの立方体の頂点Aと他の立方体の辺の中間点Bとを直線で結んだとき、直線で貫かれた立方体の数として、正しいのはどれか。

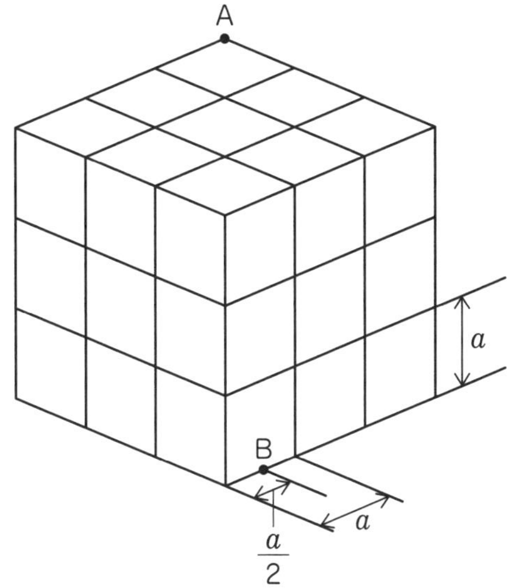

1. 3個　　2. 4個　　3. 5個　　4. 6個　　5. 7個

同じ趣旨の問題が、B2009 年に出題されていますが、本問のほうが易しいです。解説では、一段スライスを使っていますが、この程度なら必要ないでしょう。

まず、図 1 のように、立体を上から見たときのBの位置を確認して、AとBを結ぶ直線を引きます。

上から見た図の、(B) の真下ね。線は、立体が透明だったら、こんな風に見えるってこと。

さらに、立体を正面から見たときのAの位置を確認して、同様に直線を引きます。

正面から見た図の、(A)の奥のほうだよ。

ここで、この直線の1段目と2段目、2段目と3段目の境目にある点を、図のように、P，Qとし、これに当たる点を、上から見た図のほうにも記入します。

AからPまでが、1段目にあるってことね。

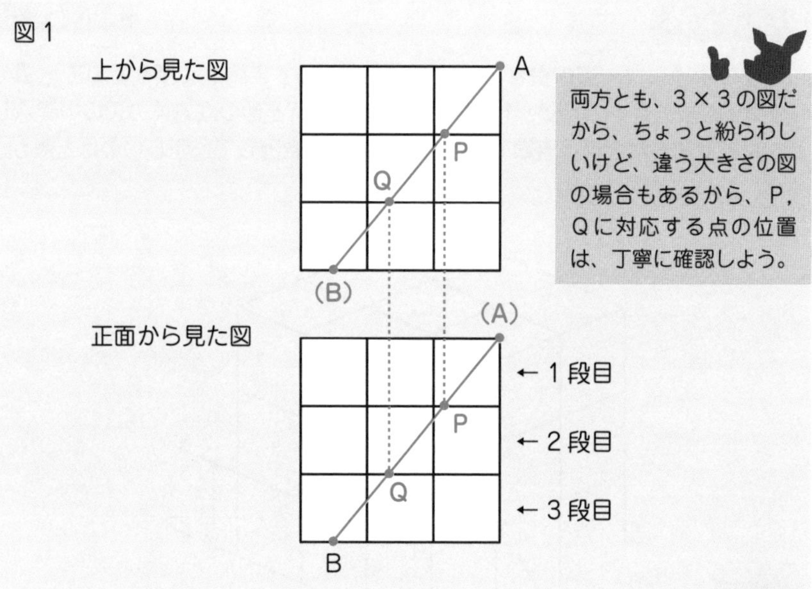

両方とも、3×3の図だから、ちょっと紛らわしいけど、違う大きさの図の場合もあるから、P，Qに対応する点の位置は、丁寧に確認しよう。

これより、立体を上から3段にスライスして、各段において直線が貫いている立方体を調べると、図2の色のついた部分になります。

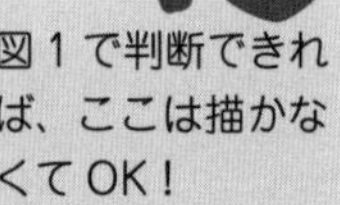

図1で判断できれば、ここは描かなくてOK！

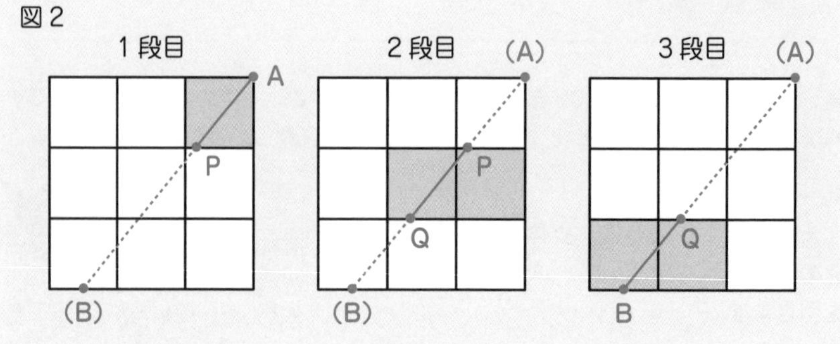

よって、全部で５個とわかり、正解は肢３です。

正解 ⇒ 3

過去問研究 27 立体の切断

出題数は多くありませんが、パターン 44 のような、割と普通の問題のほか、正八面体の切断（少々難問が多い）や、切断面の面積を求める問題（特別区編パターン 41 参照）などが出題されています。

パターン44

B 2016年 出題

図のように、３つの立方体をＬ字形に並べた形状をした立体を、頂点Ａ、Ｂ及びＣの３点を通る平面で切断したとき、頂点Ｐを含む側の立体にできる切断面の形状として、妥当なのはどれか。

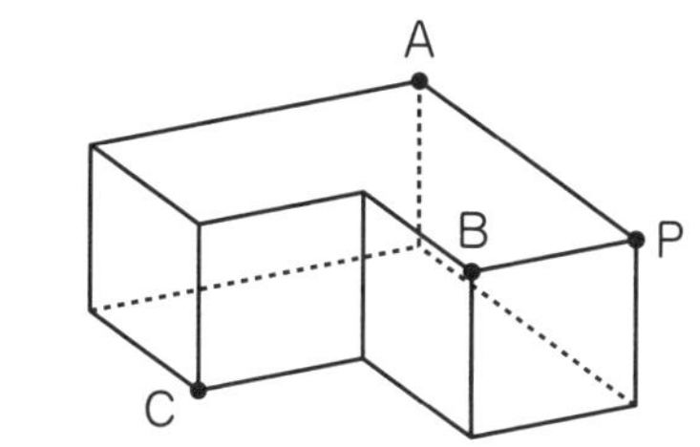

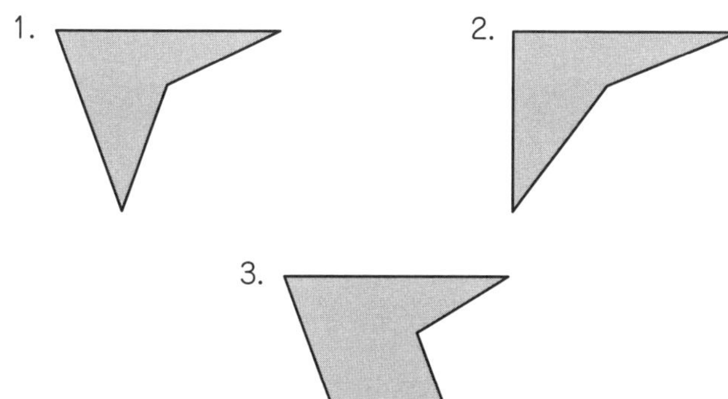

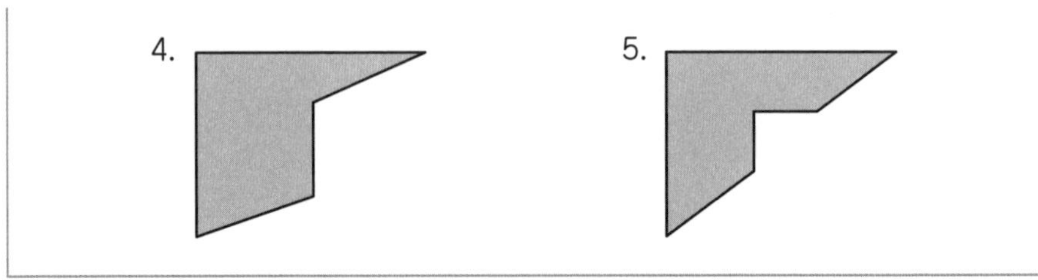

ほぼ同じ問題がA 2010 年にも出題されています。決まった手順に従って切断面を描けば、このタイプの問題は確実に得点できます。

立体の切断面を描くルールは、次のようになります。

ルール1　同じ面の上にある2点はそのまま結ぶ。
ルール2　平行な面の上にある切断線は平行になるようにつなげる。

では、これに従って、頂点A～Cを通る切断面を描いてみましょう。

まず、AとBは、いずれも**立体の上面**にありますので、図1のように、**そのまま結びます**。

次に、AとC、BとCについて見ますが、これらはいずれも同じ面の上にはありませんので、2つ以上の面を通ってつながることになり、手順2に従います。

まず、AからCに辿り着くには、後ろの面と底面を通るわけですが、**底面は上面と平行**ですから、図2のように、上面にある**ABと平行**になるようにCから線を引き、辺との交点をDとします。

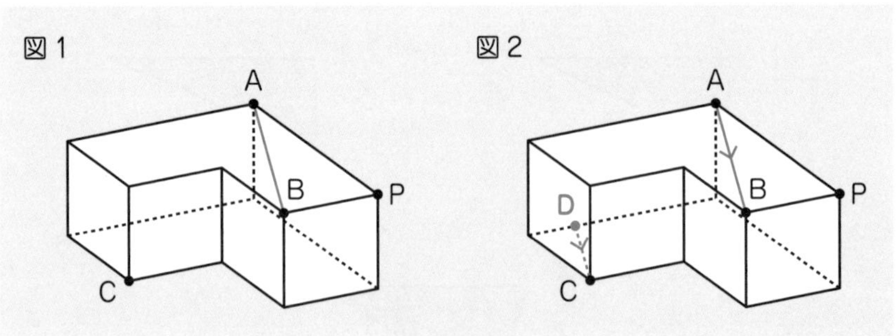

そうすると、AとDは、いずれも**後ろの面の上**にありますので、図3のように、**そのまま結ぶ**ことができますね。

次に、BとCについては、この間にある2枚の正方形を通るわけですが、Cを含むほうの正方形は、後ろの面と平行ですから、図4のように、ADと平行になるようにCから線を引き、辺との交点をEとします。

そうすると、BとEは同じ面の上の2点になり、そのまま結んで、図のように、切断面が完成しますね。

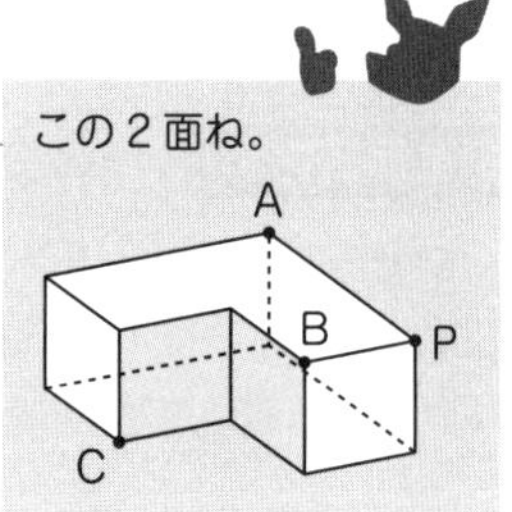

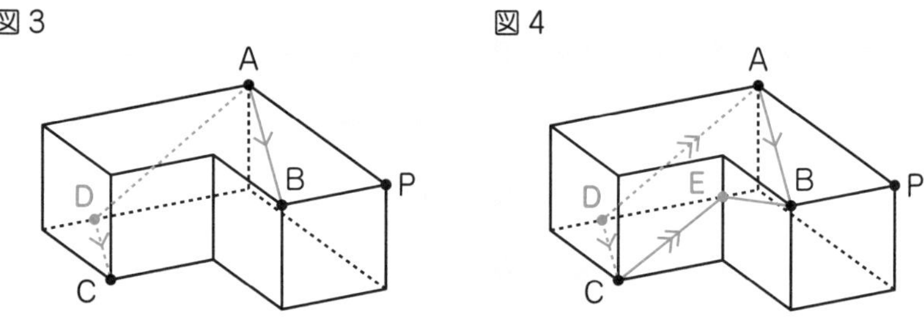

これより、切断面は、A～Eの5つの頂点を持つ図形になりますので、頂点を4つしか持たない肢1，2、頂点を6つ持つ肢5は合致しませんね。

また、図4からわかるように、ABとCD、ADとCEはそれぞれ平行ですから、平行な線が1組しかない肢4も合致しません。

残る肢3については、図5のように、切断面と合致し、正解は肢3です。

図5

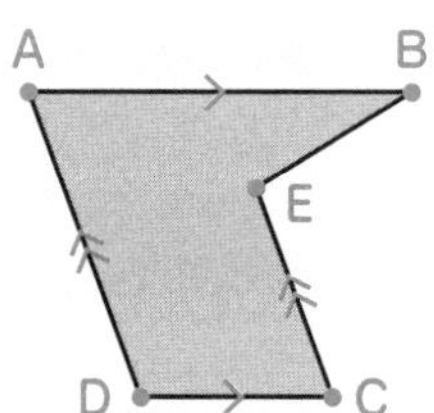

正解⇨ 3

過去問研究 28 円の分割

図形の問題というより、数的推理の「数列」の要素が強いのですが、2008 年～2022 年で同じタイプがA，B合わせて 5 回出題されていますので、解法を覚えて頂きたいと思います。

パターン45

B 2020年 出題

下の図のように、円を 1 本の直線で仕切ると、円が分割される数は 2 である。円を 7 本の直線で仕切るとき、円が分割される最大の数として、正しいのはどれか。

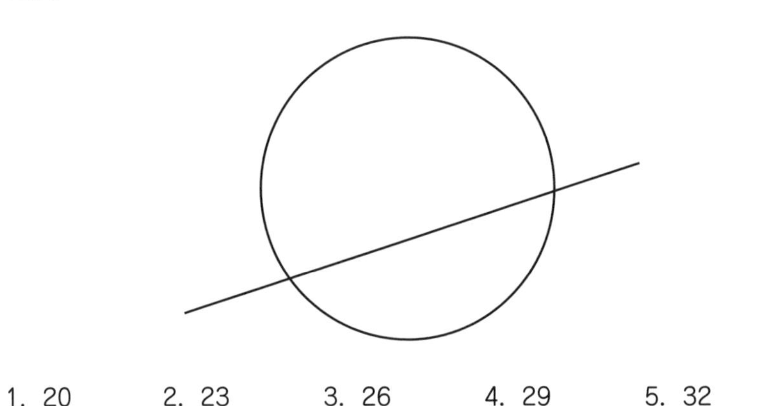

1. 20　　2. 23　　3. 26　　4. 29　　5. 32

ほぼ同じ問題が 2008 年に出題されており、ただの平面を分割する問題がA 2013 年に、円で円を分割する問題がA 2022 年と 2017 年に出題されていますが、いずれも同じように解けます。このタイプは、東京都だけでなく、色々な試験でよく出題されている定番問題です。

まず、1 本目を引く前は、1 つの円だったわけですが、1 本目の直線で 2 つに分割されたわけですね。

では、次の 2 本目についてですが、たとえば、図 1 のように、円だけと交わるように引くと分割される数は 1 つ増えて 3 になりますが、図 2 のように、1 本目とも交わるように引くと 2 つ増えて 4 になります。

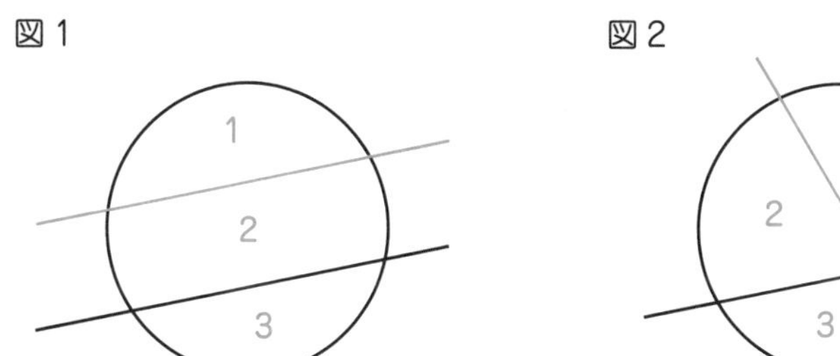

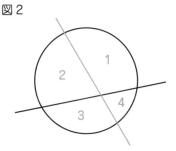

求めるのは分割される最大の数ですから、2本目は図2のような引き方になりますね。

そうすると、3本目についても、先に引いた2本と交わるように引いた方が分割する数を大きくできるとわかりますので、たとえば、図3のように引くと、分割を3つ増やして7にできます。

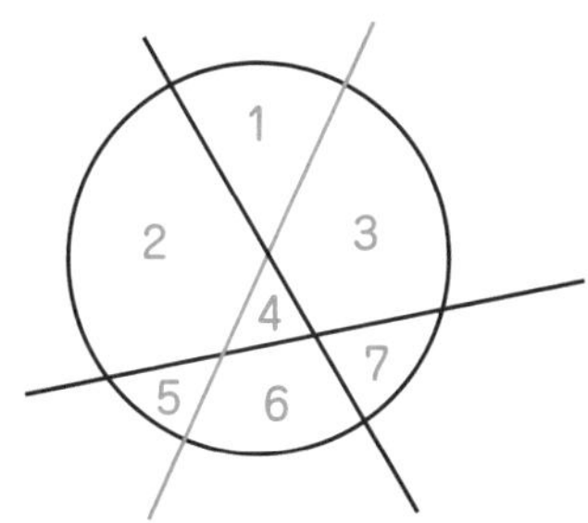

これより、ここまでの分割数をまとめると、

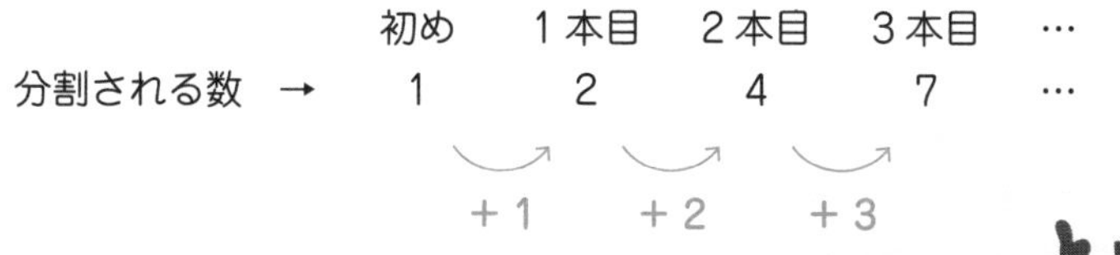

となり、1本増えるごとに、「分割が増える数」も1ずつ増えていくことがわかります。

階差数列が等差数列になっているタイプだね（数的推理パターン25参照）

そうすると、次の4本目でプラス4、5本目でさらにプラス5、…、7本目でプラス7となり、7本での分割の最大数は、次の計算で求められます。

$$7 + (4 + 5 + 6 + 7) = 7 + 22 = 29$$

よって、正解は肢４です。

正解⇒ 4

特別区編

特別区Ⅰ類の傾向分析と過去問解説

特別区の判断推理

対象範囲 ▶ No.10 ～ No.15

暗号は超危険！ 試合と位置関係もほぼ毎年！

基本情報

特別区Ⅰ類の教養試験は、2016 年以降、No.10 ～ 15 の 6 問が、「判断推理の枠」ですが、2009 年～ 2015 年は 4 問、それ以前は 5 問と、数年で出題数に変化があります。

東京都と異なり、判断推理の枠で数的推理の問題（「確率」 など）が出題されることはなく、一般的な判断推理の問題が出題されています。

特別区Ⅰ類の数的処理全体を通して見ると、判断推理のレベルは平均以上なので、ここである程度の時間がかかります。事前に時間配分の計画を立てるようにしましょう。

データ

▶特別区Ⅰ類の判断推理の 2023 年までの出題データは、次のとおりです。

特別区Ⅰ類　2023 年までの 10 年間の出題内容

	2023	2022	2021	2020	2019	2018	2017	2016	2015	2014
No.9									数量推理	試合
No.10	試合	試合	試合	試合	試合	試合	試合	試合	暗号	暗号
No.11	暗号	暗号	暗号	暗号	暗号	暗号	暗号	暗号	位置関係	数量推理
No.12	対応関係	数量推理	対応関係	順序関係	対応関係	論理	推理	対応関係	操作手順	位置関係
No.13	順序関係	真偽	位置関係	真偽	操作手順	投影図	真偽	真偽		
No.14	位置関係	推理	論理	位置関係	集合算	順序関係	集合算	場合の数		
No.15	集合算	位置関係	数量推理	順序関係	集合算	位置関係	数量推理	位置関係		

特別区Ⅰ類　2023年までの20年間のテーマ別の出題数

	暗号	試合	位置関係	対応関係	数量推理	順序関係	集合算	真偽	操作手順	その他
2014～2023年	10	9	8	4	5	4	4	4	2	6
2004～2013年	8	9	4	7	5	2	2	2	4	2
合計	18	18	12	11	10	6	6	6	6	8

データからもわかるように、ほぼ毎年、最初のNo.10で「試合」が出題されていますが、割とレベルが高く、たまに難問がありますので注意が必要です。

そして、次のNo.11では「暗号」が出題されており、こちらは難問ばかりですが、たまに標準的な問題も出題されていますので、その時は得点できるよう準備はしておきましょう。

その他では、ここ最近は「位置関係」の出題も多く、こちらはけっこう普通の問題が多いです。あとは、「対応関係」「順序関係」「数量推理」などが割とよく出題されていますが、いずれも標準レベルあるいはやや易しいほうです。

国家でよく出題されている「論理」は、あまり出題されていませんが、ここ数年で2回ほど出題がありました。「＃1 東京都の判断推理」の「パターン14」と同じような問題ですので、こちらも確認しておいてください。

また、同じく東京都の「パターン10」のような問題も、2016年に出題されていますので、こちらの確認もお願いします。

過去問研究１ 試合

ほぼ毎年１問出題され、No.10の位置で定着しています。リーグ戦の問題が比較的多いですが、最近はトーナメント戦もよく出題されており、その他にも、数量条件から推理させる特殊なタイプの出題もたまにあります。

特別区の問題の中では、比較的レベルの高い問題が多く、かなりの難問が出題されることもあります。

繰り返し出題されている問題はそれほど多くはありませんが、毎年似たような問題が出題されています。

パターン１

2018年 出題

Ａ～Ｆの６チームが､総当たり戦でフットサルの試合を行った。勝ちを２点、引き分けを１点、負けを０点として勝ち点を計算し、総勝ち点の多いチームから順位を付け、総勝ち点で同点の場合は得失点差により順位を決めた。今、次のア～カのことが分かっているとき、３位になったのはどのチームか。ただし、同一チームとの対戦は１回のみとする。

ア　Ｂは、ＣとＦに勝った。
イ　Ｃは、ＡとＤに負けた。
ウ　Ｄは、Ｆに負けなかった。
エ　Ｅは、Ａ、Ｂ、Ｃと引き分け、得失点差によりＣの下位となった。
オ　Ｆには引き分けの試合はなく、得失点差によりＡの上位となった。
カ　引き分けは４試合あった。

1. Ａ　2. Ｂ　3. Ｃ　4. Ｄ　5. Ｆ

ほぼ同じ問題が2011年にも出題されています。一般的なリーグ戦の問題と同様に、勝敗表を書いて解きましょう。本問は、最近のリーグ戦の問題の中では割と易しいほうです。

Ａ～Ｆの６チームで、表１のような勝敗表を作成して、条件を整理します。

まず、条件ア，イ，エからわかる試合結果を勝敗表に記入します。

また、条件ウ，オより、ＤＦ戦は引き分けではないので、ＤはＦに勝ったとわかります（表１）。

表1

	A	B	C	D	E	F
A			○		△	
B			○		△	○
C	×	×		×	△	
D			○			○
E	△	△	△			
F		×		×		

縦が基準で、横は対戦相手だよ。「BはCに勝った」は、Bの対C戦に○を記入し、Cの対B戦に×を記入するんだ。

ここで、条件エの後半について考えると、CとEの勝ち点は同じだとわかりますが、表1より、Eは引き分けの3試合で3点を得ていますので、勝ち点は3点以上ですね。

しかし、Cのほうは、表1の段階でまだ1点ですので、3点以上になるには残る対F戦には勝って2点を得て、勝ち点は3点に決まります。

これより、Eの勝ち点も3点ですから、残る対D戦と対F戦には負けているとわかります（表2)。

表2

	A	B	C	D	E	F	
A			○		△		
B			○		△	○	
C	×	×		×	△	○	(3点)
D			○		○	○	
E	△	△	△	×		×	(3点)
F		×	×	×	○		

さらに、条件オの後半について、AとFの勝ち点も同じですが、表2より、Aの勝ち点は3点以上ですから、Fの勝ち点も3点以上ですね。

そうすると、条件オの前半より、Fは、Aと引き分けてはいませんので、Aに勝って、勝ち点は4点に決まります。

これより、Aは、BまたはDの一方と引き分け、もう一方に負けて、あと1点を得て4点となるわけですが、どちらと引き分け、どちらに負けたかは特定しませんね。

また、残るＢＤ戦についても、特定できる情報がありませんので、表３のようにまでしかわからないことになります。

表３

	A	B	C	D	E	F	
A			○		△	×	(4点)
B			○		△	○	
C	×	×		×	△	○	(3点)
D			○		○	○	
E	△	△	△	×		×	(3点)
F	○	×	×	×	○		(4点)

色がついている対戦は、不確定ってことね。

これより、順位について確認すると、ＢとＤの勝ち点は、いずれも５点以上に確定しますので、この２チームが１位と２位で、条件オより、同じ勝ち点ですが得失点差で上位となったＦが３位で、Ａが４位、条件エより、同様に、Ｃが５位で、Ｅが６位とわかります。

よって、３位はＦで、正解は肢５です。

正解⇒ **5**

パターン 2

2023年 出題

A～Fの6チームが、次の図のようなトーナメント戦でソフトボールの試合を行い、2回戦で負けたチーム同士で3位決定戦を、1回戦で負けたチーム同士で5位決定戦を行った。今、次のア～エのことが分かっているとき、確実にいえるのはどれか。ただし、図の太線は、勝ち進んだ結果を表すものとする。

ア　Bは、0勝2敗であった。
イ　Cは、Cにとって2試合目にEと対戦した。
ウ　Dは、Eに負けて1勝1敗であった。
エ　Fは、1勝2敗であった。

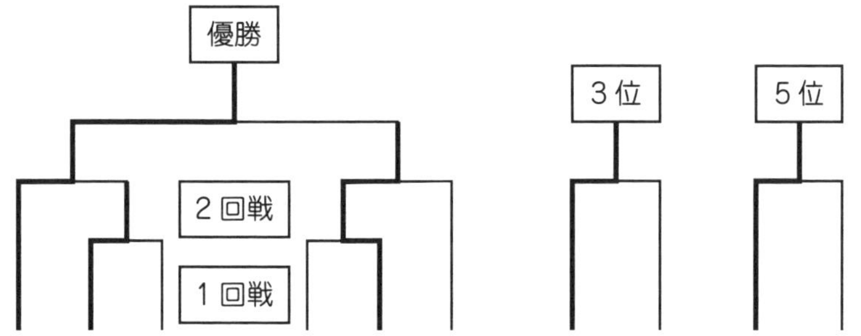

1. Aは、6位であった。
2. Bは、5位であった。
3. Cは、4位であった。
4. Dは、3位であった。
5. Eは、2位であった。

3位決定戦などの条件は、一般的にはあまりありませんが、特別区ではときどき見られます。本問は、複数の成立例がありますが、割と早めに答えは出るでしょう。

図のように、トーナメント図のそれぞれのチームを①～⑥とします。

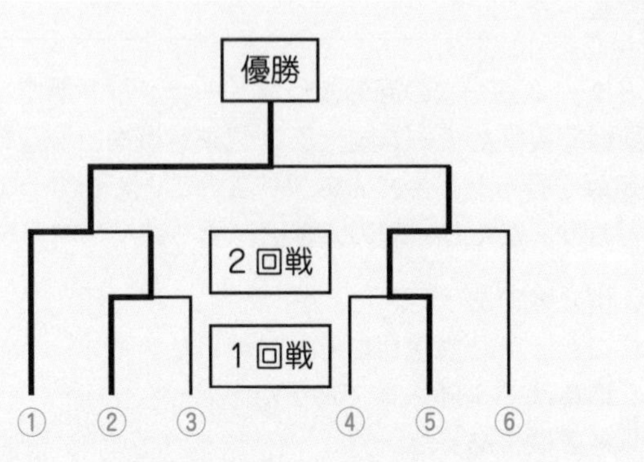

3位決定戦は②と⑥、5位決定戦は③と④で行われていますね。その結果は不明ですが、この時点で、①～⑥の勝敗、順位、試合数について、わかることを表1のようにまとめます。

表1

	勝敗数	順位	試合数
①	2勝0敗	1位	2試合
②	3位決定戦に勝った場合 →2勝1敗	3位	3試合
	3位決定戦に負けた場合 →1勝2敗	4位	
③ ④	5位決定戦に勝った場合 →1勝1敗	5位	2試合
	5位決定戦に負けた場合 →0勝2敗	6位	
⑤	2勝1敗	2位	3試合
⑥	3位決定戦に勝った場合 →1勝1敗	3位	2試合
	3位決定戦に負けた場合 →0勝2敗	4位	

ここで、条件エより、「1勝2敗」の可能性があるチームを探すと、②が3位決定戦に負けた場合のみですから、Fが②で、3位決定戦に負けて4位となり、3位決定戦に勝った⑥は、1勝1敗で3位とわかります。

そうすると、条件アより、「0勝2敗」の可能性があるのは、③，④の5位決定戦の敗者のほうのみで、これがBとなります。

さらに、条件イ，ウより、Eは、C，Dの2チームと対戦していますので、このようなチームを考えると、①，③，④，⑥はいずれも2試合しかしておらず、そのうちの1試合については、

①，③　→　１試合目で②（Ｆ）と対戦
④　　→　Ｂ、もしくは、Ｂと対戦
⑥　　→　３位決定戦で②（Ｆ）と対戦

となり、いずれもＥではないとわかります。

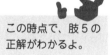

これより、Ｅは⑤に決まり、④→⑥→①と順に対戦していますが、④と⑥はいずれも自身から見て最初の試合でＥと対戦していますので、条件イより、２試合目でＥと対戦したＣは①とわかります。

この時点で、肢５の正解がわかるよ。

ここまででわかることをまとめると、表２のようになりますね。

表２

		勝敗数	順位	試合数
①	C	２勝０敗	１位	２試合
②	F	３位決定戦に負けて１勝２敗	４位	３試合
③		５位決定戦に勝ったチーム →１勝１敗	５位	２試合
④		５位決定戦に負けたチーム →０勝２敗	６位	
⑤	E	２勝１敗	２位	３試合
⑥		３位決定戦に勝って１勝１敗	３位	２試合

そうすると、条件ウより、④または⑥がＤとなりますが、Ｄが④であれば、③がＢ、残るＡは⑥で、Ｄが⑥であれば、③と④がＡとＢのいずれかとなり、以下の３通りが考えられます。

（③，④，⑥）→（Ｂ，Ｄ，Ａ）or（Ａ，Ｂ，Ｄ）or（Ｂ，Ａ，Ｄ）

これより、選択肢を確認すると、肢１，２，４はいずれも可能性はありますが確実にはいえず、正解は肢５となります。

正解 ⇒ 5

パターン3 2019年 出題

A、Bのホッケーチームが、1人ずつ交互にボールを打ち込んでゴールに入った得点を競うゲームを行った。ルールは、1回ゴールに入ると1点、外れると0点とし、5人ずつ打って多くの得点を挙げたチームを勝ちとする。また、両チームとも5人目が打った段階で、得点が同じで勝敗がつかない場合は延長戦を行い、勝敗がつくまで1人ずつ交互に打ち続ける。その結果について、次のア～オのことが分かっているとき、確実にいえるのはどれか。

ア　Aチームの2人目は、得点を入れた。
イ　Aチームは、全部で3人が得点を入れた。
ウ　Aチームが2人続けて得点を入れることができなかったのは、1回だけであった。
エ　両チームとも、4人目は得点を入れた。
オ　両チームとも、2人続けて得点を入れたことはなかった。

1. Aチームが、2点差で勝った。
2. Bチームが、1点差で勝った。
3. Bチームの7人目は、得点を入れることができなかった。
4. 両チームとも、2人目は得点を入れた。
5. 8人目で勝敗がついた。

一般的な試合の問題とは少し異なりますが、このような、得点などから推理する問題もたまに出題されていますので、少し慣れておきましょう。

まず、条件ア，エより、Aの2人目と4人目、Bの4人目は入れていますので、条件オより、その前後の人は入れていないとわかり、ここまでを表1のように表します。

表1

	1人目	2人目	3人目	4人目	5人目
A	×	○	×	○	×
B			×	○	×

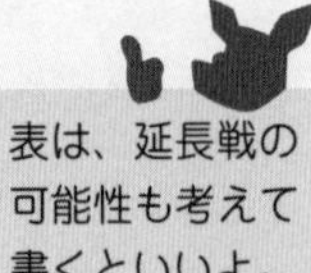

表は、延長戦の可能性も考えて書くといいよ。

また、条件イより、Aは6人目以降にもう1人が入れていますので、5人目までで勝敗がつかなかったとわかります。

そうすると、Bも5人目までで2人が入れていますので、1人目または2人目のいずれかが入れているとわかります。

では、ここから、Aで入れたもう1人が何人目かで場合分けをして検討します。

(1) Aの6人目が入れた場合

条件ウより、Aは2人連続で入れていないのが1回だけあったわけで、それは7，8人目となります。Aで入れたのは6人目で終わりですから、8人目で勝負がついたことになりますね。

そして、8人目までいったということは、6人目、7人目では勝負がつかなかったということですから、Bの6人目も入れており、7人目は入れておらず、さらに8人目が入れて、Bの勝利となります（表2）。

表2

	1人目	2人目	3人目	4人目	5人目	6人目	7人目	8人目
A	×	○	×	○	×	○	×	×
B	（○と×）		×	○	×	○	×	○

(2) Aの7人目が入れた場合

6人目では勝負がつかなかったことになりますから、6人目はA，Bとも入れておらず、条件ウのAの2人連続で入れていないのは、5，6人目となります。

ここで、Bの7人目が入れていなければ、Aの勝利となります（表3）。

表3

	1人目	2人目	3人目	4人目	5人目	6人目	7人目
A	×	○	×	○	×	×	○
B	（○と×）		×	○	×	×	×

また、Bの7人目が入れていれば、さらに延長戦となりますが、条件オより、8人目はA，Bとも入れていないことになります（表4）。

そうすると、9人目まで延長したことになりますが、条件イ、ウより、Aの9人目のところには○も×も入れられませんので、この場合は成立しません。

表4

	1人目	2人目	3人目	4人目	5人目	6人目	7人目	8人目
A	×	○	×	○	×	×	○	×
B	(○と×)		×	○	×	×	○	×

また、Aが2人連続で入れていないのは1回だけですので、5, 6, 7人目がいずれも入れていないことはなく、Aで入れたもう1人が8人目以降ということはあり得ません。

よって、表2, 3の2通りが成立し、ここから選択肢を検討すると、いずれにおいても確実にいえるのは肢3となります。

正解 ⇒ 3

過去問研究 2 暗号

ほぼ毎年、No.11 の位置で出題され、超難問が多いので有名です。ただ、たまに、普通の問題が出題されることもありますので、最小限の準備はして臨みましょう。

本番では、普通の問題ではないと思ったら、少し考えて、とりあえず、わかるところまでやって、選択肢を絞ってみましょう。無理だと思ったら、早めに引き上げることも大切です。

ここでは、普通の問題と、難問ですが選択肢を絞れるタイプを 1 問ずつご紹介いたします。

パターン 4

2019年 出題

ある暗号で「CLUB」が「上上下、中上下、下上下、上上中」、「DAWN」が「上中上、上上上、下中中、中中中」で表されるとき、同じ暗号の法則で「下上上、上下中、中中下、中下上」と表されるのはどれか。

1.「SORT」
2.「SHOP」
3.「SHIP」
4.「PORT」
5.「MIST」

典型的な「3 進法の暗号」で、2014 年と 2005 年にも出題されており、他の試験でもよく出題されています。暗号のシステムを理解していれば、このタイプは短時間で解けます。

アルファベット 1 文字を、「上，中，下」の 3 種類の文字 3 つで表した暗号です。このように、アルファベット 1 文字を 3 種類の記号で表す暗号は、基本的に 3 進法のシステムに従っており、次のような手順で暗号化されています。

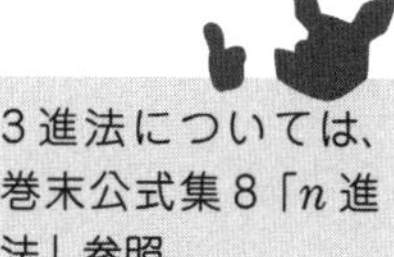

3 進法については、巻末公式集 8「n 進法」参照。

①アルファベットA～Zを、0～25、または、1～26の数字に対応させる。
②その数字を3進法に変換する。
③3進法の「0，1，2」をそれぞれ記号で表す。

では、本問もこれに従っていると推測して解いてみましょう。

まず、①で、A～Zは、0～25、1～26のどちらに対応しているか確認します。

「DAWN」の「A」に着目すると、これはアルファベット1番目ですから、0～25のほうなら「0」、1～26のほうなら「1」ですね。本問はいずれの文字も3文字で表していますので、3桁の数字で表すなら、「000」または「001」です。そして、「A」に対応する暗号を確認すると、「上上上」なので、「000」のほう、つまり、0～25に対応で、「上」は「0」を表すとわかります。

「A」がないときは、適当な文字でOK。たとえば、「D」は4番目だから、0～25なら「3」、1～26なら「4」で、3進法にすると、「010」か「011」だよね。そうすると、それを表す暗号が、「○△○」の形なら「010」、「○△△」の形なら「011」と判断できるでしょ。

あとは、「中」と「下」が、「1」と「2」のどちらかがわかればいいので、たとえば、「CLUB」の「C」について見ると、アルファベット3番目なので、0～25に対応させると「2」となり、これは3進法でも「2」ですから、「002」となります。そうすると、「C」に対応する暗号は「上上下」ですから、「下」が「2」を表し、残る「中」は「1」を表すとわかります。

これより、与えられた暗号を、3進法の数字で表す→10進法の数字に変換する→対応するアルファベットに直すという順で解読すると、次のようになります。

下上上　→　200　→　18　→　S
上下中　→　021　→　7　→　H
中中下　→　112　→　14　→　O
中下上　→　120　→　15　→　P

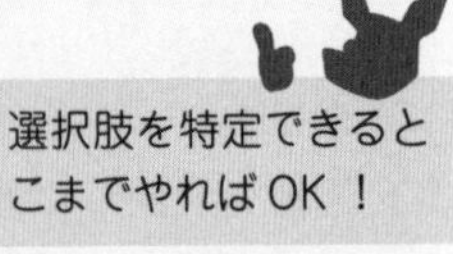

選択肢を特定できるとこまでやればOK！

よって、「SHOP」となり、正解は肢2です。

正解⇨ 2

パターン5 2023年 出題

ある暗号で「えちご」が「4・1・5、7・2・10、(5・2・5)」、「こうずけ」が「10・1・10、3・1・5、(3・3・5)、9・1・10」で表されるとき、同じ暗号の法則で「1・2・5、(3・2・10)、1・2・10」と表されるのはどれか。

1.「むさし」
2.「かずさ」
3.「さがみ」
4.「いずも」
5.「さつま」

かな文字の暗号のタイプで、2018年と2016年には割と普通の問題が出題されています。本問は超難問ですが、けっこう正解できた人が多いようです。ここでは、本番目線で解説しますので参考にしてください。

かな1文字に対して、数字3つが次のように対応すると考えられます。

「え」	「ち」	「ご」	
「4・1・5」	「7・2・10」	「(5・2・5)」	
「こ」	「う」	「ず」	「け」
「10・1・10」	「3・1・5」	「(3・3・5)」	「9・1・10」

かな文字の暗号は、段「あいうえお」を表す部分と、行「あかさたな…」を表す部分の組合せによって構成され、濁点などは何らかの特徴で表されることが多いです。

そうすると、まず、気がつくのは、「ご」と「ず」を表す暗号には（ ）がついており、これが濁点を示すと推測できます。

これより、与えられた暗号を見ると、2文字目に対応する暗号に（ ）がついていますので、2文字目に濁点がつくものを探すと、肢2，3，4に絞られます。

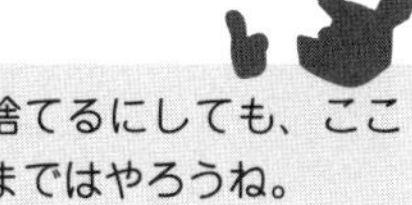

捨てるにしても、ここまではやろうね。

では、濁点を除いた文字について、段と行の表し方を考えると、「え」は、表1の50音表でわかるように、4段目の1行目ですから、暗号の最初の2数「4・1」がこれを表すと仮定して見ると、「ご」＝「こ」、「う」、「ず」＝「す」

のこの部分は同じ法則に従っているのですが、その他の文字については違いますね。

表 1

	1	2	3	4	5	6	7	8	9	10
1	あ	か	さ	た	な	は	ま	や	ら	わ
2	い	き	し	ち	に	ひ	み		り	
3	う	く	す	つ	ぬ	ふ	む	ゆ	る	
4	え	け	せ	て	ね	へ	め		れ	
5	お	こ	そ	と	の	ほ	も	よ	ろ	を

ここで、とりあえず、この法則に従うとして、与えられた暗号の 1 文字目を見ると、「1・2・5」ですから、1 段目の 2 行目の文字「か」を表すのであれば、肢 2 しかありませんね。

少し強引ですが、ここで肢 2 を選んで終わりにするのが、本番での解き方としては最も賢明かと思います。

過去に出た多くの難問も、アバウトな推測で選択肢を選べることはよくあったんだ。おそらく、作問者も意図してやっていると思うよ。

では、ここから先は、解説というより、タネ明かしのようになりますが、暗号の最後の数字に着目すると、上記の仮定に当てはまる文字は、いずれも暗号の最後の数字が「5」で、当てはまらない文字は「10」となっています。

すなわち、最後が「5」の場合は、表 2 のように、各行の 5 文字を 1 グループとし、x 番目のグループの上から y 番目の文字を「y・x・5」と表しています。

そして、同様に、最後が「10」の場合は、表 3 のように、2 行合わせて 10 文字を 1 グループとし、やはり、x 番目のグループの、左から順に数えて y 番目の文字を「y・x・10」と表しているわけです。

あ～おは 1 ～ 5 番目、か～こは 6 ～ 10 番目ってことね。

表2

1	2	3	4
あ	か	さ	た
い	き	し	ち
う	く	す	つ
え	け	せ	て
お	こ	そ	と

表3

1		2		3	
あ	か	さ	た	な	は
い	き	し	ち	に	ひ
う	く	す	つ	ぬ	ふ
え	け	せ	て	ね	へ
お	こ	そ	と	の	ほ

これより、与えられた暗号を解読すると、1文字目は、最後の数字が「5」ですから、先ほどの推測どおり「か」を表し、あとの2文字は、最後の数字が「10」なので、次のようになります。

「(3・2・10)」→2番目のグループの3番目の文字で濁点付 →「ず」
「1・2・10」→2番目のグループの1番目の文字 →「さ」

よって、「かずさ」となり、正解は肢2です。

正解⇨ 2

過去問研究3 位置関係

近年はほぼ毎年のように出題されており、パターン６，７のような方角を考える問題が多いですが、一般的な座席やマンションの部屋などの位置関係の問題も出題されています。パターン６のようなタイプは割と面倒な問題が多いので、時間配分に気をつけてください。

パターン６

2023年 出題

次の図のように、道路に面して①〜⑧の家が並んでおり、Ａ〜Ｈの８人がそれぞれ１人住んでいる。今、次のア〜カのことが分かっているとき、確実にいえるのはどれか。ただし、各家の玄関は、道路に面して１つであり、敷地の角に向いていないものとする。

ア　Ａの家は、２つの道路に面している。
イ　ＢとＥの家は、道路を挟んだ真向かいにある。
ウ　ＣとＥの家は隣接しており、ＣとＨの家は道路を挟んだ真向かいにある。
エ　Ｄの家の玄関の向く方向に家はない。
オ　Ｆの家の玄関は、Ｅの家を向いている。
カ　Ｇの家に隣接する家の玄関は、Ｂの家を向いている。

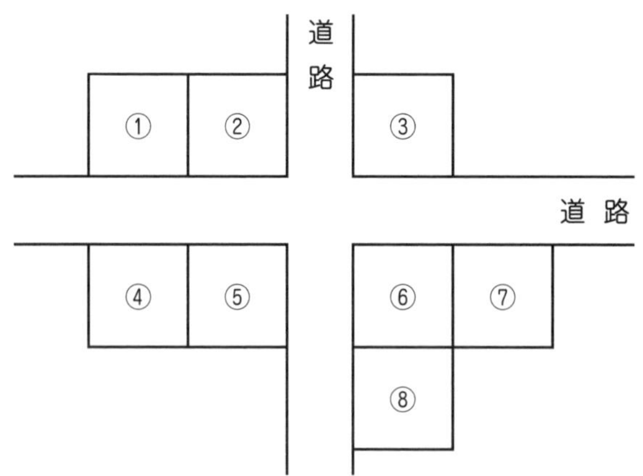

1. ＡとＧの家は、隣接している。
2. ＢとＤの家は、隣接している。
3. ＦとＨの家は、隣接している。

4. Aの家は、③の家である。
5. Bの家は、⑤の家である。

ほぼ同じ問題が2013年に、少しアレンジした問題が2018年に出題されています。条件を組み合わせて、場所を特定できるところを探してみましょう。

まず、家の場所が絞り込みやすい条件から見ると、

条件ア　A → ②，③，⑤，⑥
条件エ　D → ⑦，⑧

については、わかりやすいですが、その他の条件は、向かい合う家の情報ですから、

（①と④），（②と⑤），（③と⑥），（②と③），（⑤と⑥）

の５組について考えることになり、やや面倒ですね。

では、複数の条件に登場する家に着目し、場所を絞り込めないか考えてみます。

まず、条件イ，ウより、ＣとＥは隣接していますので、

（①と②），（④と⑤），（⑥と⑦），（⑥と⑧）

のいずれかですが、それぞれ向かい合う家があることから、（①と②）または（④と⑤）に絞られますので、ここで場合分けをします。

(1)　ＣとＥが（①と②）の場合

条件イ，オより、Ｅの向かいにはＢとＦの家がありますので、向かい合う家が２軒ある②がＥで、①がＣ、そして、③と⑤がＢとＦのいずれかで、④がＨとなります（図1）。

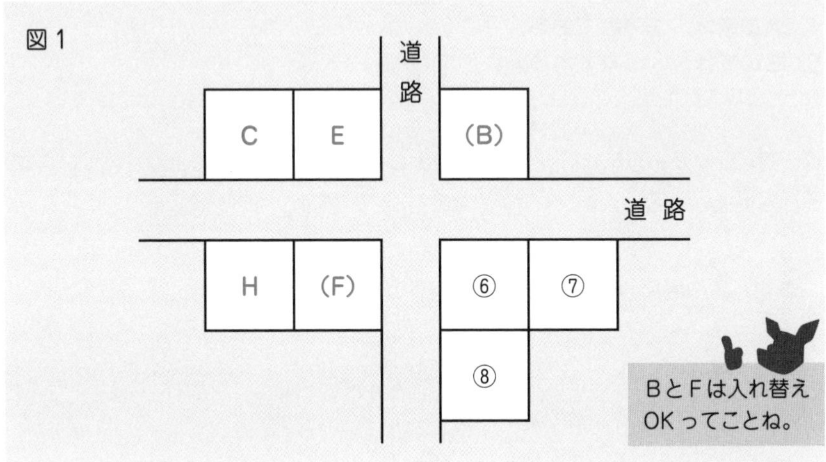

そうすると、条件アより、Aは⑥で、残るDとGが⑦と⑧のいずれかとなりますが、いずれの場合も、条件エ，力を満たし、成立します（図2)。

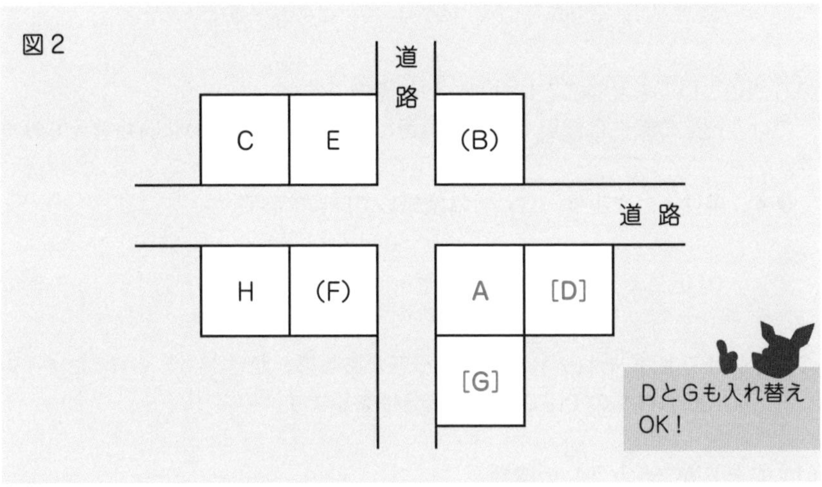

(2) CとEが（④と⑤）の場合

同様に、向かい合う家が2軒ある⑤がEで、④がC、そして、②と⑥がBとFのいずれかで、①がHとなります（図3)。

図3

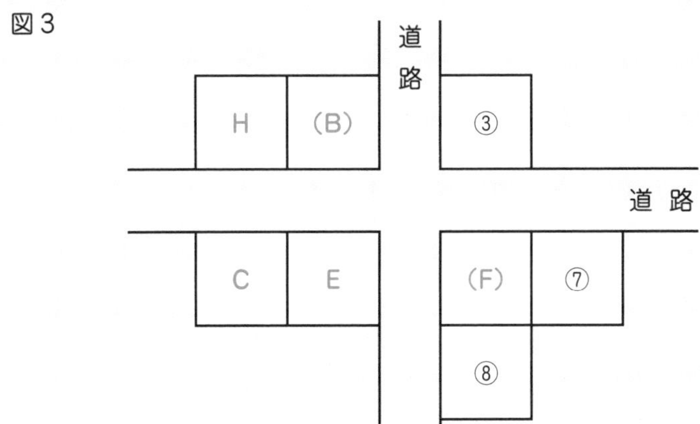

そうすると、条件アより、Aは③ですから、Gは⑦または⑧となりますが、いずれにおいても、隣接するのは⑥ですから、条件カを満たしません。

よって、図2のように決まり、BとF、DとGをそれぞれ入れ替えた場合も考慮して選択肢を確認すると、肢3と肢5は可能性がありますが確実にはいえず、正解は肢1となります。

正解 ⇒ 1

パターン7 2022年 出題

ある地域における、区役所、図書館、警察署、税務署、駅、学校の6つの施設の位置関係について、次のア～オのことが分かっているとき、確実にいえるのはどれか。

ア　区役所は、図書館の真西で駅の真南に位置する。
イ　税務署は、警察署の真西で図書館の真南に位置する。
ウ　学校は、図書館の真東に位置する。
エ　図書館から警察署までの距離は、図書館から区役所までの距離より短い。
オ　学校から図書館までの距離と、警察署から税務署までの距離、駅から区役所までの距離は、それぞれ同じである。

1. 区役所から図書館までの距離は、区役所から税務署までの距離より長い。
2. 区役所から一番遠くにある施設は、税務署である。
3. 区役所から図書館までの距離は、税務署から警察署までの距離の 1.4 倍より長い。
4. 図書館から一番遠くにある施設は、駅である。
5. 図書館から一番近くにある施設は、税務署である。

同じような問題は、2016 年、2015 年、2011 年にも出題されています。方角に基づいて、地図を描くイメージで6つの施設の位置関係を考えましょう。

条件より、わかるところから図にしていきます。
まず、条件アより、区役所、図書館、駅の位置関係は図1のように表せます。
さらに、条件イより、税務署、警察署を、条件ウより、学校を図1に加えます（図2）。

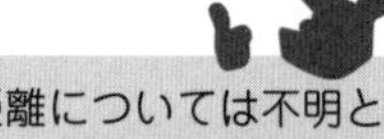

距離については不明ということで、破線にしておくね。

警察署と学校のどっちが東か西かも、この時点ではわからないよ。

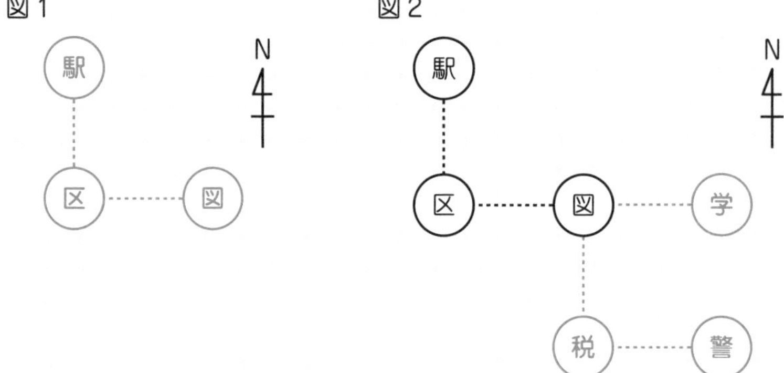

ここで、条件エより、図３の●の距離が■の距離より長く、また、条件オより、○の距離がそれぞれ等しいとわかります。

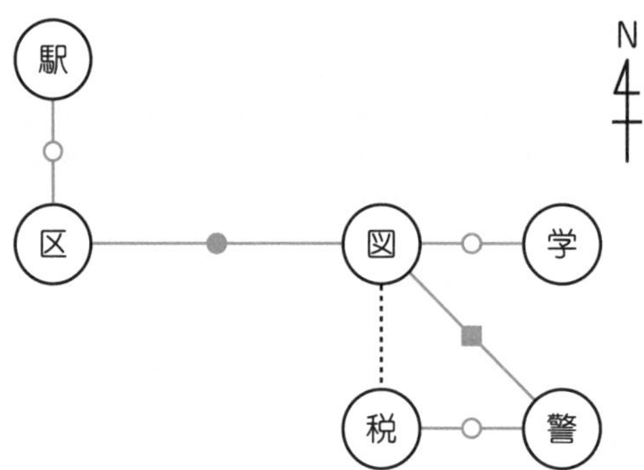

これより、図書館、税務署、警察署、学校を結ぶと長方形になることがわかりますが、南北と東西のどちらが長いかは特定できません。

以上のことを踏まえて、図３より、選択肢を確認します。

肢１　区役所から図書館までの距離より、区役所から税務署までの距離のほうが、明らかに長いです。

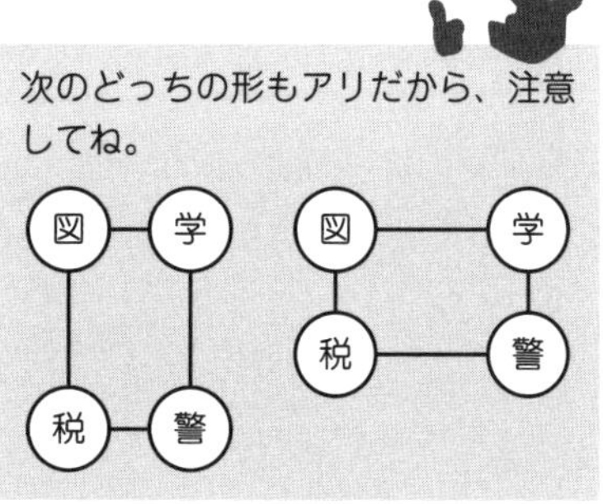

肢２　区役所から税務署までの距離より、区役所から警察署までの距離のほうが長いので、警察署のほうが遠いです。

肢３　図書館から警察署までの距離（図の■）が、税務署から警察署までの距離（図の○）の1.4倍以上であれば、条件エより、区役所から図書館までの距離（図の●）はそれより長くなりますが、■が○の1.4倍に満たない場合、●も○の1.4倍以下になる可能性があります。

肢４　図書館からの距離は、学校、税務署より警察署のほうが遠く、それより、区役所のほうが遠く、さらに、駅のほうが遠いので、一番遠いのは駅とわかり、本肢は確実にいえます。

肢５　図書館からの距離は、税務署より学校のほうが短い可能性もありますので、一番近いのは学校の可能性があります。

よって、正解は肢４です。

正解⇒ 4

過去問研究４ 対応関係

一般的な２項目の対応の問題が多く、レベル、内容とも標準的な問題がほとんどですが、ときどき、少々面倒な問題もあります。

パターン８

2023年 出題

４人の大学生Ａ～Ｄが、英語、中国語、ドイツ語、フランス語の４つの選択科目のうちから２科目を選択している。今、次のア～オのことが分かっているとき、確実にいえるのはどれか。

ア　Ａ、Ｃ、Ｄは、同じ科目を１つ選択しているが、もう１つの科目はそれぞれ異なっている。
イ　英語とフランス語を両方選択している人はいない。
ウ　ＢとＤは、同じ科目を１つ選択しているが、その科目はＢが選択している英語以外である。
エ　Ａの選択した２科目のうち、１科目はＢと同じであり、もう１科目はＣと同じであるが、ドイツ語は選択していない。
オ　３人が選択した同じ科目は１つであるが、４人が選択した同じ科目はない。

1. Ａは英語、Ｂは中国語、Ｄはドイツ語を選択している。
2. Ａはフランス語、Ｂはドイツ語、Ｃは中国語を選択している。
3. Ａは中国語とフランス語、Ｃは中国語とドイツ語を選択している。
4. Ｂはドイツ語、Ｃはフランス語、Ｄは中国語を選択している。
5. Ｂはフランス語、Ｃはドイツ語、Ｄは中国語を選択している。

ほぼ同じ問題が2016年にも出題されています。条件アをどう処理するかがポイントですね。

大学生Ａ～Ｄと、４つの選択科目の対応関係を考える問題で、表１のような対応表を作成して、条件を整理します。

まず、条件より、各人の選択する科目の合計欄に２と記入します。

各人とも２科目だから、特にいらないと思うけど、忘れそうなら書いておこう！

そして、条件ウより、Ｂは英語を選択していますが、Ｄは選択していませんね。さらに、条件イより、Ｂ

はフランス語を選択していませんし、条件エより、Aはドイツ語を選択していません。

ここまでを、表１のように記入します。

表１

	英	中	ド	フ	計
A			×		2
B	○			×	2
C					2
D	×				2

ここで、条件アの、A，C，Dの３人が選択している同じ科目について考えると、表１より、英語とドイツ語ではないので、中国語またはフランス語となります。

しかし、フランス語の場合、もう１科目はそれぞれ異なるため、英語、中国語、ドイツ語を１人ずつ選択していますので、「フランス語と英語」を選択している人がいることになり、条件イに反します。

よって、３人が選択しているのは中国語に決まり、これを表に記入すると、条件オより、Bの中国語には×が入り、Bのもう１科目はドイツ語とわかります（表２）。

表２

	英	中	ド	フ	計
A		○	×		2
B	○	×	○	×	2
C		○			2
D	×	○			2

ここから、条件ウ，エより、Bが選択している、Dと同じ科目はドイツ語で、Aと同じ科目は英語とわかります。

そうすると、条件アより、Cのもう１科目は、A，Dと異なるのでフランス語とわかり、表３のようになります。

表3

	英	中	ド	フ	計
A	○	○	×	×	2
B	○	×	○	×	2
C	×	○	×	○	2
D	×	○	○	×	2

これより、選択肢を確認すると、正解は肢4となります。

正解 ⇒ 4

パターン9 2013年 出題

A～Eの5人の携帯電話の通話のやり取りについて、次のア～カのことが分かっているとき、確実にいえるのはどれか。

ア　Aは、CとDのどちらかから電話を受けた。
イ　Bは、AからもDからも電話を受けなかった。
ウ　Cは、Bから電話を受けなかった。
エ　Eは、AからもCからも電話を受けなかった。
オ　5人がかけた電話と受けた電話は、それぞれ1回ずつであった。
カ　電話をかけた相手から、電話を受けた人はいなかった。

1. Aは、Dに電話をかけた。
2. Bは、Eに電話をかけた。
3. Cは、Aに電話をかけた。
4. Dは、Cに電話をかけた。
5. Eは、Bに電話をかけた。

ほぼ同じ問題が2006年にも出題されています。本問のような、互いのやり取りの問題は、その様子を図に表して解く方法もありますが、特別区のこのタイプは、対応表を使ったほうが解きやすいことが多いです。

A～Eの５人と、電話をかけた相手（A～E）で、表１のような対応表を作成します。

縦のA～Eから見て横のA～Eは「かけた相手」ですが､反対から見ると「受けた相手」になりますね。

これより、条件を記入しますが、まず、条件アについては、Aは、B，Eから電話を受けていないので、ここに×を記入します。

同様に、条件イ～エについても記入して、表１のようになります。

表１

（電話を受けた）

（電話をかけた）	A	B	C	D	E
A		×			×
B	×		×		
C					×
D		×			
E	×				

自分に電話はかけないから､対角線を引いておくよ。

表１より、たとえば、Aがかけた相手はCまたはDとわかり、同じように、２人にまで絞れるところはいくつかあるのですが､１人に絞れるところがないので、ここからは、場合分けをすることにします。

基準はどれも変わりませんので、Aがかけた相手でいいでしょう。

①AがCにかけた場合

Aの横の列のCに○を記入すると、条件オより、縦、横ともに、○は１つずつですから、Aの横の列とCの縦の列の他の欄には×を記入します。

また、条件カより、AはCから受けていないので、ここに×を記入します（表2)。

表２

（電話を受けた）

（電話をかけた）	A	B	C	D	E
A		×	○	×	×
B	×		×		
C	×				×
D		×	×		
E	×		×		

表２より、Ａが受けた相手はＤとわかり、ここに○を記入し、Ｄの横の列のＥに×に記入すると、Ｅが受けた相手はＢとわかり、ここに○、Ｂの横の列のＤに×を記入します。

そうすると、条件カより、ＥはＢにかけていないので、ここに×を記入すると、ＥはＤにかけ、残るＣはＢにかけて、表３のように成立します。

表３

（電話を受けた）

（電話をかけた）	A	B	C	D	E
A		×	○	×	×
B	×		×	×	○
C	×	○		×	×
D	○	×	×		×
E	×	×	×	○	

②ＡがＤにかけた場合

同様に記入し、Ａの横の列とＤの縦の列の他の欄に×を記入すると、Ｂがかけた相手はＥとなり、ここに○を記入し、Ｅの縦の列のＤに×を記入します。

また、条件カより、ＡはＤから受けておらず、ＢはＥから受けていませんので、ここに×を記入すると、表４のようになります。

表4

（電話を受けた）

（電話をかけた）	A	B	C	D	E
A		×	×	○	×
B	×		×	×	○
C				×	×
D	×	×			×
E	×	×		×	

しかし、この場合、DとEがかけた相手はいずれもCとなり、条件オに反します。

よって、表3のように決まり、選択肢を確認すると、正解は肢2となります。

正解 ⇒ 2

過去問研究 5　数量条件からの推理

少し前まで割とよく出題されていましたが、最近ではそれほどでもないです。
同じタイプが繰り返し出題されることは少なく、色々な問題が出題されています。

パターン10　　2021 年 出題

1 ～ 200 までの番号が付いた 200 個のボールが袋の中に入っている。次のア～ウの順番でボールを取り出したとき、袋の中に残ったボールの個数はどれか。

ア　7 の倍数の番号が付いたボール
イ　5 の倍数の番号が付いたボール
ウ　2 の倍数の番号が付いたボール

1．63 個　　2．65 個　　3．67 個　　4．69 個　　5．71 個

ほぼ同じ問題が 2017 年にも出題されています。公倍数の扱いなどでミスが発生しやすいので、図を描くなど工夫して解くといいでしょう。

順番に関わらず、7，5，2 のいずれかの倍数のボールは全て取り出されますので、その個数を数えて、残ったボールの個数を求めます。

まず、1 ～ 200 までで、それぞれの倍数の個数は、次のようになります。

7 の倍数 → 200 ÷ 7 = 28.5… → 28 個
5 の倍数 → 200 ÷ 5 = 40 → 40 個
2 の倍数 → 200 ÷ 2 = 100 → 100 個

ただし、それぞれの個数には、公倍数も含まれていますので、いずれか 2 つ以上の数の公倍数の個数を求めると、次のようになります。

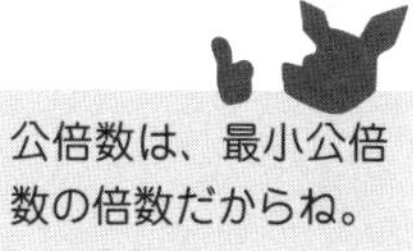

公倍数は、最小公倍数の倍数だからね。

7と5の公倍数＝最小公倍数 35 の倍数 → $200 \div 35 = 5.7\cdots$ → 5 個
7と2の公倍数＝最小公倍数 14 の倍数 → $200 \div 14 = 14.2\cdots$ → 14 個
5と2の公倍数＝最小公倍数 10 の倍数 → $200 \div 10 = 20$ → 20 個
7と5と2の公倍数＝最小公倍数 70 の倍数 → $200 \div 70 = 2.8\cdots$ → 2 個

これより、それぞれの個数を図に整理します。

それぞれの倍数の集合を、図１のようなベン図で表すと、ベン図の重なりが公倍数になりますね。

まず、それぞれの集合の個数と、7，5，2 の公倍数の個数を記入して、その他は図のように、$a \sim g$ とします。

図の真ん中のとこね。

図１

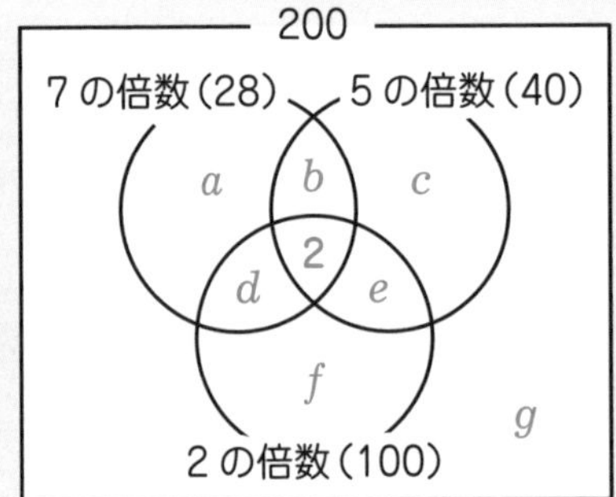

28 と 40 と 100 を足して、公倍数を引いて…と計算してもいいけど、けっこう計算ミスが起こりやすいので、こうして図に整理するほうが安全！ もちろん、どんな方法でも答えが出れば OK！

そうすると、それぞれの公倍数に当たる場所について、

7と5の公倍数 → $b + 2 = 5$　$\therefore b = 3$
7と2の公倍数 → $d + 2 = 14$　$\therefore d = 12$
5と2の公倍数 → $e + 2 = 20$　$\therefore e = 18$

となり、これを図に記入すると、a，b，f についても、それぞれの集合の合計から、

$$a = 28 - (3 + 2 + 12) = 11$$
$$c = 40 - (3 + 2 + 18) = 17$$
$$f = 100 - (12 + 2 + 18) = 68$$

となり、これを記入して、図２のようになります。

図２

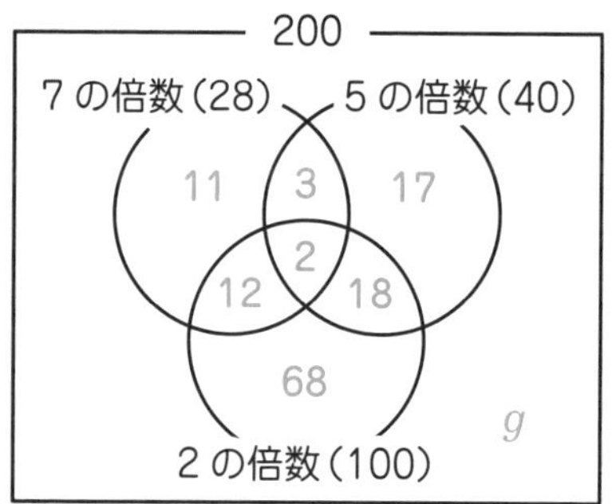

これより、袋に残ったボールの個数（図１の g）は、

$$200 - (100 + 11 + 3 + 17) = 69$$

となり、正解は肢４です。

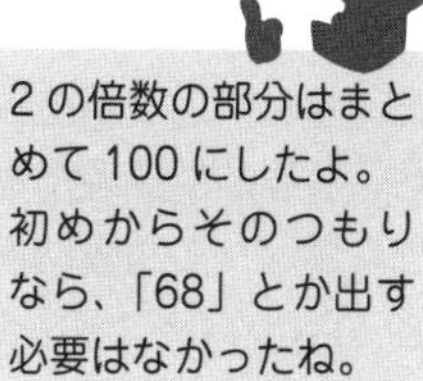

２の倍数の部分はまとめて100にしたよ。初めからそのつもりなら、「68」とか出す必要はなかったね。

正解 ⇒ 4

過去問研究 6　順序関係

出題頻度はあまり高くはありませんが、割と一般的で難易度も標準的な問題が出題されています。

2023 年時点では、特に、繰り返し出題されている問題はありませんが、少し変わっている 1 問をここでご紹介します。

パターン11

2023年 出題

区民マラソンにＡ～Ｆの６人の選手が参加した。ある時点において、ＤはＣより上位で、かつ、ＡとＢの間にいて、ＡはＣとＥの間にいて、Ｆに次いでＥがいた。この時点での順位とゴールでの着順との比較について、次のア～カのことが分かっているとき、ゴールでの着順が１位の選手は誰か。

ア　Ａは、２つ順位を上げた。
イ　Ｂは、３つ順位を下げた。
ウ　Ｃは、１つ順位を上げた。
エ　Ｄは、同じ順位のままだった。
オ　Ｅは、２つ順位を下げた。
カ　Ｆは、２つ順位を上げた。

1. Ａ　　2. Ｃ　　3. Ｄ　　4. Ｅ　　5. Ｆ

順位が変動する問題はよくありますが、本問は、変動前（ある時点）の情報が多いのが特徴で、これをどう扱うかですね。

「ある時点」とゴールでの順位の変化ですが、本問では、この「ある時点」で、いくつかの情報が与えられていまので、これを、次のように、①～④とします。

① Ｄは、Ｃより上位であった。
② Ｄは、ＡとＢの間にいた。
③ Ａは、ＣとＥの間にいた。
④ Ｆに次いでＥがいた。

そうすると、まず、この①～④の満たす順位をある程度考えてしまうかと思いますが、これはかなり大変ですので、ア～カの条件と合わせて見ていきましょう。

これがわかれば、ゴールの着順はカンタンにわかるもんね。

まず、ア～カをざっくり見て、「ある時点」→ゴールで、順位の変動が大きい人を探すと、条件イより、Bは、1位→4位、2位→5位、3位→6位のいずれかで、通常であれば、このあたりで場合分けになるでしょう。

しかし、本問では、まず、条件オとカに着目してほしいのです。①～④のうち、唯一、間の人数がわかっているFとEについて、条件オより、Eは「ある時点」から2つ順位を下げたので、「ある時点」では4位以内ですね。同様に、条件カより、Fは3位以下です。そうすると、この2人の「ある時点」での順位で、④を満たすのは、Fが3位で、Eが4位の場合のみですね。ここで、この2人の順位を、表1のように整理します。

5位以下だと、2つも下げられないでしょ！

ここに気づくのが、最大のポイント！

表1

	1位	2位	3位	4位	5位	6位
ある時点			F	E		
ゴール	F					E

ここで、正解は肢5とわかるよ。

この時点で、条件エを満たすDの順位は、2位または5位のいずれかですね。

ここで、条件イを満たすBの順位を改めて考えると、1位→4位、または、2位→5位ですが、後者の場合、条件エを満たすDの順位がなくなってしまいますので、前者のほうに決まり、表2のようになります。

表2

	1位	2位	3位	4位	5位	6位
ある時点	B		F	E		
ゴール	F			B		E

これより、残る条件ア，ウについて見ると、Aは2つ、Cは1つ順位を上げていますが、表2でこれを満たすのは、それぞれ、5位→3位と、6位→5位

に決まり、ここから、Dは2位とわかります（表3)。

表3

	1位	2位	3位	4位	5位	6位
ある時点	B	D	F	E	A	C
ゴール	F	D	A	B	C	E

表3の「ある時点」について、①〜③も満たすことが確認でき、ゴールでの1位はFで、正解は肢5です。

正解 ⇒ 5

過去問研究 7　集合算

以前はあまり出題されていませんでしたが、最近は割とよく出題されています。東京都の問題ほど難しくないので、得点しやすいと思います。

パターン12　2023年 出題

ある会場で行われたボクシングの試合の観客 1,221 人に、応援する選手及び同行者の有無について調査した。今、次のA～Dのことが分かっているとき、同行者と応援に来た観客の人数はどれか。ただし、会場の観客席には、指定席と自由席しかないものとする。

A　観客はチャンピオン又は挑戦者のどちらかの応援に来ており、挑戦者の応援に来た観客は 246 人だった。

B　チャンピオンの応援に来た自由席の観客は 402 人で、挑戦者の応援に来た指定席の観客より 258 人多かった。

C　チャンピオンの応援にひとりで来た指定席の観客は 63 人で、挑戦者の応援に同行者と来た自由席の観客より 27 人少なかった。

D　チャンピオンの応援に同行者と来た自由席の観客は 357 人で、挑戦者の応援に同行者と来た指定席の観客より 231 人多かった。

1. 867 人　　2. 957 人　　3. 993 人　　4. 1,083 人　　5. 1,146 人

ほぼ同じ問題が 2019 年にも出題されています。数字が大きいのでやや面倒ですが、計算ミスに気をつけて解いてみましょう。

全体で 1,221 人の観客を、応援する選手（チャンピオン or 挑戦者)、同行者の有無、指定席か自由席かの 3 つの項目で分けるという、集合算の典型的なパターンで、ベン図を描いて条件を整理するのが便利です。

まず、図 1 のように、チャンピオンの応援に来た観客、同行者と来た観客、指定席の観客の集合をベン図に表します。

チャンピオンのベン図の内側はチャンピオン、外側は挑戦者の応援に来た人だからね。

条件Aより、チャンピオンの応援に来た観客は、1221 − 246 = 975（人）なので、これを図 1 のように記入し、さらに図のように、それぞれの部分

を a ～ h として、その他の条件を見ていきましょう。

図1

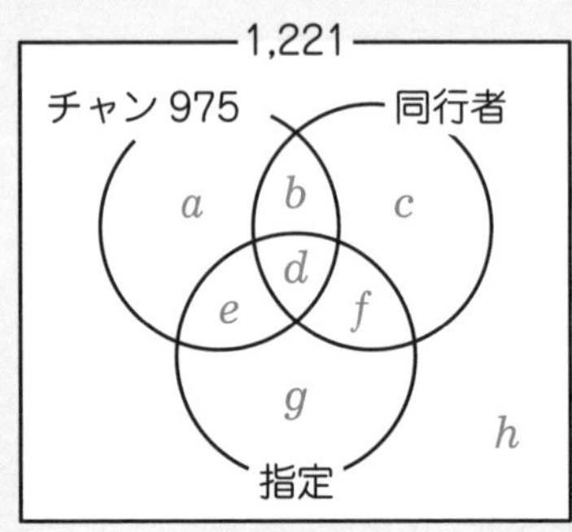

まず、条件Bより、

チャンピオンの応援に来た自由席の観客 → $a + b = 402$ …①
挑戦者の応援に来た指定席の観客 → $f + g = 402 - 258 = 144$ …②

となります。

また、条件C，Dより、

チャンピオンの応援にひとりで来た指定席の観客 → $e = 63$
挑戦者の応援に同行者と来た自由席の観客 → $c = 63 + 27 = 90$
チャンピオンの応援に同行者と来た自由席の観客 → $b = 357$ …③
挑戦者の応援に同行者と来た指定席の観客 → $f = 357 - 231 = 126$ …④

となり、③，④を、それぞれ①，②に代入すると、

③を①に代入 → $a + 357 = 402$ $\therefore a = 45$
④を②に代入 → $126 + g = 144$ $\therefore g = 18$

となります。

これより、図1の該当部分に記入すると、図2のようになります。

図２

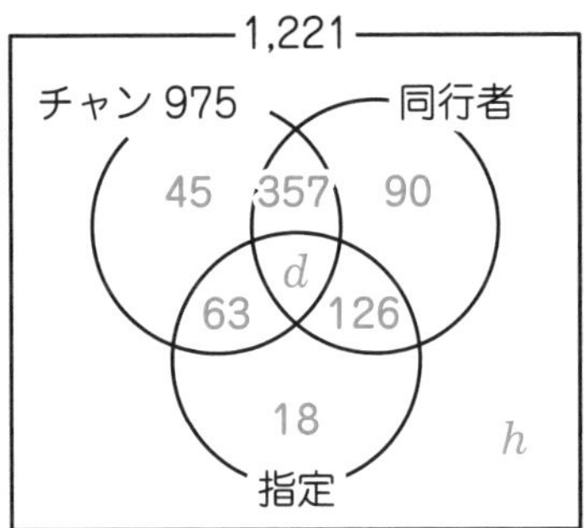

求めるのは同行者と来た観客の人数なので、図２の d がわかれば解決ですね。

そうすると、チャンピオンの応援に来た観客の集合から、

$$d = 975 - (45 + 357 + 63) = 510$$

となり、同行者と来た観客の人数は、

357 + 90 + 510 + 126 = 1083（人）

とわかり、正解は肢４です。

ちなみに、h は、
$1221 - (975 + 90 + 126 + 18) = 12$
となるよ。

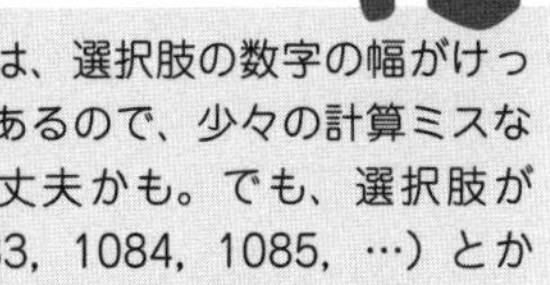

本問は、選択肢の数字の幅がけっこうあるので、少々の計算ミスなら大丈夫かも。でも、選択肢が（1083，1084，1085，…）とかのときは、慎重に計算するようにね。

正解 ⇒ **4**

過去問研究 8 真偽

一般に「うそつき問題」と言われ、特別区での出題数は多くはありませんが、最近は割と基本的な問題が出題されており、得点しやすいと思います。

パターン13

2020年 出題

Ａ～Ｅの５人が、ある競技の観戦チケットの抽選に申し込み、このうちの１人が当選した。５人に話を聞いたところ、次のような返事があった。このとき、５人のうち３人が本当のことを言い、２人がうそをついているとすると、確実にいえるのはどれか。

Ａ　「当選したのはＢかＣのどちらかだ。」
Ｂ　「当選したのはＡかＣのどちらかだ。」
Ｃ　「当選したのはＤかＥである。」
Ｄ　「私とＣは当選していない。」
Ｅ　「当選したのはＢかＤのどちらかだ。」

1. Ａが当選した。
2. Ｂが当選した。
3. Ｃが当選した。
4. Ｄが当選した。
5. Ｅが当選した。

同じような問題が2017年にも出題されています。真偽の問題は、何か仮定を立てて推理する解法がよく用いられ、本問も「当選した人」を仮定して解けばいいでしょう。

当選した人がわかれば、各人の発言の真偽もわかりますので、誰が当選したかを仮定して考えます。

まず、Ａの発言については、ＢまたはＣが当選したときは正しい（以下、○とします）ですが、その他の３人が当選したときはうそ（以下、×とします）ですね。これを表１のように記入します。

表１

（当選したと仮定）

（発言者）	A	B	C	D	E
A	×	○	○	×	×
B					
C					
D					
E					

同様に、Ｂの発言については、ＡまたはＣが当選したときは○、その他は×で、Ｃの発言も、ＤかＥが当選したときは○、その他は×です。

また、Ｄの発言については、ＤまたはＣが当選したときは×で、その他は○です。

そして、Ｅの発言については、ＢまたはＤが当選したときは○で、その他は×です。

これより、表２のようになり、３人の発言が○になるのは、Ｂが当選したときなので、当選したのはＢで、正解は肢２です。

まず、Ａが当選した場合について、５人の発言の○×を記入し、次に、Ｂが当選したとして同様に記入する、というように、表を縦に埋めるように作業すれば、本問の場合、２列目のＢのところで答えが出るね。でも、表を埋めることだけを考えると、横に一気に埋めていく方が早いかな。

表２

（当選したと仮定）

（発言者）	A	B	C	D	E
A	×	○	○	×	×
B	○	×	○	×	×
C	×	×	×	○	○
D	○	○	×	×	○
E	×	○	×	○	×

正解⇒ ２

過去問研究 9 操作手順

一時期は、基本的な定番問題がよく出題されており、特に「油分け算」という問題が何度も出題されていました。最近はあまり出題がありませんが、一応、油分け算の解法をご紹介しておきます。

パターン14

2015年 出題

7Lと9Lの空の容器と水の入った大きな水槽がある。これらの容器を使って水をくんだり移し替えたりする操作を繰り返し、9Lの容器に8Lの水を入れるためには、最低何回の操作が必要か。ただし、1回の操作とは、次のア～ウのうちいずれか一つだけであるものとする。

ア　どちらか一方の容器で、大きな水槽から水をくむ。
イ　どちらか一方の容器から、他方の容器に水を移し替える。
ウ　どちらか一方の容器から、大きな水槽に水を移し替える。

1. 14回　2. 15回　3. 16回　4. 17回　5. 18回

「油分け算」という問題で、2011年と2008年にも出題されています。移し替えのルールに従って解く方法を覚えてください。

大、中、小の3つの容器で水を移し替える「油分け算」の問題は、原則として、次のようなルールに従って解きます。

ルール1　大→中→小→大→…の順に移し替える。
ルール2　過去に一度あった状態に戻る操作はパスする。

本問では、水槽が「大」、9L容器が「中」、7L容器が「小」に当たりますね。これより、ルールに従って、移し替えをしてみましょう。

1回目（大→中）水槽から9L容器に9Lをくむ。
2回目（中→小）9L容器から7L容器に7L移し替える。
3回目（小→大）7L容器の水を水槽に移し替える。
（大→中）水槽から9L容器でくむと、1回目の状態に戻るのでパス。
4回目（中→小）9L容器に入っている2Lを7L容器に移し替える。
⋮

もちろん、容器に目盛はナシだからね。容器いっぱいにくむか、全部移すしか方法はないよ。

このような感じで移し替えを進めるわけですね。それぞれの操作で2つの容器にどれだけの水が入っているかも確認しながら調べると、次のようになります。

回数	移し替え	9L容器の量	7L容器の量
1	大→中	9	0
2	中→小	2	7
3	小→大	2	0
	大→中	1回目に戻るのでパス	
4	中→小	0	2
	小→大	最初に戻るのでパス	
5	大→中	9	2
6	中→小	4	7
7	小→大	4	0
	大→中	1回目に戻るのでパス	
8	中→小	0	4
	小→大	最初に戻るのでパス	
9	大→中	9	4
10	中→小	6	7
11	小→大	6	0
	大→中	1回目に戻るのでパス	
12	中→小	0	6
	小→大	最初に戻るのでパス	
13	大→中	9	6
14	中→小	8	7

本問の水槽の容量は考えなくていいけど、もし、大の容器も容量が決まっているなら、その水量も記入しないとね。

これより、14回目の操作で、9L容器に8Lの水が入りましたので、ここで終了となり、正解は肢1です。

正解⇒ 1

特別区の数的推理

対象範囲 ▶ No.16 ～ No.20

図形、速さ、整数は、指定席！

基本情報

2016 年以降、No.16 ～ 20 の 5 問が、「数的推理の枠」で、2009 年～ 2013 年だけは 4 問でしたが、それ以外は例年 5 問の出題となっています。

5 問のうち 4 問（No.16 ～ 19）は、出題のテーマがほぼ決まっています（下記データ参照）ので、これらを軸に対策を立てる必要があります。

東京都のように、同じ問題が何度も出題されるというのは、それほど多くはありませんが、似たような問題はよく出題されていますので、過去問を多くやるに越したことはありません。

東京都とは、あまり頻出分野の被りがありませんが、「図形の計量」は似た傾向にありますので、東京都編のほうも確認しておいてください。

データ

➡ 特別区Ⅰ類の数的推理の 2023 年までの出題データは、次のとおりです。

特別区Ⅰ類　2023 年までの 10 年間の出題内容

	2023	2022	2021	2020	2019	2018	2017	2016	2015	2014
No.16	図形の計量	図形の計量	図形の計量	図形の計量	図形の計量	図形の計量	図形の計量	図形の計量	図形の計量	図形の計量
No.17	整数	数の性質	整数	整数	整数	整数	整数	整数	整数	整数
No.18	速さ	速さ	速さ	速さ	速さ	速さ	速さ	速さ	速さ	速さ
No.19	確率	仕事算	確率	仕事算	場合の数	仕事算	確率	仕事算	確率	場合の数
No.20	比と割合	整数	平均算	文章題	比と割合	不等式	比と割合	整数	魔方陣	速さ

※ 2015 年、2014 年の出題番号は No.13 ～ 17

特別区Ⅰ類　2023年までの20年間のテーマ別の出題数

	速さ	整数	図形の計量	仕事算	確率	比と割合	場合の数	時計算	数列	その他
2014～2023年	11	11	10	4	4	3	2	0	0	5
2004～2013年	10	6	10	4	3	1	3	3	2	3
合計	21	17	20	8	7	4	5	3	2	8

データでわかるように、近年、No.16～18の3問は、「図形の計量」、「整数」関連、「速さ」の問題が定位置で出題されており、No.19では、「仕事算」と「確率」（または「場合の数」）が隔年で出題されています。

ラストのNo.20では、「比と割合」がやや多いものの、色々な問題が出題されていますが、ここは比較的易しい問題が多いようです。

出題されるテーマはほぼ固定していますので、対策は立てやすいかと思いますが、No.16～18で出題される3テーマの問題にはレベルが高い問題も多いので、No.19, 20もしっかり得点できるよう、幅広い学習も心がけてください。

過去問研究10　整数

ほぼ毎年、No.17の位置で出題されており、東京都と同じく、数式などの数学っぽい雰囲気の問題が多いですが、文章問題もたまに出題されています。

2023年までの20年間で、同じような問題が繰り返し出題されたのは、パターン15, 16の2タイプ程度で、毎年色々な問題が出題されています。数の性質についての基本的な理解を試されるような問題もあり、数学が苦手な人には厳しいかも知れませんが、最近は易化の傾向にあるようです。

パターン15　2023年 出題

4で割ると1余り、5で割ると2余り、6で割ると3余る自然数のうち、最も小さい数の各位の数字の和はどれか。

1. 6　　2. 9　　3. 12　　4. 15　　5. 18

「余り」に関する問題で、ほぼ同じ問題が2009年に、応用問題が2014年に出題されています。他の試験でもよく出題される定番問題ですので、解法を理解しておきましょう。

まず、「4で割ると1余る数」というのは、「4の倍数（4で割り切れる数）よりも1だけ大きい数」ですから、「4の倍数＋1」という形で表せます。

そうすると、たとえば、4，5，6で割ったときの余りがいずれも1なのであれば、「4，5，6の公倍数（4，5，6のいずれでも割れる数）より1だけ大きい数」ですから、「4，5，6の公倍数＋1」という形で表せますが、本問の場合は、余りはバラバラですね。

このような場合は、不足のほうを確認します。つまり、4で割ると「1余る」ということは、その余りの1にあと3だけ加えると4で割り切れるわけですから「3不足」と同じ意味になります。

そうすると、「5で割ると2余る数」と「6で割ると3余る数」も、不足はいずれも3になりますので、条件を満たす数は、「4，5，6のいずれで割っても3不足する数」、すなわち、「4，5，6の公倍数より3だけ小さい数」ですから、「4，5，6の公倍数－3」という形で表せます。

では、その「公倍数」ですが、これは、最小公倍数の倍数になります。4，5，6の最小公倍数は60ですから、「60の倍数－3」と表せ、

4と6はともに2で割れるから、次のように割って、5はそのまま下へおろすよ。これ以上割れないってとこで、Lの字にかけ合わせるんだ。

```
2）4  5  6
   2  5  3
```

2×2×5×3＝60

60 − 3 = 57
120 − 3 = 117
180 − 3 = 177
:

という数になるのがわかりますね。

これより、最も小さい数は「57」で、各位の数字の和は、5＋7＝12となり、正解は肢3です。

正解⇨ 3

パターン16

2016年 出題

$\sqrt{55000 \div x}$ が整数となるような整数 x は、全部で何個か。

1. 5個　　2. 6個　　3. 7個　　4. 8個　　5. 9個

ほぼ同じ問題が2010年にも出題されています。整数になるとは、$\sqrt{\ }$ が外れるということですよね。

たとえば、$\sqrt{4} = \sqrt{2^2} = 2$ となるように、$\sqrt{\ }$ の中が平方数（整数を2乗した数）であれば、$\sqrt{\ }$ が外れて整数になります。

すなわち、本問の場合は、「$55000 \div x$」が平方数になるような x がいくつあるかを求めることになりますね。

では、まず、55000を素因数分解して、この中に含まれている平方数を確認しましょう。次のようになりますね。

小さい素数（1とその数でしか割れない数）で順に割っていくよ。

```
2 ) 55000
2 ) 27500
2 ) 13750
5 )  6875
5 )  1375
5 )   275
5 )    55
       11
```

$$55000 = 2^3 \times 5^4 \times 11$$

これより、「$2^3 \times 5^4 \times 11$」の中には、「11」は1つしかなく、「2」は3つありますので、x で割って平方数を作るためには、x には最低でも「11」と「2」が1つずつ含まれている必要があります。

あとは、残る「2^2」と「5^4」のうち、どの組合せを残すかですから、次のような場合が考えられます。

x ↓

$$(2^3 \times 5^4 \times 11) \div (2 \times 11) = (2^2 \times 5^4) = (2 \times 5^2)^2$$
$$(2^3 \times 5^4 \times 11) \div (2^3 \times 11) = 5^4 = (5^2)^2$$
$$(2^3 \times 5^4 \times 11) \div (2 \times 5^2 \times 11) = (2^2 \times 5^2) = (2 \times 5)^2$$
$$(2^3 \times 5^4 \times 11) \div (2 \times 5^4 \times 11) = 2^2$$
$$(2^3 \times 5^4 \times 11) \div (2^3 \times 5^2 \times 11) = 5^2$$
$$(2^3 \times 5^4 \times 11) \div (2^3 \times 5^4 \times 11) = 1^2$$

よって、このような x は全部で 6 個となり、正解は肢 2 です。

正解⇒ 2

パターン17

2021 年 出題

1 桁の整数 a、b、c を用いて表される 4 桁の正の整数「$\boxed{a}\boxed{b}\boxed{c}$6」がある。この正の整数が 3、7、11 のいずれでも割り切れるとき、$a+b+c$ が最大となるのはどれか。

1. 6　　2. 9　　3. 12　　4. 15　　5. 18

約数や倍数を考える問題は、他にも色々出題されています。本問は、求めるものを誤解しないよう気をつけてください。

3, 7, 11 のいずれでも割り切れるということは、3, 7, 11 の公倍数ということですね。

3, 7, 11 の 3 つの数は、どの 2 つの数を選んでも、1 以外にともに割れる数がない「互いに素」という関係です。このような場合は、次のように、これらの数を全てかけ合わせた数が、最小公倍数となります。

3, 7, 11 の最小公倍数 → $3 \times 7 \times 11 = 231$

これより、3, 7, 11 のいずれでも割り切れる数は、最小が 231 で、あとは、その倍数である、462, 693, …という数とわかります。

すなわち、「$\boxed{a}\boxed{b}\boxed{c}$6」とは、231 の倍数で、4 桁で、一の位が「6」になる数ということです。

そうすると、一の位が「6」になるためには、「231」の一の位は「1」ですから、一の位が「6」である、6, 16, 26, …という数を 231 にかければいいとわかり、次のような数が考えられます。

$231 \times 6 = 1386$
$231 \times 16 = 3696$
$231 \times 26 = 6006$
$231 \times 36 = 8316$
$231 \times 46 = 10626$
⋮

「231 × 46」から先は5桁以上になりますので、条件を満たす4桁の数は4つあるとわかり、それぞれについて、$a + b + c$ の値を計算すると、次のようになります。

「1386」→　$1 + 3 + 8 = 12$
「3696」→　$3 + 6 + 9 = 18$
「6006」→　$6 + 0 + 0 = 6$
「8316」→　$8 + 3 + 1 = 12$

求めるのは最大の数「8316」の $a + b + c$ じゃなくて、$a + b + c$ の最大だからね。肢3を選ばないように！

これより、最大になるのは「18」で、正解は肢5です。

正解 ⇨ 5

パターン18

2020年 出題

a、b が正の整数であり、$a + b = 4$ を満たすとき、整数 $2^2 \times 3^a \times 4^b$ の正の約数の個数のうち最小となる個数はどれか。

1. 17個　　2. 18個　　3. 19個　　4. 20個　　5. 21個

約数の個数の問題としては、本問は応用問題となりますが、けっこう前には「○の約数の個数はいくつか」という基本問題が出題されたこともあります。また、東京都でも2013年と2009年に同じような基本問題が出題されています。

まず、a と b は正の整数ですから、$a + b = 4$ を満たす組合せは、

$$(a,\ b) = (1,\ 3),\ (2,\ 2),\ (3,\ 1)$$

の3通りだけなので、それぞれについて、「$2^2 \times 3^a \times 4^b$」の約数の個数を調べましょう。

> 約数の個数についての説明は、巻末公式集7を読んで理解してね。

(1) $(a,\ b) = (1,\ 3)$ の場合

「$2^2 \times 3 \times 4^3$」について、$4 = 2^2$ ですから、$4^3 = (2^2)^3 = 2^6$ となり、この数の素因数分解した形は、次のようになります。

> ここに注意してよ！
> 「$2^2 \times 3^a \times 4^b$」は素因数分解された形じゃないからね。

> $(2^2)^3 = 2^2 \times 2^2 \times 2^2 = 2^6$

$$2^2 \times 3 \times 2^6 = 2^8 \times 3$$

これより、この数の約数の個数は、「2^8」の指数の「8」と、「3」の指数の「1」にそれぞれ1を加えてかけ合わせて、

$$(8 + 1) \times (1 + 1) = 9 \times 2 = 18$$

となります。

(2) $(a,\ b) = (2,\ 2)$ の場合

「$2^2 \times 3^2 \times 4^2$」について、同様に素因数分解した形にすると、

$$2^2 \times 3^2 \times 4^2 = 2^2 \times 3^2 \times (2^2)^2 = 2^2 \times 3^2 \times 2^4 = 2^6 \times 3^2$$

となり、この数の約数の個数は、

$$(6 + 1) \times (2 + 1) = 7 \times 3 = 21$$

となります。

(3) $(a,\ b) = (3,\ 1)$ の場合

「$2^2 \times 3^3 \times 4$」について、同様に素因数分解した形にすると、

$$2^2 \times 3^3 \times 4 = 2^2 \times 3^3 \times 2^2 = 2^4 \times 3^3$$

となり、この数の約数の個数は、

$$(4+1)\times(3+1)=5\times4=20$$

となります。

以上より、約数の個数が最小となるのは、（1）の場合の 18 個で、正解は肢 2 です。

正解 ⇒ 2

過去問研究 11 速さ

ほぼ毎年、No.18 の位置で出題されており、過去には 2 問出題された年もありました。

内容としては、比を使って解くタイプが最も多いですが、流水算も他の試験と比べてよく出題されており、その他にも旅人算や通過算、少し変わった問題など、多岐に渡っています。

また、東京都編のパターン 22 と同じタイプの問題も、2002 年に出題されていますので、こちらも確認しておいてください。

パターン 19

2023 年 出題

A、B、Cの 3 つの地点がある。AB間及びAC間は、それぞれ直線道路で結ばれ、その道路は、地点Aで直交し、AB間は 12km、AC間は 9km である。地点Bと地点Cには路面電車の停留場があり、両地点は直線の軌道で結ばれている。X、Yの 2 人が地点Aから同時に出発し、Xは直接地点Bへ向かい、Yは地点Cを経由し地点Bへ向かった。Xは時速 10km の自転車、YはAC間を時速 20km のバス、CB間を時速 18km の路面電車で移動したとき、地点Bでの 2 人の到着時間の差はどれか。ただし、各移動の速度は一定であり、乗り物の待ち時間は考慮しないものとする。

1. 3 分　　2. 5 分　　3. 9 分　　4. 12 分　　5. 17 分

図形の要素を含む問題で、同じような問題が 2016 年にも出題されています。まずは、問題文に従って、図を描いてみましょう。

ＡＢ＝12km、ＡＣ＝9kmの直線道路がＡで直交し、ＢＣ間も直線の軌道で結ばれていますので、これを図にすると、次のようになります。12：9＝4：3より、△ＡＢＣは、3辺比3：4：5の直角三角形となり、ＢＣ＝$12 \times \frac{5}{4}$＝15（km）とわかります。

巻末公式集12参照。

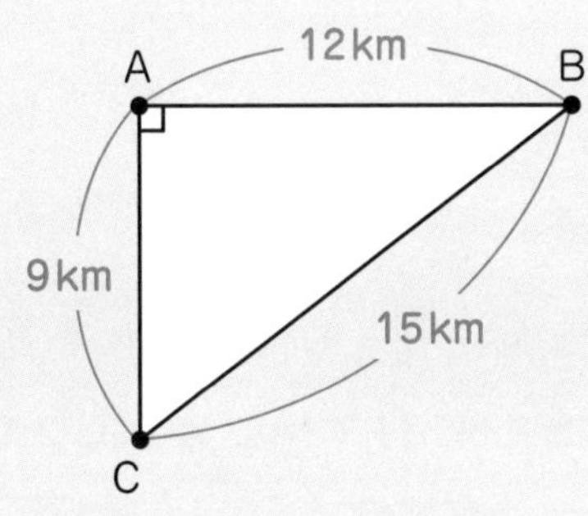

これより、△ＡＢＣの全ての辺の長さ（距離）がわかり、それぞれの移動手段の速さもわかっていますので、移動にかかる時間を調べると、次のようになります。

X　ＡＢ＝12kmを時速10kmで移動

→ $\frac{12}{10} = \frac{72}{60}$（時間）＝72分

Y　ＡＣ＝9kmを時速20kmで移動

→ $\frac{9}{20} = \frac{27}{60}$（時間）＝27分

ＣＢ＝15kmを時速18kmで移動

→ $\frac{15}{18} = \frac{5}{6} = \frac{50}{60}$（時間）＝50分

あえて、分母が60になるよう計算すると、分単位にするときに楽だよ。

これより、Ｘは72分、Ｙは、27＋50＝77（分）となり、かかった時間の差（到着時間の差）は、77－72＝5（分）で、正解は肢2です。

正解 ⇒ 2

パターン20

2015年 出題

A、B、Cの3人が、X町からY町へ同じ道を通って行くことになった。Aが徒歩で7時20分に出発し、Bが自転車で7時50分に出発した。その後、Cがバイクで出発したところ、CはA、Bを同時に追い越した。Aの速さは時速6km、Bの速さは時速24km、Cの速さは時速60kmであったとき、Cが出発した時刻はどれか。ただし、3人の進む速さは、それぞれ一定とする。

1. 7時48分
2. 7時52分
3. 7時56分
4. 8時00分
5. 8時04分

3人の行動を考える、特別区ではよくあるパターンの問題です。設定としては「旅人算」の問題ですが、旅人算の公式だけでなく、比を使って解くこともできます。

3人は時間差で出発していますが、最後に出発したCが、AとBを同時に追い越したということは、BがAを追い越したのも、ちょうど同じときだったということですね。

では、まず、BがAを追い越すことについて考えます。

Aが出発してからBが出発するまでの時間は、7時50分 − 7時20分 = 30分 = $\frac{1}{2}$時間で、Aの速さは時速6kmですから、この間に、$6 \times \frac{1}{2} = 3$（km）だけ進んでいることになります。

そうすると、Bが出発する時点で、AとBは3km離れており、ここからBがAを追いかけるわけですから、Bが出発してAを追い越すまでの時間をt分とすると、追いかけ算の公式より、

$$3 = t(24 - 6)$$

$$3 = 18t \quad \therefore t = \frac{1}{6}$$

旅人算の公式は、巻末公式集5参照！
「24 − 6」は2人の速さの差だからね。

となり、$\frac{1}{6}$時間 = 10分で追い越すとわかります。

これより、BがAを追い越したのは、7時50分 + 10分 = 8時00分で、

X町から、$24 \times \frac{1}{6} = 4$（km）の地点となります。

そうすると、Cが2人を追い越したのも、同じ8時00分で、X町から4kmの地点となりますね。Cの速さは時速60kmですから、4kmにかかる時間は、$\frac{4}{60}$時間＝4分なので、Cは出発して4分後に2人を追い越し、その時刻が8時00分なわけですから、出発したのは、8時00分－4分＝7時56分とわかり、正解は肢3です。

ちなみに、前ページの追いかけ算の公式で求めた部分ですが、次のように、比を使って求めることもできます。

AとBの速さの比は、6：24＝1：4ですから、同じ時間で進む距離の比も1：4になります。

ここで、図のように、Bが出発したときのAの位置をP、BがAを追い越した地点をQとすると、同じ時間で、AはPQ間を、BはXQ間を進んだことになり、この距離の比が1：4になります。

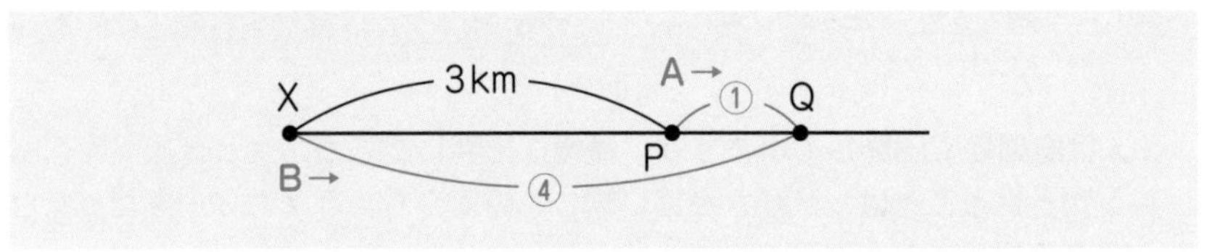

そうすると、図のXP間は、④－①＝③で、これが3kmですから、④＝4kmとわかり、Bが4kmを進むのにかかる時間は、$\frac{4}{24} = \frac{1}{6}$（時間）と求められます。

正解⇨ 3

パターン21 **2021年 出題**

Aは、いつも決まった時刻に家を出発し、家から駅まで12分かけて歩いて向かっている。ところがある日、家から駅までの道のりの3分の1の地点で忘れ物に気づいたので、すぐに走って家に戻り、忘れ物を取ってから再び走って駅へ向かったところ、駅に到着した時刻はいつもと同じだった。家に到着してから再び出発するまでにかかった時間はどれか。ただし、Aが走る速さは歩く速さの3倍で、それぞれの速さは一定とする。

1. 2分20秒
2. 2分30秒
3. 2分40秒
4. 2分50秒
5. 3分

本問は、比で解く問題です。歩くときと走るときの速さの比に着目して解きましょう。簡単な図を描いてみるとわかりやすいですよ。

Aが忘れ物に気づいた地点をPとして、この日のAの行動を図に表すと、次のように、家→P→家→駅となり、それぞれの区間を①〜③とします。

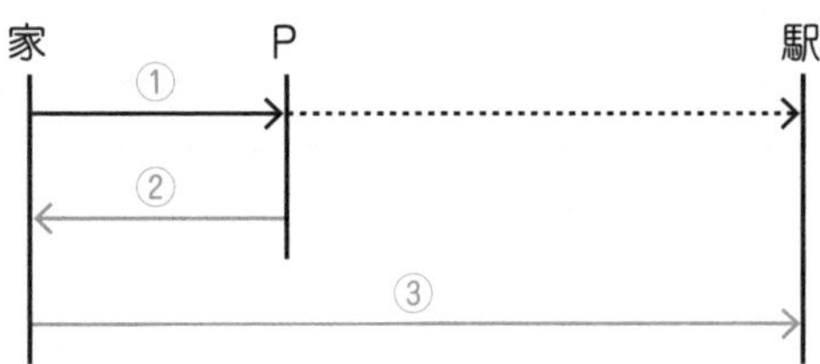

まず、①の区間について、家から駅までの道のりの$\frac{1}{3}$に当たり、家から駅まで歩くのに12分かかりますから、①にかかった時間は、$12 \times \frac{1}{3} = 4$（分）となります。

そうすると、P地点から駅まで歩くのには、あと8分かかるわけですが、この日のAは、そこから②を走り、忘れ物を取って③を走って、いつもと同じ時刻に駅に着いたので、この部分の行動にやはり8分かかったとわかります。

これより、この8分間の中で、Aが走っていた時間を計算します。

Aが走る速さは歩く速さの3倍ですから、同じ距離にかかる時間は $\frac{1}{3}$ ですみます。すなわち、①と同じ距離を走ると、4分の $\frac{1}{3}$ で、$\frac{4}{3}$ 分となりますね。

さらに、走った距離を考えると、②は①と同じ距離で、③は①の3倍の距離ですから、合わせて、①の4倍の距離となりますので、Aが走った時間は、

$$\frac{4}{3} \times 4 = \frac{16}{3}\ (分) = 5\frac{1}{3}\ (分) = 5分20秒$$

とわかります。

これより、8分間のうち、家に到着してから再び出発するまでにかかった時間は、

忘れ物を取るのにかかった時間ってことね。

8分－5分20秒＝2分40秒

となり、正解は肢3です。

正解 ⇨ 3

パターン22 2020年 出題

ある川の下流のP地点と上流のQ地点の間を航行する船A、Bがあり、AはPからQへ3時間、BはQからPへ1時間30分で到着する。今、AはPを、BはQを同時に出発したが、Aは出発の48分後にエンジンが停止し、川を流された。BがAに追いつくのは、Aのエンジンが停止してから何分後か。ただし、川の流れの速さは8km/時、静水時におけるAの速さはBの速さの1.5倍であり、川の流れ及び船の速さは一定とする。

1. 24分　　2. 26分　　3. 28分　　4. 30分　　5. 32分

流水算というタイプの問題で、2023年までの10年間で、本問を含めて4回出題されています。本問のように、エンジンが停止するなど、少し複雑な設定の問題が多いですが、公式を確認し、図を描くなどして条件を整理してみましょう。

まず、静水時におけるAの速さはBの速さの 1.5 倍なので、Bの速さを v km/時とすると、Aの速さは 1.5v km/時と表せます。

そうすると、AがP→Qを上るときの速さは、流速（川の流れの速さ）が 8km/時ですから、流水算の公式より、

流水算の公式は、巻末公式集 6 参照。

Aの上りの速さ　→　$1.5v - 8$（km/時）

と表せ、同様に、BがQ→Pを下るときの速さは、

Bの下りの速さ　→　$v + 8$（km/時）

と表せます。

ここで、ＰＱ間という同じ距離に、Aは上りの速さで 3 時間、Bは下りの速さで 1 時間 30 分＝ 1.5 時間かかることから、次のような方程式が立ちます。

$$3(1.5v - 8) = 1.5(v + 8)$$
$$4.5v - 24 = 1.5v + 12$$
$$3v = 36 \qquad \therefore v = 12$$

これより、静水時におけるBの速さは 12km/時、Aの速さは、12 × 1.5 ＝ 18（km/時）とわかりますので、ＰＱ間の距離は、「Aの上りの速さ× 3 時間」より、

ＰＱ間の距離　→　$(18 - 8) \times 3 = 30$（km）

とわかります。

では、AがPから上りの速さで、BがQから下りの速さで同時に出発してから、Aのエンジンが停止するまでの 48 分間＝ $\frac{4}{5}$ 時間でそれぞれが進んだ距離を計算すると、

$$A \rightarrow (18-8)\times\frac{4}{5}=8\ (\text{km})$$

$$B \rightarrow (12+8)\times\frac{4}{5}=16\ (\text{km})$$

となりますので、この時点でのAとBの位置を図に表すと、次のようになります。

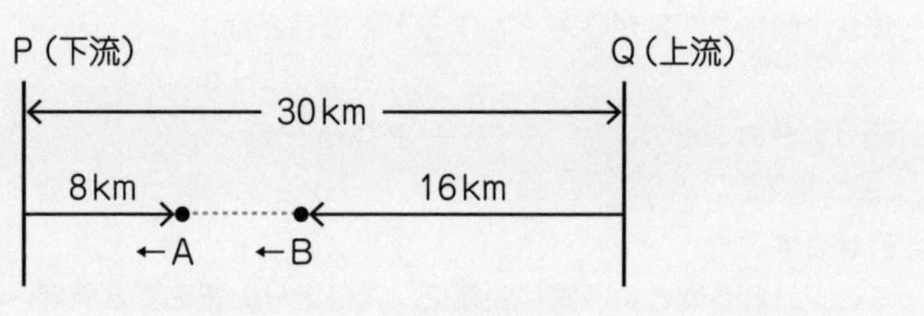

図より、AとBの間の距離は、30－（8＋16）＝6（km）ですが、ここからは、AはPに向かって流速8km/時で流され、Bはこれまでと同じ12＋8＝20（km/時）の速さで同じPに向かって進むことになります。

これより、BがAに追いつくまでの時間をt時間とすると、追いかけ算の公式より、

$$6=t(20-8)$$

$$6=12t \qquad \therefore t=\frac{1}{2}$$

となり、$\frac{1}{2}$時間＝30分で追いつくとわかり、正解は肢4です。

正解 ⇨ 4

過去問研究 12　図形の計量

毎年１問、近年では No.16 の位置で出題されています。面積を求める問題がほとんどで、東京都と同様に、三平方の定理を使う問題が多いですが、円の定理などマイナーな定理を使う問題もたまに出題があります。

レベルは標準的な問題が多いですが、たまに難問もあります。平均すると、東京都ほど難しくはないですが、傾向は似ていますので、東京都編のパターン 15 ～ 17 も解いてみてください。

パターン23　　2023年 出題

次の図のように、短辺の長さが 12cm、長辺の長さが 16cm の長方形ＡＢＣＤの内部に点Ｅがある。三角形ＡＤＥと三角形ＢＣＥとの面積比が１対２、三角形ＣＤＥと三角形ＡＢＥとの面積比が１対３であるとき、三角形ＡＣＥの面積はどれか。

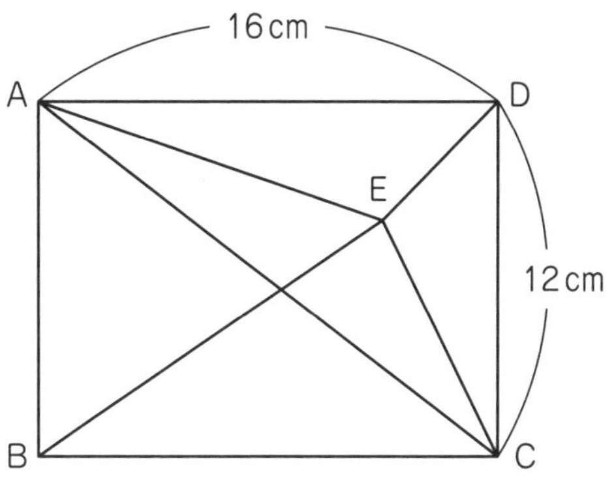

1.　26cm²　　2.　32cm²　　3.　36cm²　　4.　40cm²　　5.　46cm²

ほぼ同じ問題が 2017 年にも出題されています。三角形ＡＣＥを直接考えるのではなく、その他の三角形に着目してみましょう。

条件として、図中にある２組の三角形の面積比が与えられていますので、ここからわかることを確認します。

まず、△ＡＤＥと△ＢＣＥについて、図１のように、それぞれの底辺をＡＤ，ＢＣとし、それぞれの高さを h_1，h_2 とします。

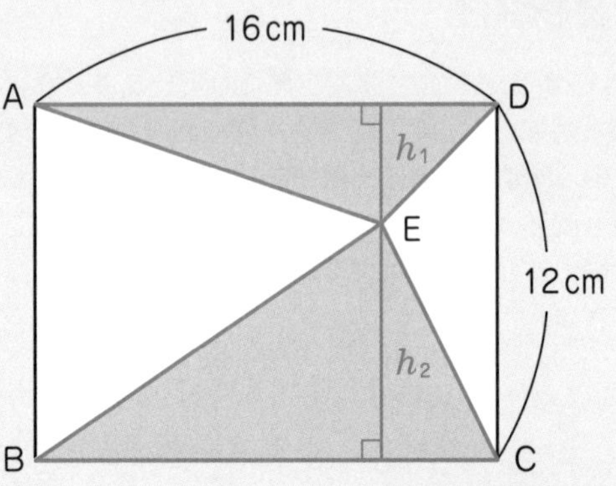

そうすると、この２つの三角形の面積比が１：２ということは、$h_1 : h_2 = 1 : 2$ ということで、$h_1 + h_2 =$ ＡＢ＝12cm ですから、

> 三角形の面積は「底辺×高さ÷２」だから、底辺が同じなら、高さの比が面積の比になるからね。

$$h_1 = 12 \times \frac{1}{3} = 4 \text{ (cm)} \qquad h_2 = 12 \times \frac{2}{3} = 8 \text{ (cm)}$$

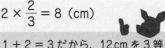

> １＋２＝３だから、12cm を３等分して、１：２に分けるんだ。

とわかります。

同様に、△ＣＤＥと△ＡＢＥについても、図２のように、底辺をＣＤ，ＡＢとし、それぞれの高さを h_3, h_4 とします。

図２

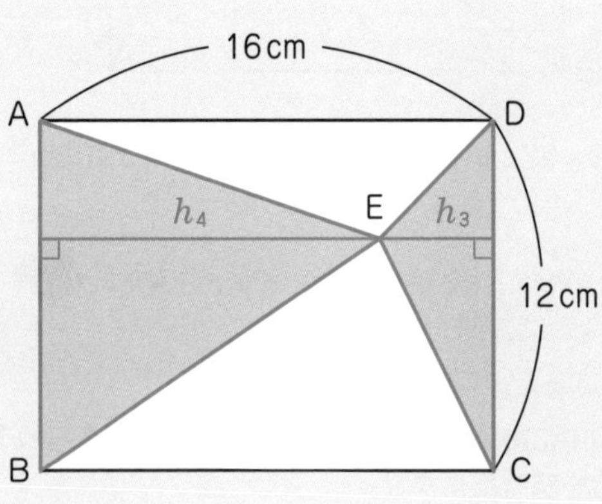

この２つの三角形の面積比は１：３ですから、$h_3 : h_4 = 1 : 3$ で、$h_3 + h_4$

＝ＡＤ＝16cm ですから、

$$h_3 = 16 \times \frac{1}{4} = 4\ (\text{cm}) \qquad h_4 = 16 \times \frac{3}{4} = 12\ (\text{cm})$$

とわかります。

これより、これまでに確認した４つの三角形は、底辺、高さがわかりましたので、面積も求められますね。

では、求める△ＡＣＥについて、この三角形の面積を直接求めるのは大変ですが、図３のように、四角形ＡＢＣＤのうち、△ＡＣＥを除く部分に着目すると、△ＡＢＣ、△ＡＤＥ、△ＣＤＥに分けられ、これらの面積はいずれも簡単にわかります。

図３

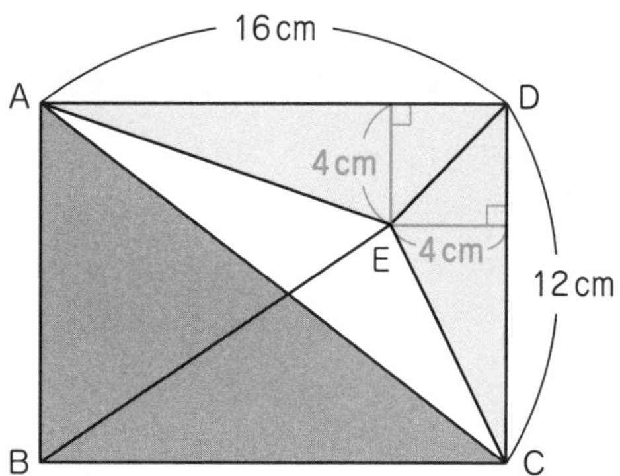

すなわち、△ＡＣＥの面積は、四角形ＡＢＣＤから不要な部分の面積を除いて、次のように求められます。

$$\begin{aligned}
\triangle ACE &= \text{四角形}ABCD - (\triangle ABC + \triangle ADE + \triangle CDE) \\
&= 12 \times 16 - \left(12 \times 16 \times \frac{1}{2} + 16 \times 4 \times \frac{1}{2} + 12 \times 4 \times \frac{1}{2}\right) \\
&= 192 - (96 + 32 + 24) \\
&= 192 - 152 \\
&= 40\ (\text{cm}^2)
\end{aligned}$$

よって、正解は肢４です。

正解⇨ 4

パターン24 2016年 出題

次の図のような、一辺の長さが$4a$の正三角形とその内接する円で構成された斜線部の面積はどれか。ただし、円周率はπとする。

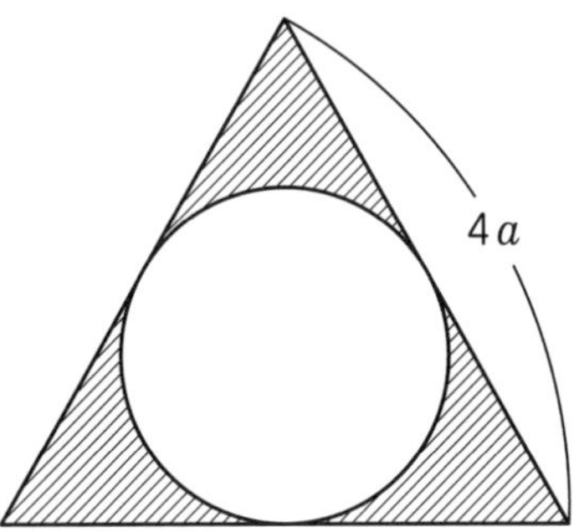

1. $\left(4\sqrt{3}-\frac{1}{3}\pi\right)a^2$
2. $\left(4\sqrt{3}-\frac{2}{3}\pi\right)a^2$
3. $(4\sqrt{3}-\pi)\,a^2$
4. $\left(4\sqrt{3}-\frac{4}{3}\pi\right)a^2$
5. $\left(4\sqrt{3}-\frac{5}{3}\pi\right)a^2$

正三角形の１辺の長さが異なるだけの問題が2006年にも出題されていますし、他の試験でも似たような問題はよく出題されています。

斜線部の面積は、正三角形の面積から内接円の面積を引けば求められますね。

では、正三角形の面積から確認しましょう。図１のように、各頂点をＡ～Ｃとして、ＡからＢＣへ垂線ＡＨを引くと、正三角形はＡＨによって左右対称に分けられます。

選択肢を見ると、正三角形の面積は求める必要がなさそうだけど、一応ね。

図１

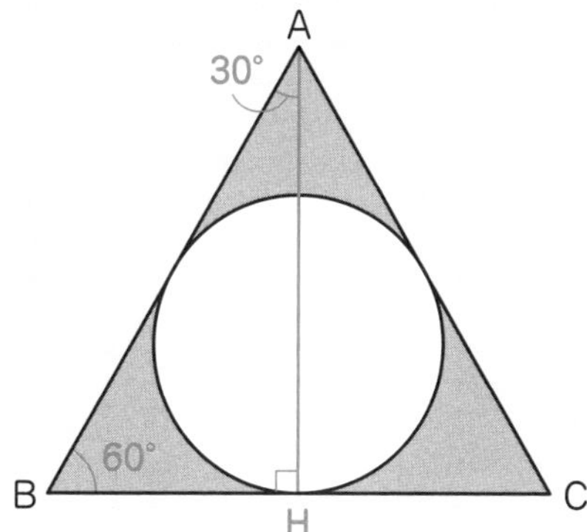

これより、△ＡＢＨは、「30°60°90°の直角三角形」（巻末公式集 12）となり、ＡＢ：ＡＨ＝２：$\sqrt{3}$より、

$$\mathrm{AH} = 4a \times \frac{\sqrt{3}}{2} = 2\sqrt{3}a$$

となりますので、△ＡＢＣの面積は、

$$\triangle \mathrm{ABC} = 4a \times 2\sqrt{3}a \times \frac{1}{2} = 4\sqrt{3}a^2 \quad \cdots①$$

とわかります。

では、次に、内接円の面積を求めるため、半径の長さを確認します。

図１で引いたＡＨを見ると、ＨはＢＣの中点ですから、△ＡＢＣの中線になります。

そうすると、図２のように、中線ＡＨは△ＡＢＣの重心（Ｇ）を通り、△ＡＢＣは正三角形ですから、重心は内接円の中心と一致します。

「中線」と「重心の定理」は、巻末公式集 14 参照。

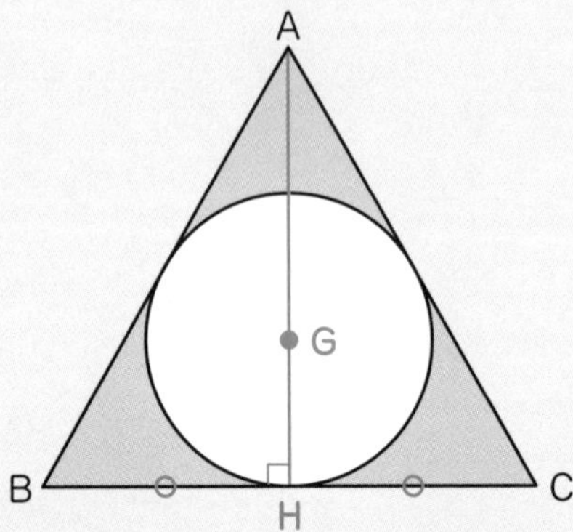

そうすると、重心の定理より、ＡＧ：ＧＨ＝２：１となり、内接円の半径ＧＨは、ＡＨの$\frac{1}{3}$に長さになりますので、

$$GH = 2\sqrt{3}a \times \frac{1}{3} = \frac{2\sqrt{3}a}{3}$$

ＢとＧを結ぶと、△ＧＢＨも「30° 60° 90°の直角三角形」になるので、ＢＨ：ＧＨ＝$\sqrt{3}$：1から求めてもOK！

となり、内接円の面積は、

$$\left(\frac{2\sqrt{3}a}{3}\right)^2\pi = \frac{12a^2}{9}\pi = \frac{4}{3}\pi a^2 \quad \cdots②$$

とわかります。

これより、求める斜線部の面積は、

$$① - ② \rightarrow 4\sqrt{3}a^2 - \frac{4}{3}\pi a^2 = \left(4\sqrt{3} - \frac{4}{3}\pi\right)a^2$$

となり、正解は肢４です。

正解 ⇒ 4

パターン25

2019年 出題

次の図のように、辺ＢＣ＝24cmとする長方形ＡＢＣＤがあり、辺ＡＢの中点をＥ、辺ＡＤを４等分した点をそれぞれＦ、Ｇ、Ｈとし、Ｆ、Ｇ、Ｈから辺ＢＣに垂線を引いた。今、ＣからＡ、Ｅ及びＧに直線を引き、∠ＣＧＤ＝45°であるとき、斜線部の面積はどれか。

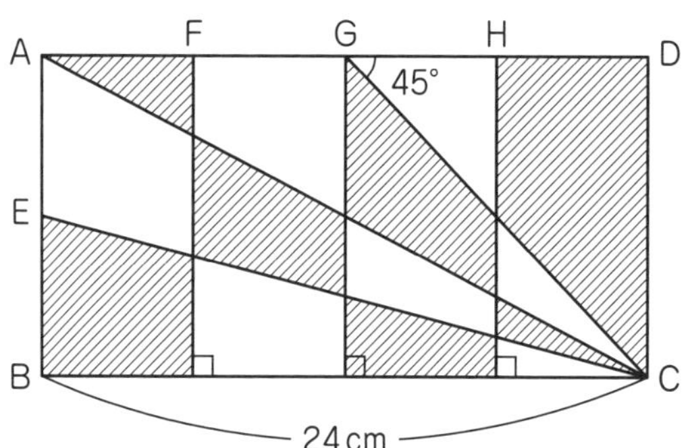

1. $108cm^2$　2. $126cm^2$　3. $144cm^2$　4. $162cm^2$　5. $180cm^2$

平行線がたくさんありますので、相似な図形に着目して面積比を考えます。似たような問題は、東京都などでも出題されています。

図１のように、各交点をＩ～Ｒとします。

Ｆ，Ｇ，Ｈは、ＡＤを４等分した点ですから、ＧＤ＝$24\times\frac{2}{4}$＝12（cm）ですね。また、∠ＣＧＤ＝45°より、四角形ＧＮＣＤは正方形ですから、ＣＤ＝ＧＤ＝12cmとわかります。

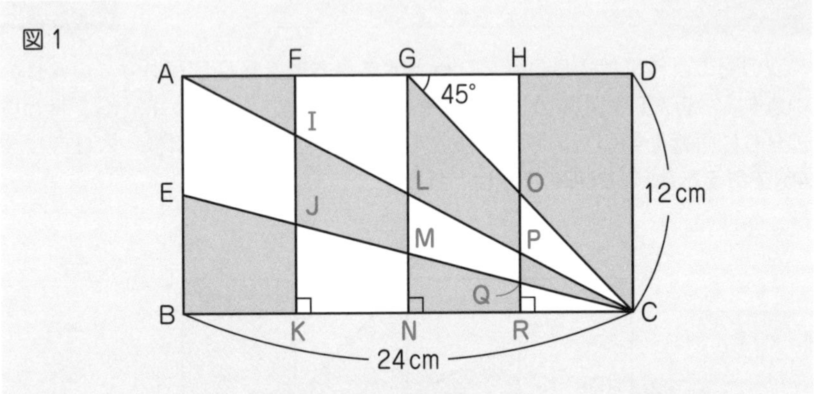

ここで、図２のように、それぞれの領域をア〜セとして、斜線部の面積について、わかるところから求めていきましょう。

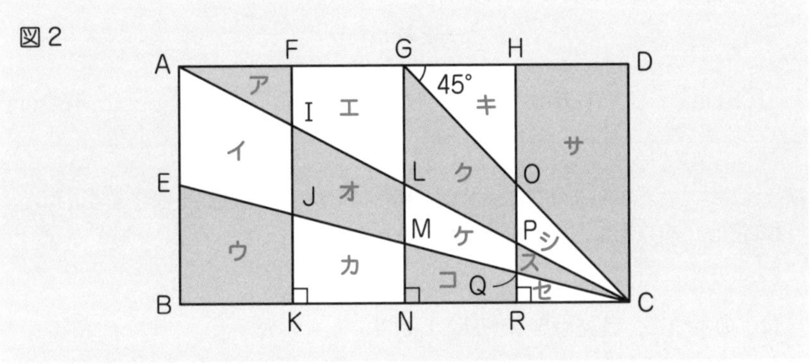

縦の線は全て平行ですから、まず、△ＣＥＢの中にある三角形について、平行線と線分比の形（巻末公式集 13）から、

△ＣＱＲ∽△ＣＭＮ∽△ＣＪＫ∽△ＣＥＢ

となり、相似比はＣＲ：ＣＮ：ＣＫ：ＣＢ＝１：２：３：４ですね。

また、△ＣＡＥの中にある三角形について、同様に、

△ＣＰＱ∽△ＣＬＭ∽△ＣＩＪ∽△ＣＡＥ

となり、こちらの相似比も１：２：３：４になります。

さらに、ＥはＡＢの中点より、ＡＥ＝ＥＢですから、△ＣＡＥと△ＣＥＢの面積は等しいので、図のイとウ、オとカ、ケとコ、スとセの面積もそれぞれ等しくなり、

ウ＋オ＋コ＋ス＝ウ＋カ＋コ＋セ＝△ＣＥＢ

とわかります。
そうすると、ＡＢ＝ＣＤ＝12cmより、ＥＢ＝6cmですから、

$$\triangle CEB = 6 \times 24 \times \frac{1}{2} = 72\ (cm^2)$$

となり、

ウ＋オ＋コ＋ス＝72（cm^2） …①

とわかりますね。
次に、△ＡＧＬと△ＣＧＬについて見ると、この２つの三角形も、ＧＬを底辺とすると、高さはそれぞれＡＧとＣＮで、いずれも12cmですから、面積は等しくなります。
さらに、それぞれの三角形の中で、

△ＡＦＩ∽△ＡＧＬ　　△ＣＯＰ∽△ＣＧＬ

となり、相似比はいずれも１：２ですから、アとシ、エとクの面積はそれぞれ等しく、

ア＋ク＝ア＋エ＝△ＡＧＬ

とわかります。
では、△ＡＧＬの面積ですが、まず、ＡＧ＝12cmで、ＧＬについては、△ＡＧＬ∽△ＡＤＣで、相似比は、ＡＧ：ＡＤ＝１：２ですから、ＧＬ：ＤＣ＝１：２より、ＧＬ＝ＣＤ×$\frac{1}{2}$＝12×$\frac{1}{2}$＝6（cm）とわかりますので、これより、

$$\triangle AGL = 6 \times 12 \times \frac{1}{2} = 36\ (cm^2)$$

となり、

$$ア + ク = 36\ (cm^2)\quad \cdots ②$$

とわかります。

そうすると、残るのはサの部分ですが、こちらは台形の面積の公式に従って求めましょう。

(上底 + 下底) × 高さ × $\frac{1}{2}$

△GCD∽△GOHで、相似比は2：1ですから、HO＝6cmですね。さらに、HD＝6cm、CD＝12cmがわかっていますので、

$$台形HOCD = (6 + 12) \times 6 \times \frac{1}{2} = 54\ (cm^2)\quad \cdots ③$$

とわかります。

以上より、斜線部の面積は、

四角形ABCDの面積は $24 \times 12 = 288\ (cm^2)$ で、半分で $144cm^2$ だよね。
斜線部をよく見ると、全体の半分より大きいかなってとこで、肢4，5まで絞れるよね。

$$① + ② + ③ \rightarrow 72 + 36 + 54 = 162\ (cm^2)$$

となり、正解は肢4です。

正解 ⇒ 4

過去問研究13 仕事算

近年出題数が増えており、ここ最近は隔年で出題されています。

「全体を1」とするオーソドックスなタイプ（パターン26）から、少し変わった問題、ニュートン算（パターン27）など、内容は多岐に渡っており、難しくはないのですが、少々応用力が必要なものが多いです。

また、東京都編のパターン30のような、比を使う問題も2022年と2005年に出題されていますので、こちらの確認もお願いします。

パターン26 2020年 出題

満水のタンクを空にするために、複数のポンプで同時に排水する。ポンプA、B及びCでは16分、AとBでは24分、AとCでは30分かかる。今、BとCのポンプで排水するとき、排水にかかる時間はどれか。

1. 18分　2. 20分　3. 24分　4. 28分　5. 32分

「全体を1」とする、仕事算の最もオーソドックスなタイプで、他の試験でもよく出題されています。正解率も高いと思われますので、確実に得点したい問題ですね。

満水のタンクの水量を1とおいて、それぞれのポンプの排水量を計算します。

本問では、これが、「全体の仕事量」に当たるわけだね。

まず、ポンプA，B，Cを使うと排水に16分かかり、AとBでは24分、AとCでは30分かかるので、それぞれが1分間で排水する水量は、

$$A+B+C \rightarrow \frac{1}{16} \quad \cdots①$$

$$A+B \rightarrow \frac{1}{24} \quad \cdots②$$

$$A+C \rightarrow \frac{1}{30} \quad \cdots③$$

となり、BとCで1分間に排出する水量を計算すると、

①－②より、C $\rightarrow \frac{1}{16}-\frac{1}{24}=\frac{3-2}{48}=\frac{1}{48} \quad \cdots④$

①－③より、B $\rightarrow \frac{1}{16}-\frac{1}{30}=\frac{15-8}{240}=\frac{7}{240} \quad \cdots⑤$

④＋⑤より、B＋C $\rightarrow \frac{7}{240}+\frac{1}{48}=\frac{7+5}{240}=\frac{12}{240}=\frac{1}{20}$

となり、1分間で$\frac{1}{20}$ですから、排出にかかる時間は20分とわかります。

よって、正解は肢2です。

正解 ⇒ 2

パターン27 2013年 出題

映画館でチケットを売り始めたとき、既に行列ができており、発売開始後も毎分 10 人ずつ新たに行列に加わるものとする。窓口が 1 つのときは 1 時間で行列はなくなり、窓口が 3 つのときは 15 分で行列がなくなる。チケットを売り始めたときに並んでいた人数はどれか。ただし、どの窓口も 1 分間に同じ枚数を売るものとする。

1. 1200 人　2. 1300 人　3. 1400 人　4. 1500 人　5. 1600 人

「ニュートン算」という問題で、ほぼ同じ問題が 2004 年にも出題されています。ニュートン算は型がほぼ決まっていますので、解法を覚えてしまいましょう。

チケットを売り始めたときに並んでいた人数を x 人とします。

まず、窓口が 1 つのとき、1 時間で行列がなくなることについて、行列サイドから見ると、この 1 時間でチケットを買った人数は、最初に並んでいた人数と、1 時間の間に行列に加わった人数を足した数となりますね。

行列に加わるのは 1 分間に 10 人なので、1 時間＝ 60 分では、$10 \times 60 = 600$（人）ですから、合わせて $x + 600$（人）と表せます。

また、窓口サイドから見た場合ですが、1 つの窓口で 1 分間に売る枚数（人数）がわかりませんので、これを y 枚とすると、1 つの窓口で 1 時間に売った枚数は、$60y$ 枚と表せます。

問題には書かれてないけど、1 人 1 枚と考えよう。じゃないと問題が成立しないからね。

そうすると、買った人数と売った枚数は同じですから、

$$x + 600 = 60y \quad \cdots ①$$

という式が立ちます。

次に、窓口が 3 つのとき、15 分で行列がなくなることについて、同様に、買った人数を考えると、最初の x 人に、15 分間で行列に加わった $10 \times 15 = 150$（人）を加えた人数ですね。また、売った枚数は、窓口 3 つでは 1 分間に $3y$ 枚で、15 分間ですから、$3y \times 15 = 45y$（枚）となり、

$$x + 150 = 45y \quad \cdots ②$$

という式が立ちます。

これより、①, ②を連立させて解くと、

①−②より、
$$\begin{array}{r} \cancel{x} + 600 = 60y \\ -)\ \cancel{x} + 150 = 45y \\ \hline 450 = 15y \end{array} \qquad \therefore y = 30$$

①に $y = 30$ を代入して、$x + 600 = 60 \times 30$

$$x = 1800 - 600 = 1200$$

となり、最初に並んでいた人数は1200人とわかります。

よって、正解は肢1です。

本問には「10人」という具体的な数字（人数）があったけど、他の試験で出題されているニュートン算のほとんどは、具体的な数字は与えられていないんだ。その場合は、1分間で並ぶ人数も文字に置くことになるけど、同じように式を立てれば、求めるものはちゃんとわかるからね。

正解 ⇨ 1

過去問研究14 確率

東京都では判断推理として出題されていますが、特別区では数的推理として出題されており、最近では、場合の数と確率のどちらかが2年に1問のペースで出題されています。

出題傾向は、東京都と似ていますので、東京都編のパターン4～6もしっかり確認してください。

パターン28

2007年 出題

赤玉7個、白玉3個の合計10個の玉が入っている袋の中から、同時に3個の玉を取り出したとき、そのうち少なくとも1個が白玉である確率はどれか。

1. $\frac{7}{24}$　2. $\frac{11}{24}$　3. $\frac{13}{24}$　4. $\frac{17}{24}$　5. $\frac{19}{24}$

東京都でもよく出題されているタイプではありますが、本問は余事象に着目したほうが早く解ける問題です。

取り出す3個のうち少なくとも1個が白玉ということですから、白玉が1個、2個、3個の場合それぞれの確率を求めて足し合わせるという方法でも求められます。

しかし、確率の問題は、「余事象」、すなわち、そうではないほうの確率を求めて、全体の1から引くという方法でも求められ、本問の余事象は、白玉が1個もない＝全て赤玉の場合ですから、このほうが楽に求められそうです。

ある事柄か、その余事象か、どっちかが起こるわけだから、確率を合わせると1（＝100%）になるからね。

まず、全部で10個の玉から3個を選ぶ方法を、組合せの公式を使って数えると、

場合の数の公式は、巻末公式集1参照。

$$ {}_{10}C_3 = \frac{10 \times 9 \times 8}{3 \times 2 \times 1} = 5 \times 3 \times 8 = 120 \text{（通り）} $$

10と2、9と3を約分するよ。

となります。

さらに、7個の赤玉から3個を選ぶ方法は、

$$ {}_{7}C_3 = \frac{7 \times 6 \times 5}{3 \times 2 \times 1} = 7 \times 5 = 35 \text{（通り）} $$

となります。

これより、赤玉ばかり3個選ぶということが起こる確率は、

$$ \frac{35}{120} = \frac{7}{24} $$

となり、その余事象である、少なくとも1個が白玉である確率は、

$$ 1 - \frac{7}{24} = \frac{17}{24} $$

とわかり、正解は肢4です。

正解 ⇒ 4

過去問研究 15　場合の数

たまに変わった問題もありますが、組合せの公式を使った一般的な問題の出題が多いです。また、東京都編のパターン 9 のような四角形の個数を数える問題も 2013 年と 2006 年に出題されていますので、こちらも確認しておいてください。

パターン29

2014年 出題

祖母、両親、子ども 2 人の 5 人で暮らしている家族が、買い物に外出する場合、外出のしかたは何通りあるか。ただし、子どもだけでは外出あるいは留守番はできないものとする。

1. 22 通り　2. 25 通り　3. 28 通り　4. 31 通り　5. 34 通り

同じような問題が 2008 年にも出題されています。場合分けをして丁寧に数えていきましょう。

次のように、何人で外出するかで場合分けをして数えます。

(1) 1 人で外出する場合

条件より、子供 1 人で外出はできませんので、大人 3 人のいずれかですから、3 通りです。

(2) 2 人で外出する場合

まずは、組合せの公式を使って、5 人から 2 人を選ぶ方法を数えると、

$$ {}_5C_2 = \frac{5 \times 4}{2 \times 1} = 10 \text{（通り）} $$

となりますが、この 10 通りの中には、子ども 2 人という方法が 1 通りだけ含まれていますので、これを除いた 9 通りとなります。

(3) 3 人で外出する場合

3 人が外出するということは、留守番するのは 2 人なので、この 2 人を選ぶ方法を考えると、(2) と同じ 9 通りとなります。

（4）4 人で外出する場合

この場合も、留守番する 1 人を選ぶ方法を考えると、（1）と同じ 3 通りです。

（5）5 人で外出する方法

全員で外出する 1 通りですね。

以上より、外出のしかたは、以下のようになり、正解は肢 2 です。

3 + 9 + 9 + 3 + 1 = 25（通り）

正解⇒ 2

過去問研究 16　比と割合

2023 年までの 20 年間で、パターン 30 のような問題が 2 問と、濃度算が 2 問出題されているだけです。

濃度算については、東京都編パターン 23 で扱っていますが、そこまで難しくはなく、てんびん図（巻末公式集 9）で簡単に解けるレベルです。

パターン30　　2023年 出題

A駅、B駅及びC駅の 3 つの駅がある。15 年前、この 3 駅の利用者数の合計は、175,500 人であった。この 15 年間に、利用者数は、A駅で 12%、B駅で 18%、C駅で 9%それぞれ増加した。増加した利用者数が各駅とも同じであるとき、現在のA駅の利用者数はどれか。

1. 43,680 人
2. 46,020 人
3. 58,500 人
4. 65,520 人
5. 78,000 人

ほぼ同じ問題が 2019 年にも出題されていますし、他の試験でもときどき出題されている定番問題です。増加数（減少数の場合もあり）が同じであることに着目して、式を立ててみましょう。

本問は、いわゆる「定番問題」ですので、解法を覚えてください。

まず、A駅、B駅、C駅の15年前の利用者数を、それぞれa人、b人、c人とします。

そうすると、増加人数は、それぞれ0.12a人、0.18b人、0.09c人と表せ、各駅とも同じであることから、次のようになります。

$$0.12a = 0.18b = 0.09c$$

全ての辺に100をかけて、$12a = 18b = 9c$

$12a = 18b$より、$a : b = 18 : 12 = 3 : 2$ …①

$18b = 9c$より、$b : c = 9 : 18 = 1 : 2$ …②

①，②より、$a : b : c = 3 : 2 : 4$

②を、$b : c = 1 : 2 = 2 : 4$として、①に合わせるんだよ。

よって、15年前の3駅の利用者数の比は、$a : b : c = 3 : 2 : 4$とわかり、その合計は175,500人ですから、これを3：2：4に分けると、それぞれの利用者数がわかりますね。

3＋2＋4＝9ですから、全体を9等分して計算すると、

$$a = 175500 \times \frac{3}{9} = 58500 \text{（人）}$$

$$b = 175500 \times \frac{2}{9} = 39000 \text{（人）}$$

$$c = 175500 \times \frac{4}{9} = 78000 \text{（人）}$$

求めるのはA駅だから、本番では、B，Cは計算の必要なし！

となり、これより、15年前のA駅の利用者数は58,500人で、現在は12％増加していることから、15年前の1.12倍となるので、

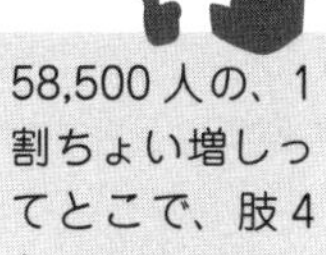

58,500人の、1割ちょい増しってとこで、肢4とわかるよね。

現在のA駅 → $58500 \times 1.12 = 65520$（人）

となり、正解は肢4です。

正解 ⇒ 4

#7 特別区の資料解釈

対象範囲 ▶ No.21 ～ No.24

円グラフは、ちょっと危険！

基本情報

2016 年以降、No.21 ～ 24 の 4 問が、「資料解釈の枠」で、出題番号の変遷はありますが、昔から 4 問の出題は変わりません。

東京都と同様に、例年、ほぼ決まった形の資料が出題されています。2015 年までは、その年によって多少の違いはありましたが、2016 年以降は以下の 4 つの形で落ち着いています。

① No.21　実数の表
② No.22　増加率の表
③ No.23　実数の棒グラフ
④ No.24　構成比の円グラフ

①と③については、最近はあまり面倒な計算もなく、また、②も増加率のデータに慣れておけば、割と短時間で解くことができます。

最後の④はダントツに難しく、非常に面倒な計算を余儀なくされることが多いです。ただ、最近は、5 肢のうち、2 ～ 3 肢は、割と簡単に判断できる、あるいは、着眼点によっては面倒な計算を回避できる内容になっていますので、この中に正解肢がある場合は、ある程度の時間で正解することも可能です。

いずれのタイプも、選択肢については、順番は異なりますが、毎年同じような内容ですので、過去問を解きながら、その特徴もつかんでおくといいでしょう。

本章では、各タイプについて、2023 年と 2022 年に出題された問題をご紹介します。

過去問研究 17 実数の表

2016年以降、No.21で出題されており、5項目（まれに6項目）の5か年の推移を表した表で、割合、増加率、平均などを問われます。

たまに面倒な計算もありますが、難易度はあまり高くはありません。

パターン31–1

2023年 出題

次の表から確実にいえるのはどれか。

アジア5か国の外貨準備高の推移

（単位 100万米ドル）

国名	2016年	2017	2018	2019	2020
日本	1,189,484	1,233,470	1,240,133	1,286,164	1,345,523
インド	341,989	390,245	375,365	433,366	550,184
韓国	366,466	384,620	398,944	403,867	437,282
タイ	166,388	196,367	199,537	217,056	248,993
中国	3,032,563	3,161,830	3,094,781	3,130,526	3,241,940

1. 2017年から2019年までの3年における日本の外貨準備高の1年当たりの平均は、1兆2,500億米ドルを下回っている。
2. 2019年のインドの外貨準備高の対前年増加額は、2016年のそれの20%を下回っている。
3. 2020年の韓国の外貨準備高の対前年増加率は、2017年のそれより大きい。
4. 表中の各年とも、タイの外貨準備高は、日本のそれの15%を上回っている。
5. 2020年において、中国の外貨準備高の対前年増加率は、日本の外貨準備高のそれより大きい。

面倒な計算はなるべくせずに、概算などで選択肢の正誤を判断できるよう、練習してみましょう。

1（誤） 2017年～2019年の日本について、1兆2,500億米ドル＝1,250,000（100万米ドル）との過不足を確認します。

解説では、単位は基本的に省略するからね。

まず、2017年と2018年は、1,250,000を下回っていますが、それぞれの不足分は、17,000，10,000に及びませんので、合わせても27,000まで不足していません。

一方、2019年は、1,250,000を36,000以上、上回っていますので、3年の平均は、1,250,000を上回っています。

2（誤） 2016年の対前年増加額については、前年（2015年）のデータがないので、判断できません。

3（正） 韓国の2019年→2020年は、403,867→437,282で、33,000以上増加しており、これは、403,867の7%以上です。

一方、2016年→2017年は、366,466→384,620ですから、増加数は20,000弱で、これは366,466の7%に及びません。

よって、2020年の対前年増加率は2017年より大きいです。

410,000の7％で28,700だから、33,000以上あれば、403,867の7%より明らかに上だね。
一方、300,000の7％は21,000だから、20,000以下では、366,466の7%にはほど遠いよね。

4（誤） 2016年の日本は、1,189,484で、これの15%は、1,180,000 × 0.15＝177,000を上回ります。しかし、同年のタイは166,388ですから、日本の15%を上回っていません。

5（誤） 中国の2019年→2020年は、3,130,526→3,241,940ですから、増加数は120,000以下で、これは3,130,526の4%に及びません。

一方、日本のそれは、1,286,164→1,345,523で60,000近く増加しており、これは1,286,164の4%を超えます。

よって、中国の対前年増加率より日本のほうが大きいです。

正解⇨ 3

パターン31−2 **2022年 出題**

次の表から確実にいえるのはどれか。

国産木材の素材生産量の推移

（単位　千 m^3）

区　分	平成 27 年	28	29	30	令和元年
あかまつ・くろまつ	779	678	641	628	601
す　ぎ	11,226	11,848	12,276	12,532	12,736
ひ　の　き	2,364	2,460	2,762	2,771	2,966
か　ら　ま　つ	2,299	2,312	2,290	2,252	2,217
えぞまつ・とどまつ	969	1,013	1,090	1,114	1,188

1. 平成 29 年の「あかまつ・くろまつ」の素材生産量の対前年減少率は、令和元年のそれより小さい。
2. 平成 27 年の「すぎ」の素材生産量を 100 としたときの令和元年のそれの指数は、115 を上回っている。
3. 平成 27 年から令和元年までの 5 年における「ひのき」の素材生産量の 1 年当たりの平均は、2,650 千 m^3 を上回っている。
4. 表中の各年とも、「からまつ」の素材生産量は、「えぞまつ・とどまつ」の素材生産量の 1.9 倍を上回っている。
5. 令和元年の「えぞまつ・とどまつ」の素材生産量の対前年増加量は、平成 29 年のそれを上回っている。

前問と比べると数値が小さいので、暗算でできる程度の計算はしたほうが楽かもしれません。

1（誤）「あかまつ·くろまつ」の平成 28 年 → 29 年は、678 → 641 で、37 減少しており、これは 678 の 5% 以上です。

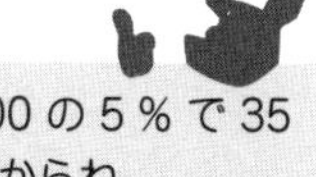

700 の 5 % で 35 だからね。

一方、平成 30 年 → 令和元年は、628 → 601 で、27 減少しており、これは 628 の 5%に及びません。

よって、平成 29 年の対前年減少率は、令和元年より大きいです。

2（誤）「すぎ」の平成 27 年→令和元年は、11,226 → 12,736 で、1,510 増加していますが、これは 11,226 の 15%には及びません。

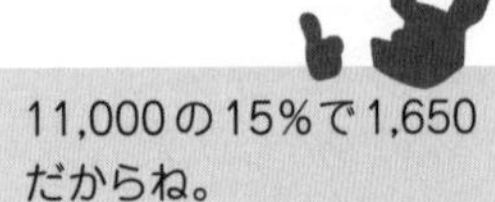

> 11,000 の 15%で 1,650 だからね。

よって、平成 27 年の 1.15 倍に満たないので、令和元年の指数は 115 を下回っています。

3（正）平成 27 年～令和元年の「ひのき」について、2,650 との過不足を確認します。

まず、平成 27 年と 28 年は、2,650 を下回っていますが、それぞれの不足分は、300，200 に及びませんので、合わせても 500 まで不足していません。

一方、平成 29 年～令和元年は、2,650 を上回っており、それぞれの超過分は、100，100，300 を超えていますので、合わせて 500 以上、上回っています。

よって、不足分より超過分のほうが多く、5 年の平均は、2,650 を上回っています。

4（誤）平成 27 年～ 30 年はいずれも、「からまつ」は「えぞまつ・とどまつ」の 2 倍以上なのがわかりますが、令和元年についてはやや微妙なので、計算して確認すると、次のようになります。

> 計算が面倒なら後回しでも OK！
> 割り算がイヤなら、「1,188 × 1.9」から確認するのもアリ！

2,217 ÷ 1,188 ≒ 1.87

よって、令和元年は、1.9 倍を下回っています。

5（誤）「えぞまつ・とどまつ」の平成 30 年→令和元年の増加量は、1,188 − 1,144 = 44 で、平成 28 年→ 29 年のそれは、1,090 − 1,013 = 77 ですから、令和元年は平成 29 年を下回っています。

正解 ⇨ 3

過去問研究 18　増加率の表

2016 年以降、No.22 で出題されており、5 項目の 4 ～ 5 年の対前年増加率の推移を表した表です。東京都編パターン 32 と同様で、増加率を足し算して見当をつけるなどのテクニックを使えば、一番得点しやすいタイプかと思われます。

パターン32−1

2023年 出題

次の表から確実にいえるのはどれか。

葉茎菜類の収穫量の対前年増加率の推移

（単位　%）

品　　目	平成 28 年	29	30	令和元年	2
こ　ま　つ　な	△ 1.6	△ 1.3	3.1	△ 0.6	6.1
ほうれんそう	△ 1.4	△ 7.8	0.1	△ 4.6	△ 1.8
ブロッコリー	△ 5.7	1.6	6.4	10.2	2.9
た　ま　ね　ぎ	△ 1.7	△ 1.2	△ 5.9	15.5	1.7
に　ん　に　く	2.9	△ 1.9	△ 2.4	3.0	1.9

（注）△は、マイナスを示す。

1. 令和 2 年において、「ほうれんそう」の収穫量及び「たまねぎ」の収穫量は、いずれも平成 28 年のそれを下回っている。
2. 表中の各年のうち、「にんにく」の収穫量が最も多いのは、平成 28 年である。
3. 令和 2 年において、「ほうれんそう」の収穫量は、「ブロッコリー」のそれを下回っている。
4. 「たまねぎ」の収穫量の平成 30 年に対する令和 2 年の増加率は、「ブロッコリー」の収穫量のそれの 1.5 倍より大きい。
5. 平成 28 年の「こまつな」の収穫量を 100 としたときの令和元年のそれの指数は、100 を上回っている。

何年後かの増加率は、足し算でおおよその見当がつけられます。東京都編パターン 32 の解説を参考にしてください。

1（誤） 平成 28 年→令和 2 年の増加率は、本来であれば、「1＋増加率」をかけ合わせて計算するのですが、本問のように、増加率が比較的小さいときは、足し算した値でも近い数値になりますので、この方法で解説します。

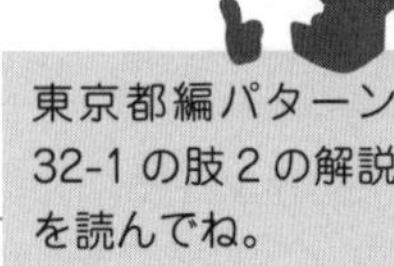

東京都編パターン 32-1 の肢 2 の解説を読んでね。

平成 28 年を基準としますので、平成 29 年～令和 2 年の増加率を足し合わせて見当をつけると、

「ほうれんそう」 −7.8 + 0.1 − 4.6 − 1.8 = −14.1
「たまねぎ」 −1.2 − 5.9 + 15.5 + 1.7 = 10.1

「ほうれんそう」は計算するまでもなくマイナスだよね。「たまねぎ」のプラスも、すぐにわかるでしょ。

となり、「ほうれんそう」は減少していますが、「たまねぎ」は増加していると判断できますので、「たまねぎ」の令和 2 年は平成 28 年を上回っています。

2（誤） 「にんにく」の平成 29 年～令和 2 年の増加率を足し合わせると、

−1.9 − 2.4 + 3.0 + 1.9 = 0.6

となり、多少の誤差を考慮しても、平成 28 年＜令和 2 年と判断できます。
よって、最も多いのは平成 28 年ではありません。

3（誤） データは、それぞれの品目の対前年増加率ですから、「ほうれんそう」と「ブロッコリー」の収穫量を比較することはできません。

4（誤） 「たまねぎ」と「ブロッコリー」の、平成 30 年に対する令和 2 年の増加率を考えます。平成 30 年を基準としますので、令和元年と 2 年の対前年増加率を足し合わせると、

「たまねぎ」 15.5 + 1.7 = 17.2
「ブロッコリー」 10.2 + 2.9 = 13.1

となり、多少の誤差を考慮しても、「たまねぎ」は「ブロッコリー」の 1.5 倍には及ばないと判断できます。

5（正） 「こまつな」の平成 28 年→令和元年の増加率を考えます。平成 28 年を基準としますので、平成 29 年～令和元年の対前年増加率を足し合わせると、

$$-1.3 + 3.1 - 0.6 = 1.2$$

となり、誤差を考慮しても、平成 28 年＜令和元年と判断できます。
よって、平成 28 年を 100 とした令和元年の指数は 100 を上回ります。

正解 ⇒ 5

パターン32-2 2022年 出題

次の表から確実にいえるのはどれか。

政府開発援助額の対前年増加率の推移

（単位 %）

供与国	2015年	2016	2017	2018	2019
アメリカ	△6.4	11.1	0.9	△2.7	△2.4
ドイツ	8.3	37.9	1.1	2.7	△6.0
イギリス	△3.9	△2.7	0.3	7.5	△0.5
フランス	△14.9	6.4	17.8	13.3	△6.7
日本	△0.7	13.2	10.0	△12.2	16.5

（注）△は、マイナスを示す。

1. 表中の各年のうち、イギリスの政府開発援助額が最も多いのは、2015年である。
2. 2015年のドイツの政府開発援助額を100としたときの2019年のそれの指数は、130を下回っている。
3. 2016年のフランスの政府開発援助額は、2018年のそれの70%を下回っている。
4. 2019年の日本の政府開発援助額は、2016年のそれの1.2倍を下回っている。
5. 2017年において、ドイツの政府開発援助額の対前年増加額は、アメリカの政府開発援助額のそれを上回っている。

前問と同様に、増加率を足し合わせて見当をつけます。前問と比べると、増加率がやや大きめなので、誤差のことも頭において解いてみましょう。

1（誤） イギリスの2015年と2018年を比較します。2015年を基準としますので、2016年～2018年の対前年増加率を足し合わせると、

$$-2.7 + 0.3 + 7.5 = 5.1$$

となり、誤差を考慮しても、2015年＜2018年と判断できます。

よって、最も多いのは2015年ではありません。

2（誤） ドイツの 2015 年 → 2019 年の増加率を考えます。2015 年を基準としますので、2016 年～ 2019 年の対前年増加率を足し合わせると、

37.9 + 1.1 + 2.7 − 6.0 = 35.7

となり、誤差を考慮しても、30%以上増加していると判断できます。

よって、2019 年の指数は 130 を上回っています。

3（誤） フランスの 2016 年の 2018 年に対する割合が、仮に 70%を下回っているとすると、70 に対して 100 は 1.4 倍以上ありますので、2016 年 → 2018 年での増加率は、少なくとも 40%は超えるはずです。

これより、フランス 2016 年 → 2018 年の増加率を確認します。2016 年を基準としますので、2017 年と 2018 年の対前年増加率を足し合わせると、

17.8 + 13.3 = 31.1

となり、誤差を考慮しても、40%まで増加していないと判断できます。

よって、2016 年の 2018 年に対する割合が、70%を下回ることはありません。

4（正） 日本の 2016 年 → 2019 年の増加率を考えます。2016 年を基準としますので、2017 年 ～ 2019 年の対前年増加率を足し合わせると、

10.0 − 12.2 + 16.5 = 14.3

となり、誤差を考慮しても、20%まで増加していないと判断できます。

よって、2019 年は 2016 年の 1.2 倍を下回っています。

5（誤） データは、それぞれの供与国の対前年増加率ですから、ドイツとアメリカの「増加額」を比較することはできません。

正解 ⇒ 4

過去問研究 19　実数の棒グラフ

最近ではほぼ毎年、No.23 で出題されており、4～5 項目の 4～5 年の推移を表したグラフです。グラフは単純ですが、数値が大きい場合が多いので、計算に少し苦労するかもしれません。

パターン33−1　2023年 出題

次の図から確実にいえるのはどれか。

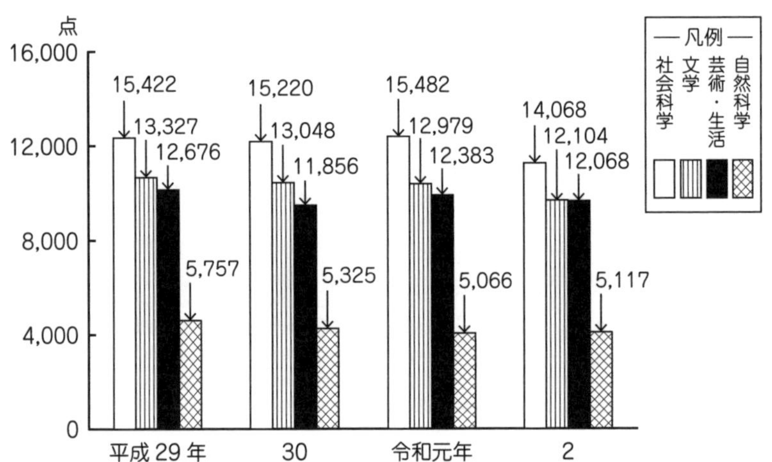

1. 平成 29 年から令和 2 年までの 4 年における「自然科学」の書籍新刊点数の 1 年当たりの平均は、5,300 点を下回っている。
2. 「社会科学」の書籍新刊点数の平成 29 年に対する令和 2 年の減少率は、8%を下回っている。
3. 平成 30 年において、「芸術・生活」の書籍新刊点数の対前年減少量は、「文学」のそれの 2.5 倍を上回っている。
4. 平成 30 年の「文学」の書籍新刊点数を 100 としたときの令和 2 年のそれの指数は、95 を上回っている。

5. 令和元年において、図中の書籍新刊点数の合計に占める「芸術・生活」のそれの割合は、30％を超えている。

特に面倒な選択肢はありませんので、暗算、概算で判断できるよう練習してみてください。

1（誤） 平成 29 年～令和 2 年の「自然科学」について、5,300 との過不足を確認します。

令和元年と 2 年は、5,300 を下回っていますが、それぞれの不足分は、250，200 に及びませんので、合わせても 450 まで不足していません。

一方、平成 29 年と 30 年は、5,300 を上回っており、29 年の超過分だけで 450 以上あります。

よって、不足分より超過分のほうが多く、4 年の平均は、5,300 を上回っています。

2（誤）「社会科学」の平成 29 年 → 令和 2 年は、15,422 → 14,068 で、1,300 以上減少しており、これは 15,422 の 8％を超えます。

よって、減少率は 8％を上回っています。

15,500の8％で、1,240だからね。

3（正） 平成 29 年 → 30 年の、「芸術・生活」と「文学」の対前年減少量は、

「芸術・生活」 12,676 − 11,856 = 820
「文学」 13,327 − 13,048 = 279

となり、「芸術・生活」は「文学」の 2.5 倍を上回っています。

300の2.5倍で750だから、820は279の2.5を上回るよね。

4（誤）「文学」の平成 30 年 → 令和 2 年は、13,048 → 12,104 で、900 以上減少しており、これは 13,048 の 5％を超えます。

よって、平成 30 年を 100 とした令和 2 年の指数は 95 を下回っています。

5（誤） 令和元年の 4 ジャンルの合計をざっくり計算しても、45,000 を超えており、これの 30％は、13,500 を超えます。

しかし、同年の「芸術・生活」は 12,383 ですから、合計の 30％を超えていません。

正解 ⇒ 3

パターン33-2

2022年 出題

次の図から確実にいえるのはどれか。

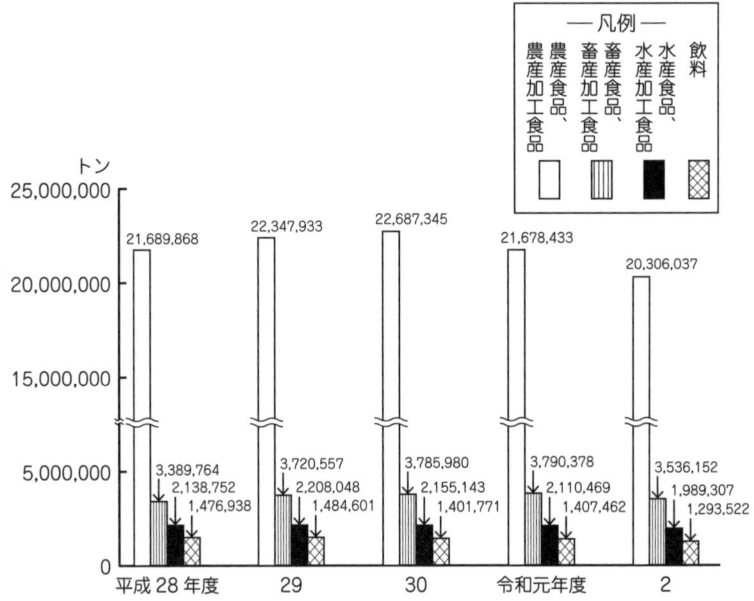

1. 平成 29 年度から令和 2 年度までの各年度のうち、「農産食品、農産加工食品」の輸入重量の対前年度増加量が最も大きいのは、平成 30 年度である。
2. 平成 29 年度の「農産食品、農産加工食品」の輸入重量を 100 としたときの令和 2 年度のそれの指数は、90 を下回っている。
3. 令和 2 年度における「飲料」の輸入重量の対前年度減少率は、8%を下回っている。
4. 図中の各年度のうち、「畜産食品、畜産加工食品」の輸入重量と「水産食品、水産加工食品」の輸入重量との差が最も大きいのは、令和元年度である。
5. 平成 28 年度から令和 2 年度までの 5 年度における「水産食品、水産加工食品」の輸入重量の 1 年度当たりの平均は、210 万トンを下回っている。

少し数値が大きく、暗算、概算では厳しい選択肢もあります。本番で後回しにするかどうかも考えながら、解いてみてください。

1（誤）「農産食品、農産加工食品」の平成29年度→30年度は、22,347,933→22,687,345で400,000まで増加していません。

一方、平成28年度→29年度は、21,689,868→22,347,933で、600,000以上増加しています。

よって、対前年増加量は、平成29年度＞平成30年度となり、最も大きいのは平成30年度ではありません。

2（誤）「農産食品、農産加工食品」の平成29年度→令和2年度は、22,347,933→20,306,037ですから、減少量は2,100,000以下で、これは22,347,933の10%に及びません。

よって、平成29年度を100とした令和2年度の指数は90を上回っています。

3（誤）「飲料」の令和元年度→2年度は、1,407,462→1,293,522ですから、減少量は114,000弱で、これが1,407,462の8%を下回るかは微妙です。

ここは、後回しでOK！

きちんと計算すると、次のようになり、8%を上回っています。

(1,407,462 − 1,293,522) ÷ 1,407,462
= 113,940 ÷ 1,407,462
≒ 0.081

4（正）各年の「畜産食品、畜産加工食品」と「水産食品、水産加工食品」の差を見ると、1,600,000以上あるのは、平成30年度と令和元年度なので、この2年度について、計算して確認すると、次のようになります。

頭の3～4桁で十分だよ。

平成30年度　3,785,980 − 2,155,143 = 1,630,837
令和元年度　3,790,378 − 2,110,469 = 1,679,909

よって、最も大きいのは令和元年度です。

5（誤）平成28年度～令和2年度の「水産食品、水産加工食品」について、210万トン＝2,100,000（トン）との過不足を確認します。

5年度のうち、2,100,000を下回っているのは令和2年度のみで、不足分は120,000に及びません。

しかし、平成29年度と30年度で、それぞれ100,000以上、50,000以上超過しており、この2年度だけで150,000以上超過しています。

よって、不足分より超過分のほうが大きく、5年度の平均は、210万トンを上回っています。

正解 ⇒ 4

過去問研究 20 構成比の円グラフ

2011年以降、資料解釈の最後の位置で、2016年以降は、No.24で出題されています。2か年の構成比の円グラフで、各項目の2か年の実数を比較させるなど、面倒な選択肢が多いです。

資料解釈4問の中では、ダントツにレベルが高いので、本番では捨てることも考えられます。ただ、最近は、標準レベルの選択肢も含まれているなど、正解に辿り着くのが以前と比べて容易になりましたので、本番では時間の許す範囲でトライしてみてください。

パターン34−1

2023年 出題

次の図から確実にいえるのはどれか。

高齢者の消費生活相談件数の構成比の推移

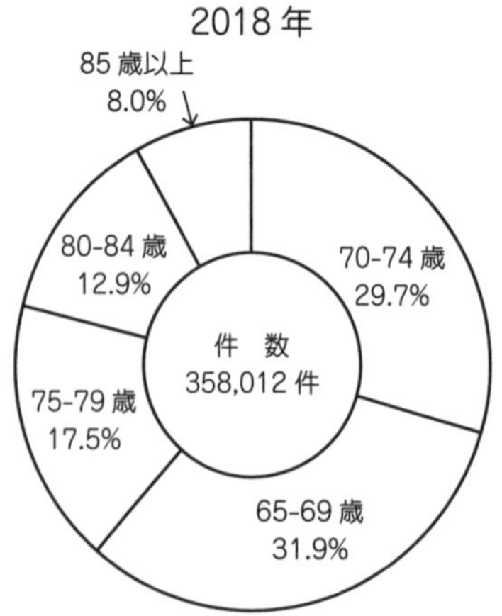

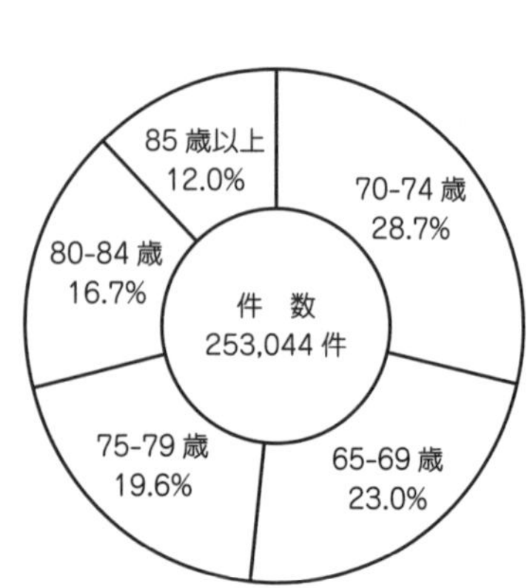

1. 2018年における「70-74歳」の相談件数に対する「80-84歳」の相談件数の比率は、2021年におけるそれを上回っている。
2. 図中の各区分のうち、2018年に対する2021年の相談件数の減少数が最も大きいのは、「70-74歳」である。
3. 2021年の「85歳以上」の相談件数は、2018年のそれの1.1倍を上回っている。
4. 消費生活相談件数の合計の2018年に対する2021年の減少数に占める「65-69歳」のそれの割合は、50%を超えている。
5. 2018年の「75-79歳」の相談件数を100としたときの2021年のそれの指数は、80を上回っている。

本問の選択肢は、個人差もありますが、易～標準レベルが3つ、難レベルが2つと考えられます。正解肢が後者にある場合は、本番ではどうするかということも考えてみてくださいね。

1（誤） 同じ年における、「70-74歳」に対する「80-84歳」の比率ですから、構成比の比率だけで判断できます。

たとえば、2018年なら、$\frac{358{,}012 \times 12.9\%}{358{,}012 \times 29.7\%} = \frac{12.9\%}{29.7\%}$ だからね。

まず、2018年は、29.7％に対する12.9%で、半分もありませんが、2021年は、28.7%に対する16.7%で、半分を超えます。

よって、前者は後者を下回っています。

2（誤） 2018年→2021年で、構成比がけっこう減少している「65-69歳」と比較してみます。

2018年は、「65-69歳」のほうが「70-74歳」より構成比が大きいので、相談件数は「65-69歳」＞「70-74歳」となりますが、2021年は、「70-74歳」のほうが構成比が大きいので、「65-69歳」＜「70-74歳」となります。

すなわち、相談件数が逆転したということは、「65-69歳」のほうがより減少していると判断でき、減少数が最も大きいのは「70－74歳」ではありません。

3（誤） 2018年→2021年で、「件数」は358,012→253,044で、約$\frac{5}{7}$倍になっており、「85歳以上」

350,000：250,000 ＝7：5だからね。

の構成比は、8.0％→12.0％で、$\frac{3}{2}$倍になっています。

これより、「件数×構成比」のおよその数は、

$$\frac{5}{7} \times \frac{3}{2} = \frac{15}{14} \text{（倍）}$$

となり、1.1倍には及ばないと判断できます。

4（正） 2018年→2021年で、件数は358,012→253,044で、約105,000減少しています。

また、「65-69歳」については、2018年は、358,012の31.9％で、110,000強ですが、2021年は、253,044の23.0％で、50,000～60,000となり、減少数は50,000～60,000です。

そうすると、105,000のうちの、50,000～60,000なので、50％を超えるかどうかは微妙ですね。

これは後回しだね。

きちんと計算すると、次のようになります。

件数の減少数　358,012 − 253,044 = 104,968　…①

「65 − 69歳」の減少数　358,012 × 0.319 − 253,044 × 0.23
≒ 114,206 − 58,200
= 56,006　…②

②÷①　56,006 ÷ 104,968 ≒ 0.534

よって、約53.4％となり、50％を超えます。

5（誤） 2018年→2021年で、「件数」は約$\frac{5}{7}$倍になっており、「75-79歳」の構成比は、17.5％→19.6％で、1.1倍強になっています。

これより、「件数×構成比」が、0.8倍を上回っているかは微妙です。

きちんと計算すると、次のようになります。

肢4とこれのどっちかを計算するか、正解っぽいと思うほうを選んでやめるかの選択だね。
ちなみに、$\frac{19.6}{17.5} \times \frac{5}{7}$を計算すると、ちょうど0.8になるんだけど、$\frac{253,044}{358,012}$は$\frac{5}{7}$よりちょっと小さいので、0.8より小さいと判断できるね。

$$(253{,}044 \times 0.196) \div (358{,}012 \times 0.175)$$
$$\fallingdotseq 49{,}597 \div 62{,}652$$
$$\fallingdotseq 0.792$$

よって、2018 年を 100 とした 2021 年の指数は約 79.2 で、80 を下回っています。

正解 ⇨ 4

パターン34−2

2022年 出題

次の図から確実にいえるのはどれか。

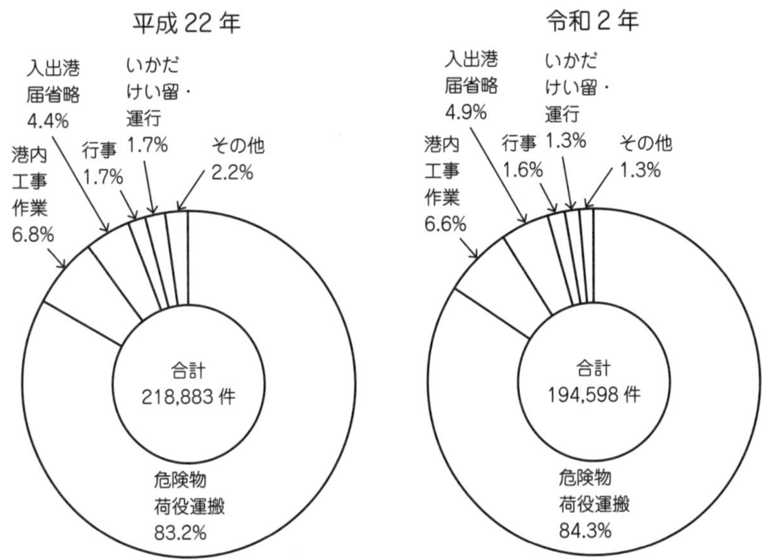

1. 港内交通に関する許可件数の合計の平成 22 年に対する令和 2 年の減少数に占める「危険物荷役運搬」のそれの割合は、75%を超えている。
2. 令和 2 年の「港内工事作業」の許可件数は、平成 22 年のそれの 0.85 倍を下回っている。
3. 平成 22 年の「行事」の許可件数を 100 としたときの令和 2 年のそれの指数は、90 を上回っている。
4. 図中の各区分のうち、平成 22 年に対する令和 2 年の許可件数の減少数が最も小さいのは、「行事」の許可件数である。
5. 平成 22 年における「いかだけい留・運行」の許可件数に対する「港内工事作業」の許可件数の比率は、令和 2 年におけるそれを下回っている。

本問の選択肢も、易〜標準レベルと難レベルが半々くらいです。前問同様、本番のことも考えて解いてみましょう。

1（誤） 平成22年→令和2年で、「合計」は218,883→194,598で、約24,000減少しています。

また、「危険物荷役運搬」については、平成22年は、218,883の83.2％で、180,000程度ですが、令和2年は、194,598の84.3％で、160,000程度となり、減少数は20,000程度です。

そうすると、約24,000のうちの、20,000程度なので、75％を超えるかどうかは微妙ですね。

きちんと計算すると、次のようになります。

前問の肢4と同じタイプだね。このタイプは面倒なのが多いかも。

合計の減少数　　218,883 − 194,598 = 24,285　…①

「危険物荷役運搬」の減少数　　218,883 × 0.832 − 194,598 × 0.843

≒ 182,111 − 164,046

= 18,065　…②

②÷①　　18,065 ÷ 24,285 ≒ 0.744

よって、約74.4％となり、75％を超えません。

2（誤） 平成22年→令和2年で、合計は約24,000の減少で、これは218,883の約11％です。また、「港内工事作業」の構成比（％）は、6.8→6.6で、0.2減っており、これは6.8の約3％です。

そうすると、「合計×構成比」については、11％と3％を合わせた14％程度の減少と推測できますので、0.85倍を上回ると推測できます。

きちんと計算すると、次のようになります。

(194,598 × 0.066) ÷ (218,883 × 0.068)

≒ 12,843 ÷ 14,884

≒ 0.863

3（誤） 平成22年→令和2年で、合計だけでも10％以上減少しており、「行事」の構成比も1.7％→1.6％と減少していますので、「合計×構成比」は、当然10％以上減少しています。

よって、平成22年を100とした令和2年の指数は90を下回っています。

4（誤）「行事」と、構成比が「行事」と比較的近く、平成 22 年→令和 2 年で構成比が増加している「入出港届省略」について、減少数を計算して比較すると、次のようになります。

前問の肢 2 と同じタイプだけど、ここは、前問のような明らかなものがないので、お手上げかな！
ちなみに、「危険物…」は、肢 1 でわかるように、構成比は増加しているけど、構成比そのものが大きいと、減少数も大きくなるから、構成比が近いのと比較してみよう。

「行事」　218,883 × 0.017 − 194,598 × 0.016
≒ 3,721 − 3,114
＝ 607
「入出港届省略」　218,883 × 0.044 − 194,598 × 0.049
≒ 9,631 − 9,535
＝ 96

よって、減少数が最も小さいのは「行事」ではありません。
ちなみに、他の区分の減少数を確認すると、次のようになります。

「危険物荷役運搬」　肢 1 より、18,065
「港内工事作業」　肢 2 より、14,884 − 12,843 ＝ 2,041
「いかだけい留・運行」　218,883 × 0.017 − 194,598 × 0.013
≒ 3,721 − 2,530
＝ 1,191
「その他」　218,883 × 0.022 − 194,598 × 0.013
≒ 4,815 − 2,530
＝ 2,285

5（正）同じ年における、「いかだけい留・運行」に対する「港内工事作業」の比率ですから、構成比の比率だけで判断できます。

まず、平成 22 年は、1.7％に対する 6.8％で、ちょうど 4 倍ですが、令和 2 年は、1.3％に対する 6.6％で、5 倍以上あります。

よって、前者は後者を下回っています。

前問の肢 1 と同じタイプだけど、このタイプは割と楽に判断できそうだね。本問は、面倒なのを後回しにして、肢 5 に辿り着けば、そこそこの時間で正解できたね。

正解 ⇒ 5

memo

#8 特別区の空間把握

対象範囲 ▶ No.25 ～ No.28

頻出テーマは、ほぼ固定！

基本情報

2015 年までは 3 問の出題でしたが、2016 年以降は 4 問出題されており、No.25 ～ 28 が、「空間把握の枠」となっています。

下記のデータからもわかるように No.25 ～ 28 のそれぞれで、ほぼ出題テーマが決まっており、東京都と同様、最後は「移動と軌跡」です。

空間把握の出題傾向も、東京都と似ていますので、東京都編の問題も解いておきましょう。

データ

特別区Ⅰ類の空間把握の 2023 年までの出題データは、次のとおりです。

特別区Ⅰ類　2023 年までの 10 年間の出題内容

	2023	2022	2021	2020	2019	2018	2017	2016	2015	2014
No.25	サイコロ	展開図	円の分割	立体の切断	展開図	展開図	サイコロ	展開図		
No.26	折り紙	パズル	パズル	パズル	パズル	折り紙	パズル	折り紙	一筆書き	パズル
No.27	立体の切断	投影図	投影図	投影図	投影図	立体の切断	積み木	立体の切断	投影図	積み木
No.28	移動と軌跡	移動と軌跡	移動と軌跡	移動と軌跡	移動と軌跡	移動と軌跡	移動と軌跡	移動と軌跡	移動と軌跡	移動と軌跡

※ 2015，2014 年の出題番号は No.22 ～ 24

特別区Ⅰ類　2023 年までの 20 年間のテーマ別の出題数

	移動と軌跡	パズル	展開図	投影図	切断	サイコロ	折り紙	一筆書き	積み木	その他
2014～2023 年	10	5	4	4	4	3	3	2	2	1
2004～2013 年	11	6	3	2	1	2	1	2	1	1
合計	21	11	7	6	5	5	4	4	3	2

2016年以降、No.26には「パズル」または「折り紙」(「パズル」の一種)、No.28には「移動と軌跡」(「円の回転」含む)が定位置で出題されています。

また、No.25には、「サイコロ」と「展開図」、No.27には「立体の切断」と「投影図」が主に出題されており、問題番号ごとに出題テーマがほぼ決まっているようです。

No.28の「移動と軌跡」は、東京都と同様に、軌跡の長さや面積を求める問題(前ページの表の色つき部分が該当)も出題されていますが、東京都ほど多くはありません。

表の出題数で「その他」が少ないことからわかるように、頻出テーマ以外の問題はほとんど出題されておらず、奇をてらった問題もありませんので、最近の頻出テーマを中心に過去問で対策しましょう。東京都の過去問も参考になると思います。

過去問研究21 移動と軌跡

東京都と同様、空間把握の最後の問題(No.28)は、例年、移動と軌跡(円の回転を含む)で締めくくられています。

図形が移動したときのある点が描いた軌跡の形や、移動後の図形の向きなどを求める問題が主流ですが、近年では、軌跡の長さや移動範囲の面積などを求める、数的推理の「図形の計量」タイプの問題もよく出題されており、けっこうな難問も多いので、対策が必要です。

パターン35

2023年 出題

次の図のように、一辺の長さ a の正方形を組み合わせた図形がある。今、この図形が直線上を矢印の方向に滑ることなく1回転したとき、点Pが描く軌跡の長さはどれか。ただし、円周率は π とする。

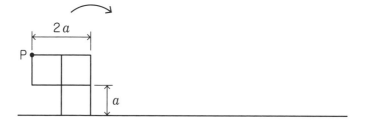

1. $\frac{7+4\sqrt{2}}{4}\pi a$

2. $(2+\sqrt{2})\pi a$

3. $\frac{1+\sqrt{2}+\sqrt{5}}{4}\pi a$

4. $\frac{5+\sqrt{2}+\sqrt{5}}{4}\pi a$

5. $\frac{5+4\sqrt{2}+\sqrt{5}}{4}\pi a$

図形の形は異なりますが、似たような問題が、2016 年と 2009 年にも出題されています。このタイプはやや面倒な計算が必要になる可能性が高く、本番で手をつけるかどうかは、時間配分を考えて決めたほうがいいでしょう。

図１のように、図形の各頂点をＱ～Ｔとして、ＱとＲを結びます。図の凹んだ部分（色のついた部分）は、直線に触れることはないので、実際には、五角形ＰＱＲＳＴが回転すると考えればいいでしょう。

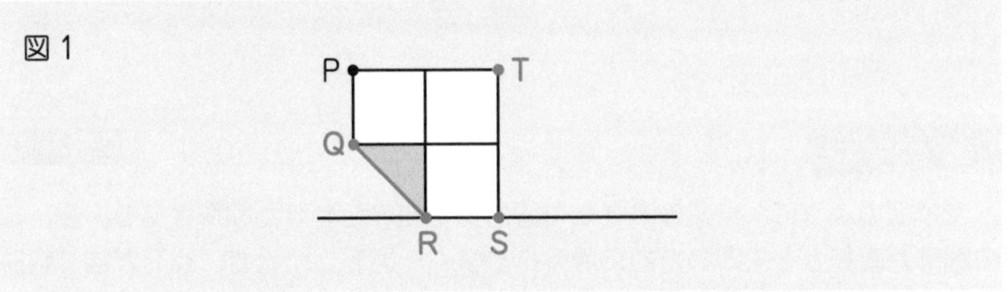

では、図形が回転する様子と点Ｐが描く軌跡について考えます。

まず、初めに、点Ｓを中心に、図２のように、90°回転し、点Ｐは図のような円弧を描きますね。この円弧の中心角は 90°で、半径はＰＳの長さになります。

図２

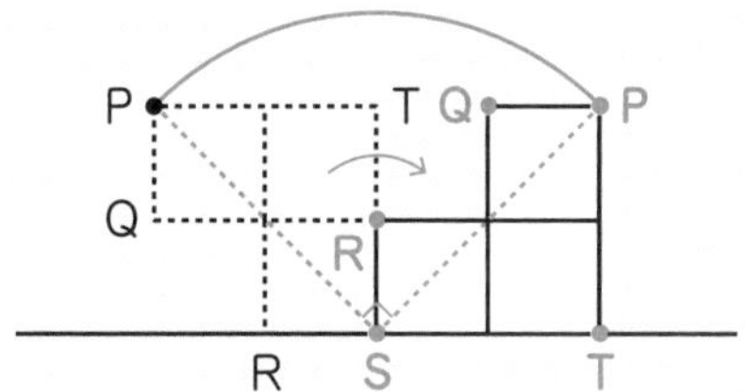

次に、点Ｔを中心に、図３のように、同じく 90° 回転し、点Ｐはやはり円弧を描き、この円弧の中心角は 90° で、半径はＰＴの長さになります。

図３

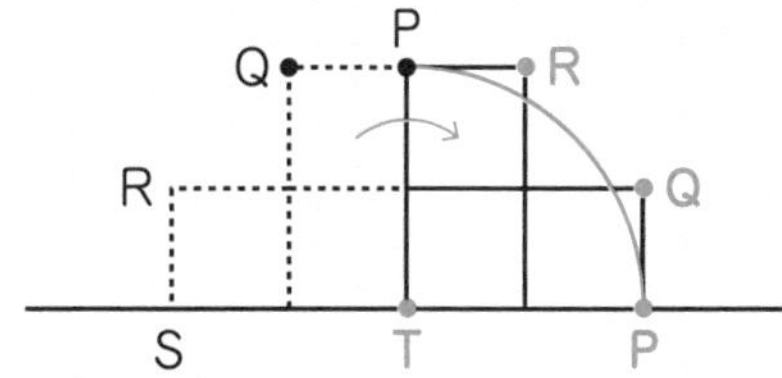

次は、点Ｐが中心になって回転しますので、点Ｐは動きませんが、この後の回転についても同様に考えると、点Ｐが描く円弧は、次のような大きさになるとわかります。

中心角　→　回転の角度（回転の中心の外角）
半径　　→　回転の中心から点Ｐまでの長さ

すなわち、次の①〜④のような円弧を順に描くわけですね。

点Ｓを中心に回転　→　中心角 90°、半径ＰＳ　…①
点Ｔを中心に回転　→　中心角 90°、半径ＰＴ　…②
点Ｐを中心に回転　→　動かない
点Ｑを中心に回転　→　中心角 45°、半径ＰＱ　…③
点Ｒを中心に回転　→　中心角 45°、半径ＰＲ　…④

半径については、ＰＴ＝$2a$、ＰＱ＝a はわかりますが、ＰＳとＰＲの長さを確認すると、図４のようになり、△ＰＳＴは直角二等辺三角形ですから、ＰＳ＝$2\sqrt{2}a$ となります。

図４

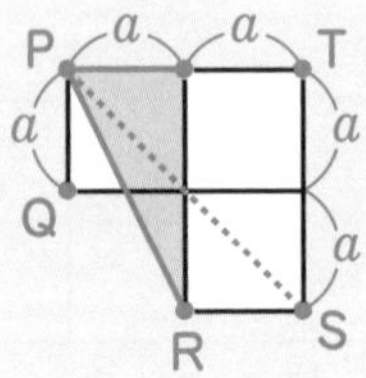

また、ＰＲについては、図４の色のついた直角三角形から、三平方の定理（巻末公式集 11）より、

$$
\begin{aligned}
\mathrm{PR}^2 &= a^2 + (2a)^2 \\
&= a^2 + 4a^2 \\
&= 5a^2 \\
\therefore \mathrm{PR} &= \sqrt{5a^2} = \sqrt{5}a
\end{aligned}
$$

となります。

円弧の長さ（半径 r）

$= 2\pi r \times \dfrac{中心角}{360°}$

これより、①～④の円弧の長さを求めます。

① $2\pi \times 2\sqrt{2}a \times \dfrac{90}{360} = 4\sqrt{2}\pi a \times \dfrac{1}{4} = \sqrt{2}\pi a$

② $2\pi \times 2a \times \dfrac{90}{360} = 4\pi a \times \dfrac{1}{4} = \pi a$

③ $2\pi a \times \dfrac{45}{360} = 2\pi a \times \dfrac{1}{8} = \dfrac{1}{4}\pi a$

④ $2\pi \times \sqrt{5}a \times \dfrac{45}{360} = 2\sqrt{5}\pi a \times \dfrac{1}{8} = \dfrac{\sqrt{5}}{4}\pi a$

①＋②＋③＋④

$$
\begin{aligned}
&\pi a\left(\sqrt{2} + 1 + \frac{1}{4} + \frac{\sqrt{5}}{4}\right) \\
&= \pi a\left(\frac{4\sqrt{2}}{4} + \frac{4}{4} + \frac{1}{4} + \frac{\sqrt{5}}{4}\right) \\
&= \frac{5 + 4\sqrt{2} + \sqrt{5}}{4}\pi a
\end{aligned}
$$

よって、正解は肢５です。

正解 ⇒ 5

パターン36

2018年 出題

次の図のように、重心Oを中心として矢印の方向に等速度で１分間に１回転している正三角形がある。今、正三角形の重心Oを通る直線ＡＢ上を、点Ｐが位置Ａから位置Ｂまで１分間かけて等速度で進むとき、点Ｐが描く軌跡はどれか。

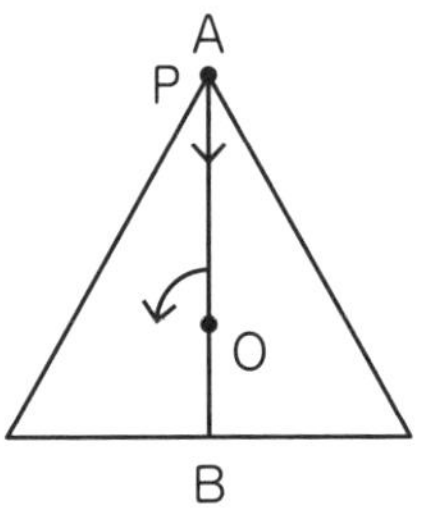

1.

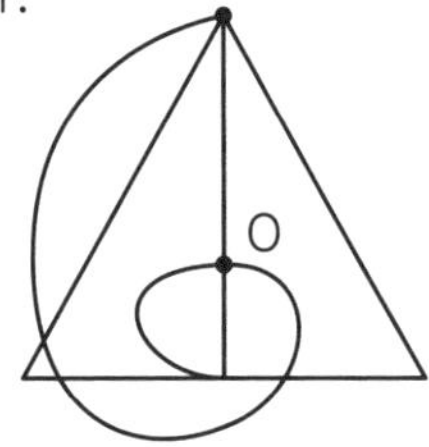

2.

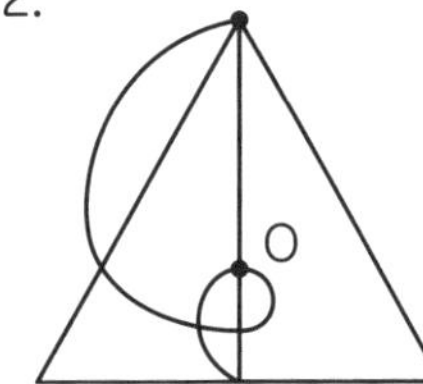

3.

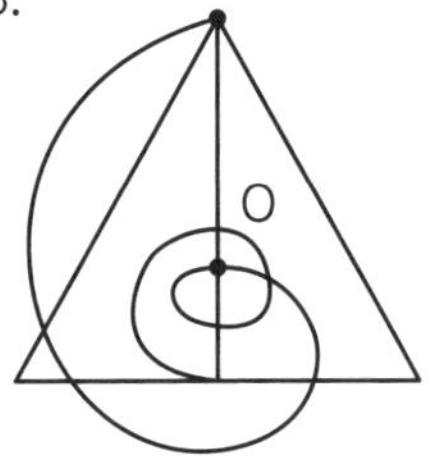

4.

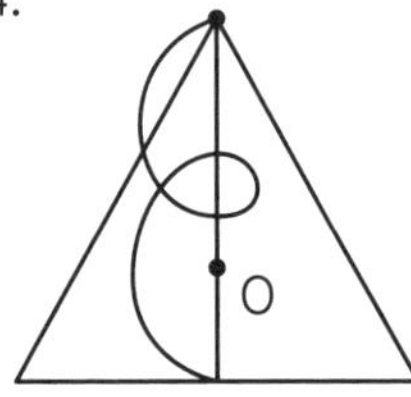

5.

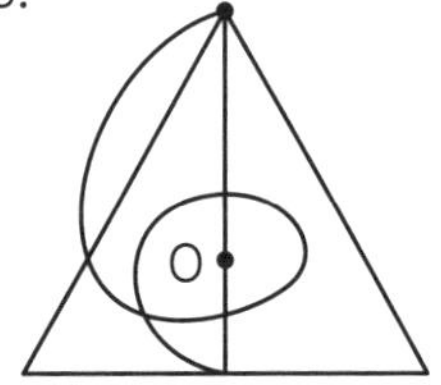

ほぼ同じ問題が2006年にも出題されています。実際に軌跡を描かなくても、わかりやすい通過点を確認して、選択肢を消去していけばいいですね。

わかりやすいところで、$\frac{1}{3}$回転するごとの点Pの位置を確認してみます。

まず、スタートから$\frac{1}{3}$回転したところで、直線ＡＢの向きは図１のようになり、点PはＡＢ上を$\frac{1}{3}$だけ進んで、図のP_1の位置にいることがわかります。

さらに、もう$\frac{1}{3}$回転したところでは、直線ＡＢの向きは図２のようになり、点Pも、ＡＢ上をさらに$\frac{1}{3}$進んで、ちょうど重心Oの位置にいます（P_2）。

「三角形の重心の定理」（巻末公式集 14）より、ＡＯ：ＯＢ＝２：１だからね。

そして、$\frac{1}{3}$回転して、ちょうど１回転となり、図３のように、直線ＡＢは元の向きに戻って、点Pは位置Bに辿り着いています（P_3）。

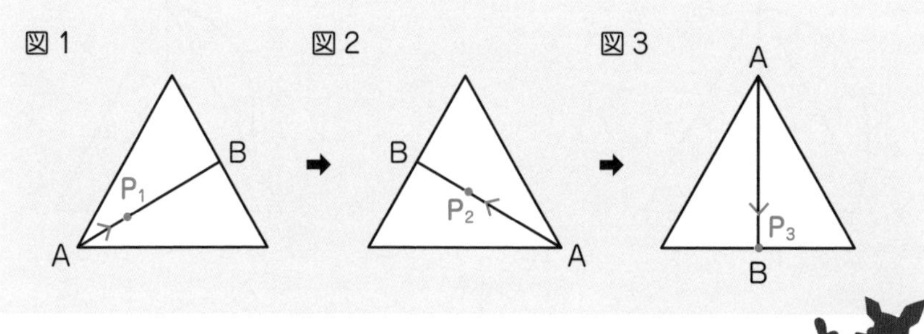

これより、選択肢を確認すると、肢４と肢５は、重心Oを通っていないので消去できます。

重心Oは、回転の中心で固定だし、ＡＢ上にあるんだから、ここを通ってないのは論外だよね！

また、肢１と肢３は、図４のように、P_1に該当する点より先に重心O（P_2）を通っており、順番が合いません。

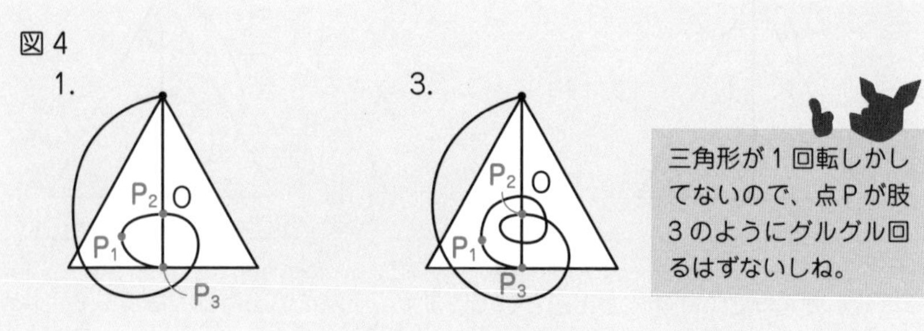

三角形が１回転しかしてないので、点Pが肢３のようにグルグル回るはずないしね。

残る肢２については、図５のように、スタート（P_0）→P_1→P_2→P_3の順に軌跡を描いており、順番が合致します。

図５

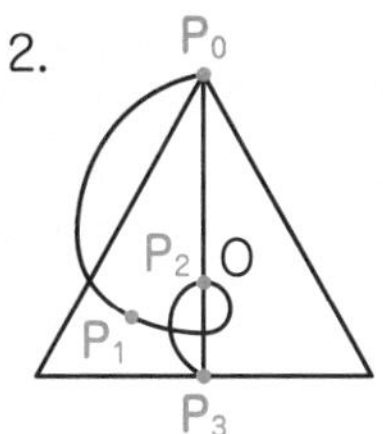

もう少し細かく描くと、軌跡の形状も確認できるけど、必要ないからね。

よって、正解は肢２です。

正解 ⇒ 2

過去問研究 22　パズル

最近は No.26 の位置で、割と頻繁に出題されています。

ピースを組み合わせて図形を完成させる典型的なパズルの問題が主流ですが、その他にも色々なタイプが出題されています。東京都に比べると難問は少なく、標準的なレベルの問題が中心です。

パターン37　　2019年 出題

次の図のような、小さな正方形を縦に４個、横に６個並べてつくった長方形がある。今､小さな正方形を６個並べてつくった１～５の５枚の型紙のうち、４枚を用いてこの長方形をつくるとき、**使わない**型紙はどれか。ただし、型紙は裏返して使わないものとする。

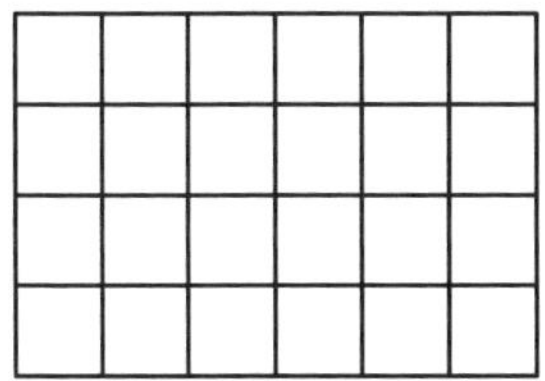

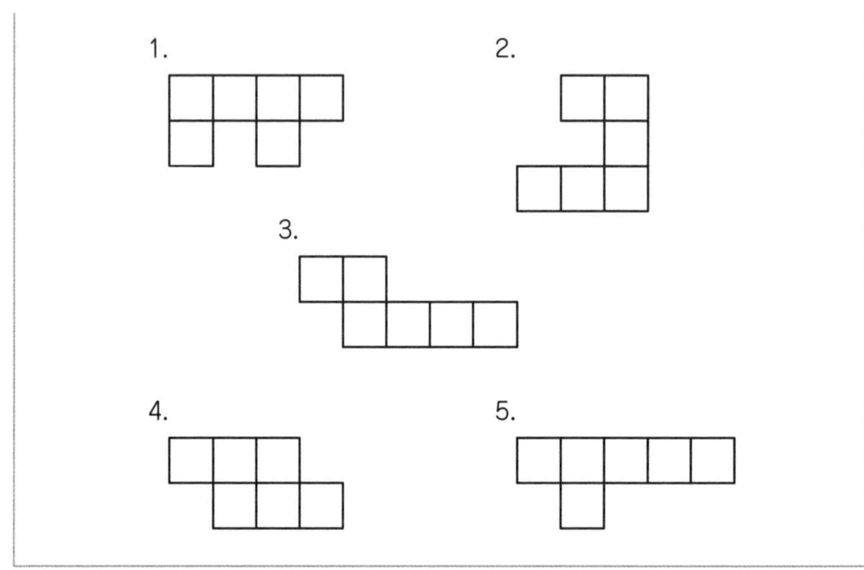

同じパターンの問題が 2009 年と 2017 年にも出題されています。まずは、入るところが限られている型紙からはめてみましょう。

1 ～ 5 の型紙を、4 × 6 の長方形にはめていきます。入るところが限られている型紙を考えて、**横幅が 5** である**肢 3 と肢 5** に着目します。これらの型紙は、縦に置くことができませんね。

では、肢 3 の型紙から入るところを確認すると、図 1 の①～⑥の 6 通りがあります。しかし、⑥以外は、**×の部分を埋める型紙がありません**ので、この型紙が入れる場所は⑥に決まります。

もちろん、6 通り描くことはないよ。適当になぞって、確認するだけでＯＫ！

図 1

①

②

③

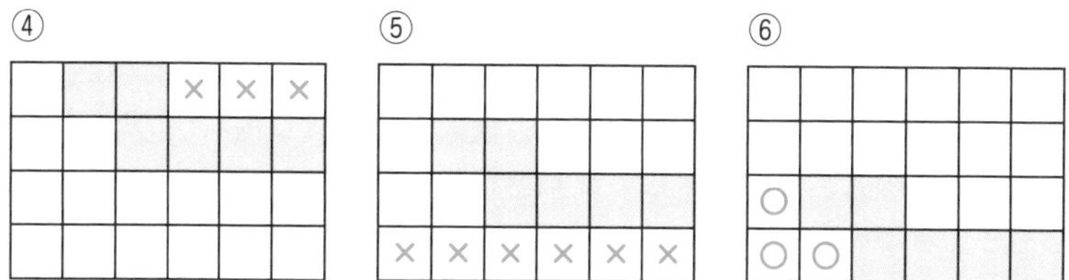

では、図１の⑥のように肢３を入れ、次に、左下の○の部分を埋める型紙を探すと、図２のように、肢１または肢２が考えられます。

しかし、肢２の場合、やはり、×の部分を埋める型紙がなく、肢１のほうに決まります。

肢５を裏返せば入るけど、それはできないからね。

図２

⑥-1

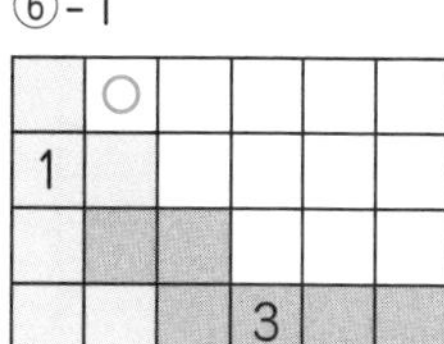

⑥-2

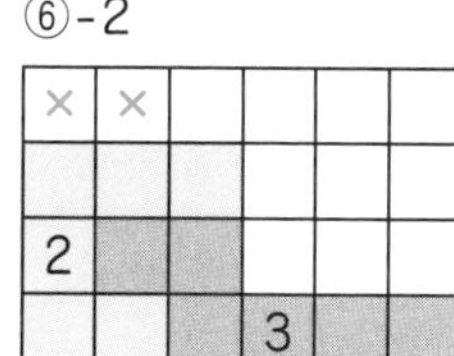

同様に、図２の⑥-1のように肢１を入れ、さらに、左上の○の部分を埋める型紙を探すと、図３のように、肢４に決まり、残る部分に肢２が入り、完成します。

図３

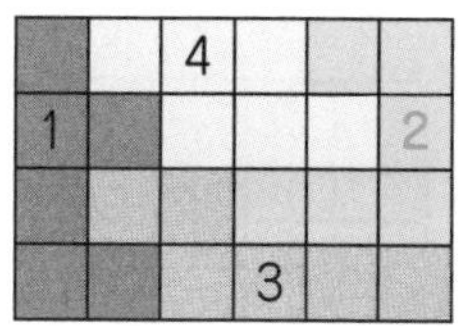

よって、使わないのは肢５の型紙で、正解は肢５です。

正解⇒ 5

パターン38

2011年 出題

次の図のように模様を描いたガラス板Aとガラス板Bがある。今、この２枚のガラス板を重ね合わせたとき、できる模様として**有り得ない**のはどれか。ただし、ガラス板A、Bは裏返して重ね合わせることも、回転させて重ね合わせることもできるものとする。

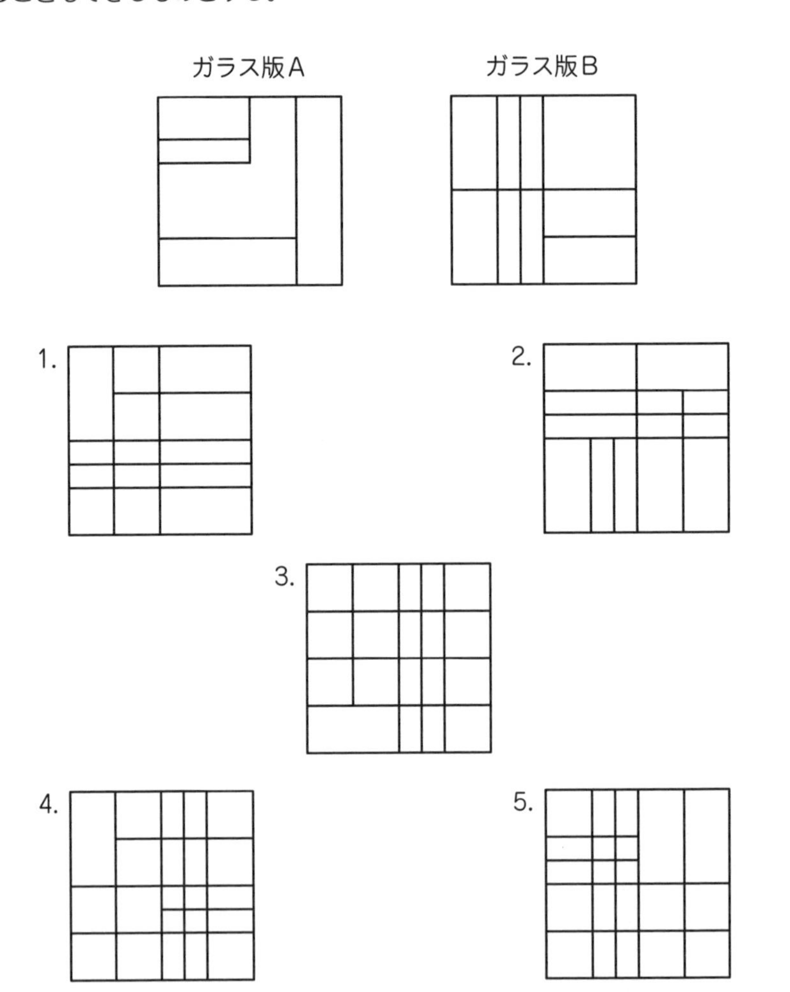

同じような問題が2006年にも出題されています。あり得ないものが見つかればいいですが、あり得るものを消去していくほうが早いかもしれません。本問は、裏返しも可能なので、注意が必要です。

まず、特徴的なところとして、図１のように、Ｂの太線で示した、**縦の線３本と、その真ん中に交わる横の線１本**の位置に着目します。Ａの模様と、Ｂの残る１本の線は、図のように①～③とします。

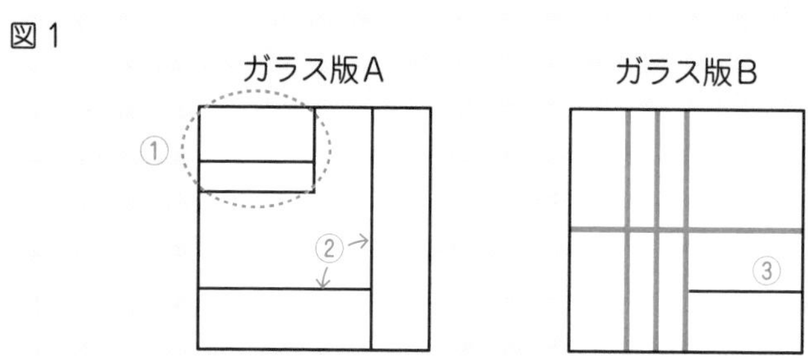

これより、選択肢の図について、初めにＢの太線部分を確認し、残った線について、Ａの①，②の部分と、Ｂの残る線③の位置を確認します。

ガラス板は裏返すことができますので、注意しながら見ていきましょう。

肢１　Ｂの太線部分は、図２のようになり、③の線も図の位置とわかります。さらに、残る線について、Ａの②の部分と重なりますので、Ａの模様は図３のように描かれているとわかり、本肢はあり得ます。

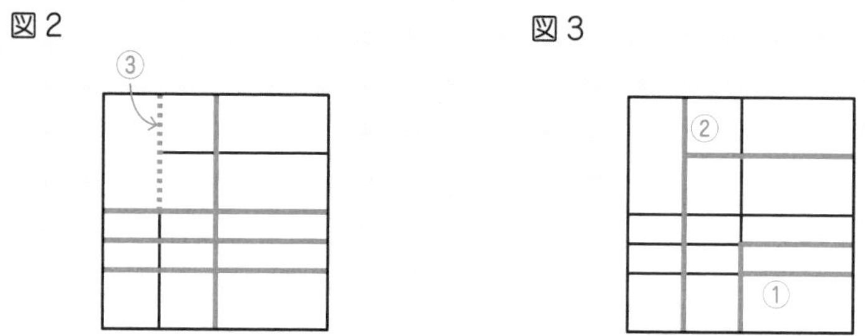

肢２　Ｂの太線部分は図４のようになり、③の線は図のいずれかとなります。残る線について、Ａの模様は図５のように描かれているとわかり、本肢はあり得ます。

図4

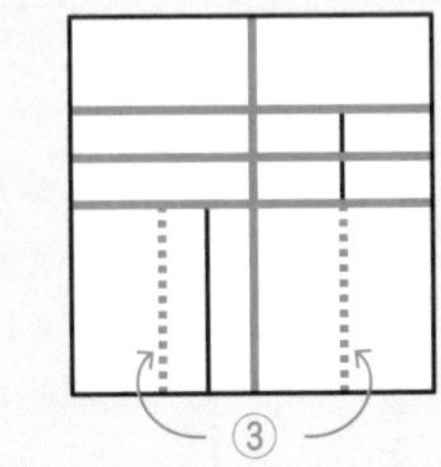

③

図5

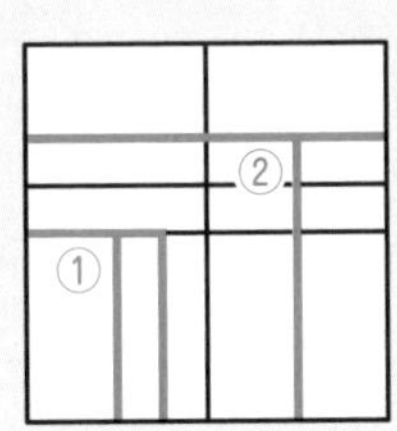

肢3　Bの太線部分は図6のようになり、③の線は図のいずれかとなります。残る線について、Aの②は図7の位置に決まりますから、これによって①の位置も決まります。

しかし、この場合、図の×のついた線に当たる線がなく、このような模様ができることはあり得ません。

図6

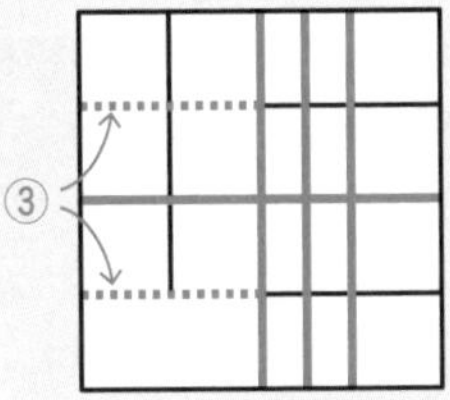

③

図7

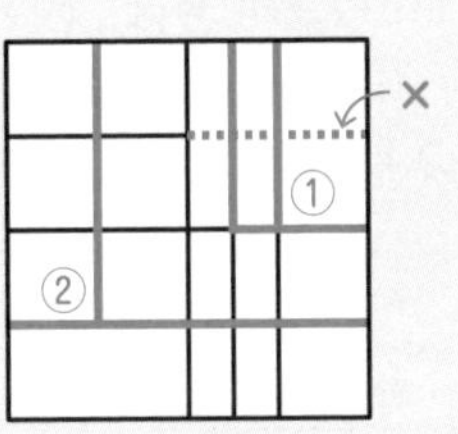

肢4　Bの太線部分は図8のようになり、③の線も図の位置とわかります。残る線について、Aの模様は図9のように描かれているとわかり、本肢はあり得ます。

図8

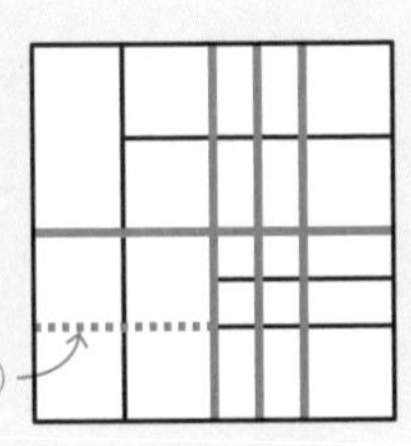

図9

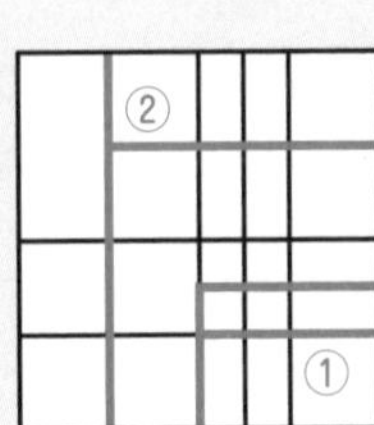

肢 5　Bの太線部分は図 10 のようになり、③の線も図の位置とわかります。残る線について、Aの模様は図 11 のように描かれているとわかり、本肢はあり得ます。

図 10

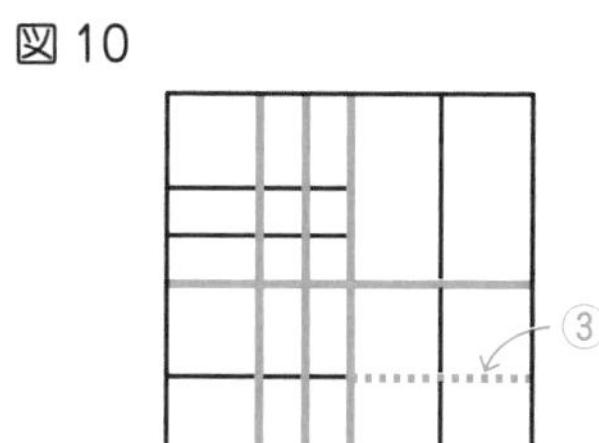

図 11

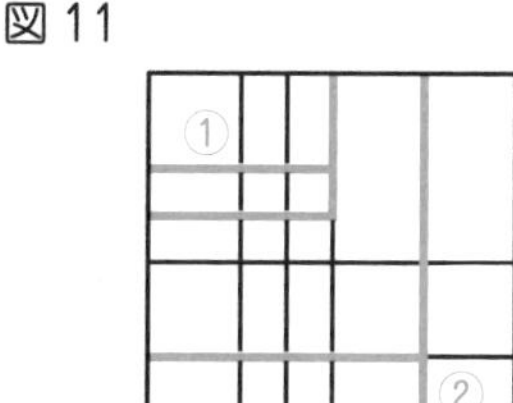

よって、正解は肢 3 です。

正解 ⇒ **3**

過去問研究 23　展開図

最近は、2 年に 1 問くらいの頻度で、No.25 の位置で出題されています。立方体、正八面体と、立方体を組み合わせた階段型の立体の 3 タイプが出題されており、立方体と正八面体は、面の位置関係を見ることで、割と簡単に解けますが、階段型の立体は難問が多いです。

パターン39

2013年 出題

次の図は、正八面体の展開図に太線を引いたものであるが、この展開図を太線が引かれた面を外側にして組み立てたとき、正八面体の見え方として、有り得るのはどれか。

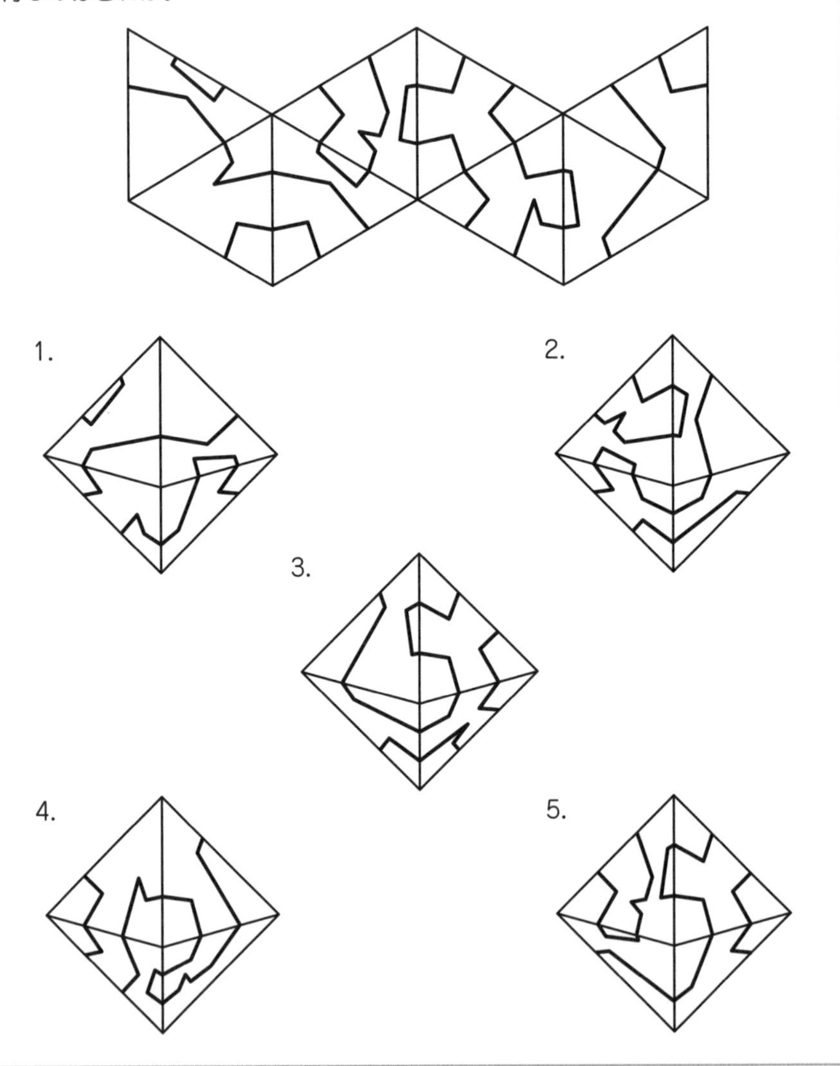

太線の形が異なるだけの問題が 2008 年に、面の柄が他の模様に変わっただけの問題が 2019 年に出題されています。選択肢の図のどれか 1 面に着目して、展開図のどの面に当たるか探してみてください。

図１のように、正八面体の各面をア〜クとして、組み立てたときに重なる辺を調べます。

正八面体の展開図で、最小の角をなす辺は、図の①の３組で 120°です。これらが最初に重なり、次に②→③と重なることになり、これによって、隣り合う面が確認できますね。

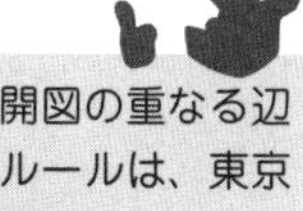

展開図の重なる辺のルールは、東京都編パターン 41 で確認してね。

図１

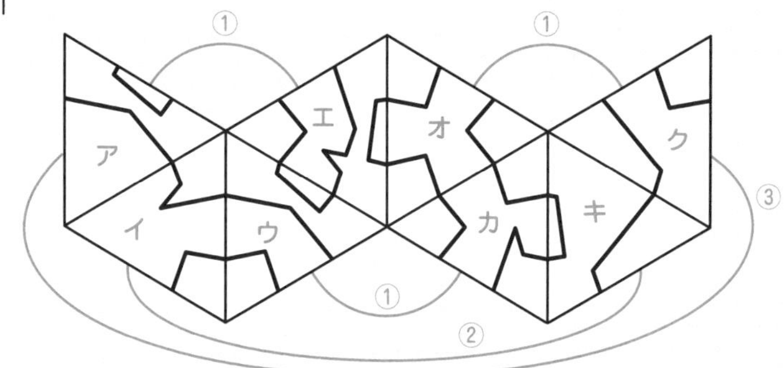

では、これをもとに、選択肢のような見え方があり得るか確認します。

まず、肢１について、図２のように、右上の面ＡＢＣに着目し、太線の形が合致する面を図１から探すと、アの面とわかります。

もちろん、どの面でもOK！
太線の特徴がわかりやすのがいいかな。

これより、図３のように、展開図のアの面にも対応するＡ〜Ｃを記入すると、辺ＡＢをはさんで隣り合うのはイの面となりますが、肢１のアの面の左隣の面はイの面とは太線の形状が異なりますね。確認すると、キの面とわかります。

よって、肢１はあり得ません。

図２

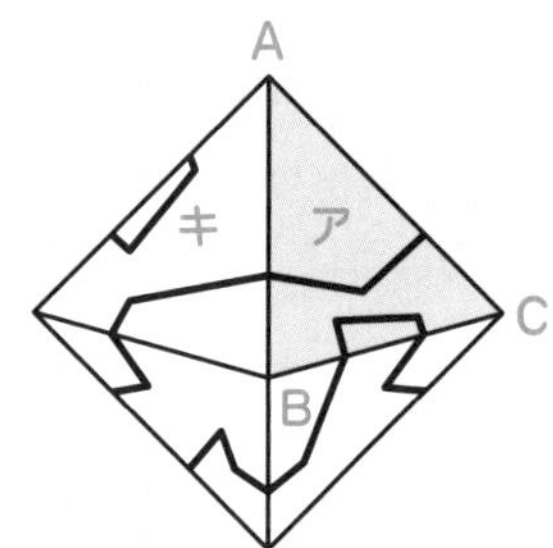

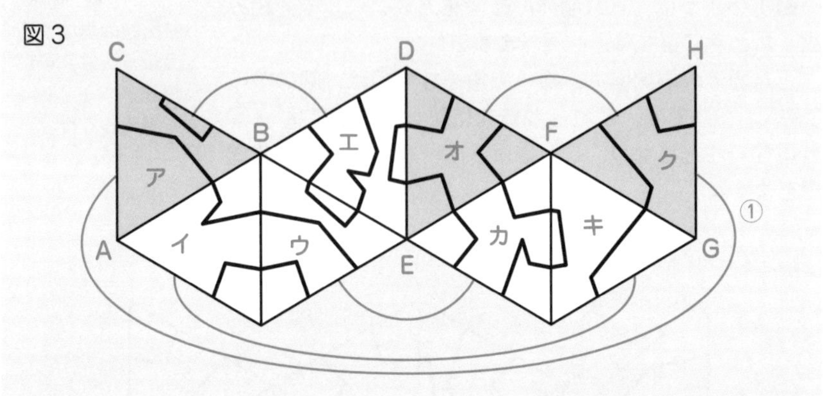

次に、肢3と肢5について、図4のように、右上の面DEFはいずれもオの面で、同様に、図3にD～Fを記入すると、辺DEをはさんで隣り合うのはエの面、辺EFをはさんで隣り合うのはカの面となります。

しかし、肢3のオの面の左隣の面はエの面ではなくキの面で、また、肢5のオの面の左隣はエの面ですが、下の面がカの面ではなくクの面となり、いずれもあり得ないとわかります。

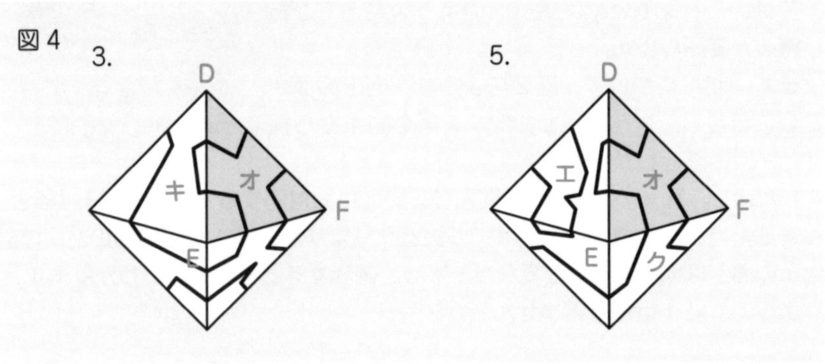

同様に、肢4について、図5のように、右上の面FGHはクの面で、図3から辺GHをはさんで隣り合う面を確認するとアの面となりますが、肢4のクの面の左隣の面はイの面で、これもあり得ません。

残る肢2については、図6のように、展開図と合致します。

図 5

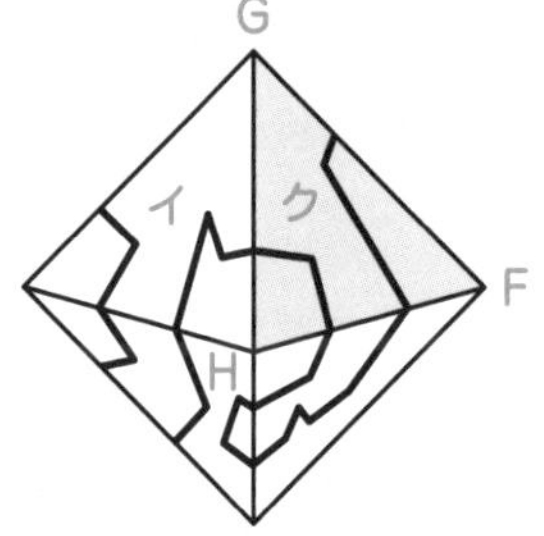

図 6

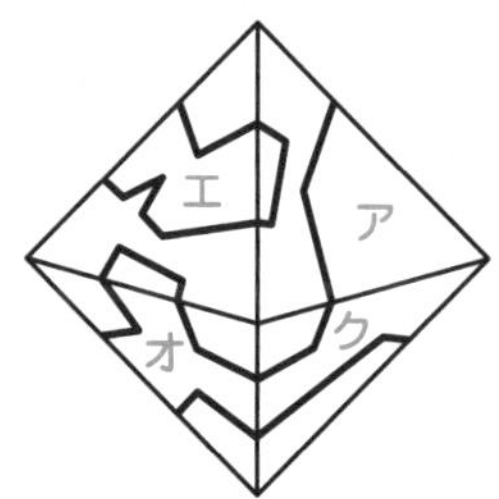

よって、正解は肢 2 です。

正解 ⇒ 2

過去問研究 24 投影図

立体を、正面、側面、真上から見た図などを考える問題で、ここ数年、出題頻度が上がっています。基本的には、図形を選ぶ問題になりますので、消去法で解くことになります。

パターン40

2019年 出題

次の図は、ある立体について正面から見た図及び真上から見た図を示したものである。この立体の正面に向かって左の側面から見た図として、有り得るのはどれか。

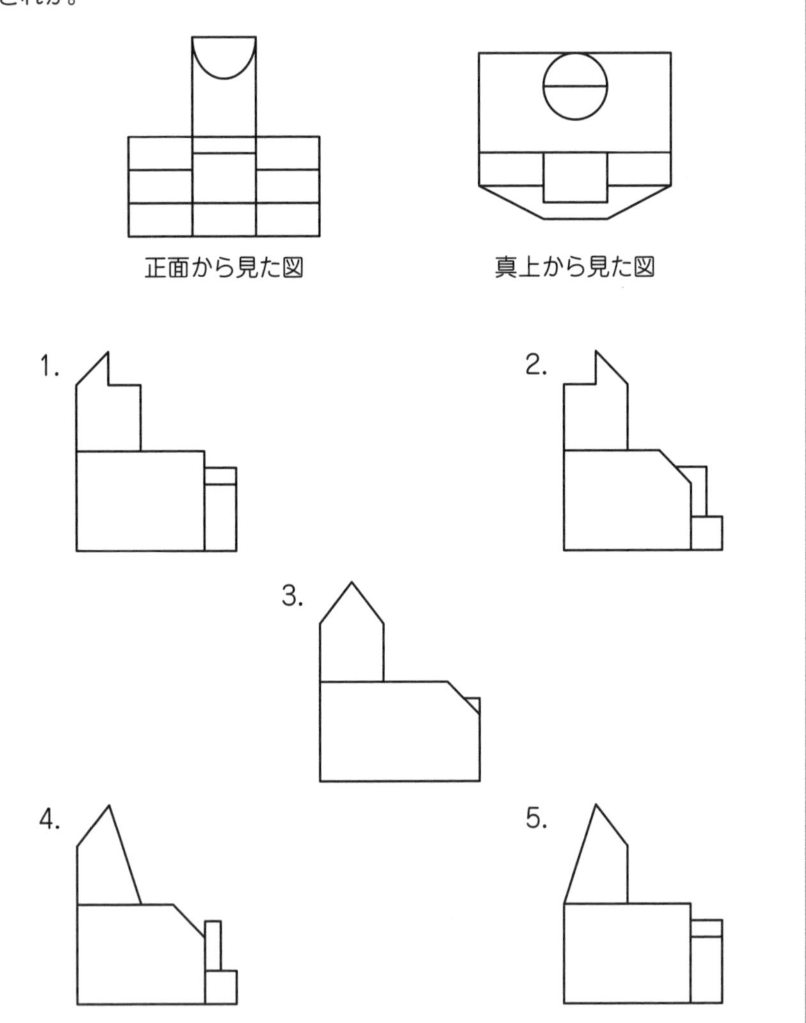

同様の問題が2015年と2006年に、すこしアレンジした問題が2022年に出題されています。わかりやすいところから見て、あり得ない選択肢を消去していきましょう。

まず、真上から見た図において、図１の色のついた面の①と②の長さに着目します。

図１

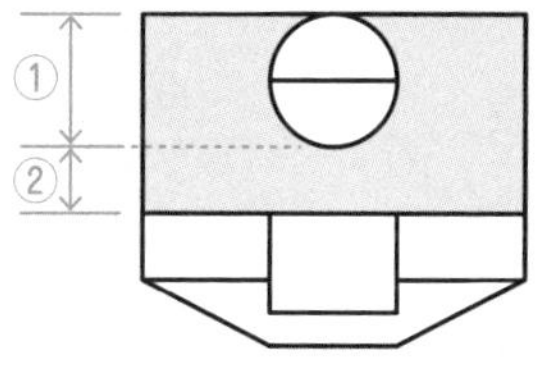

真上から見た図

この面を左側面から見ると、それぞれ、図２の太線部分となり、①と②の長さを確認すると、肢２と肢４は合致しますが、肢１，３，５はいずれも②の長さが合致しませんので、ここで消去できます。

図２

1.

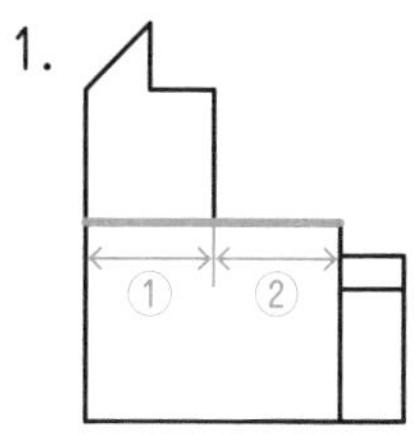

2.

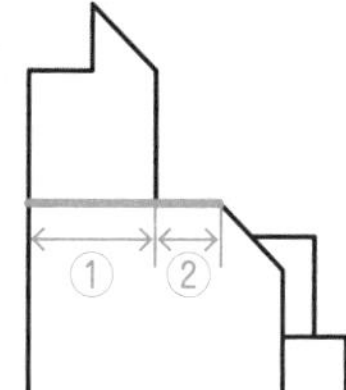

3.

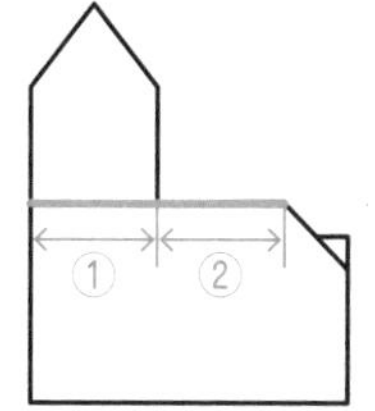

4.

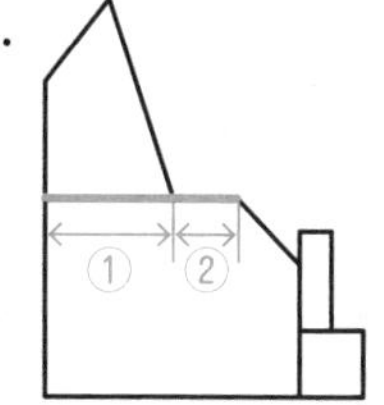

5.

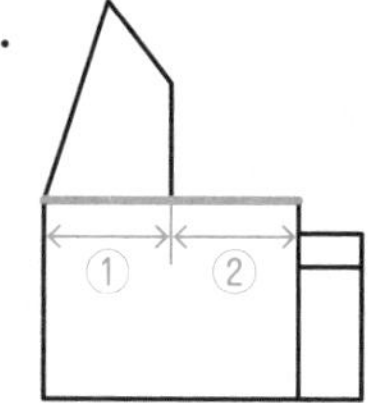

次に、残る肢２と肢４の違いを見ると、図３の色のついた斜めの直線③の違いが特徴的ですので、これについて確認すると、正面から見た図について、図４の③の見え方と合致するのは肢２のほうとわかります。

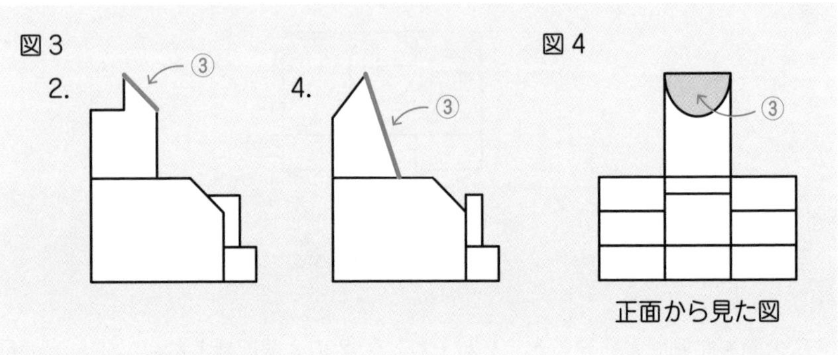

よって、正解は肢２です。

正解 ⇨ 2

過去問研究 25 立体の切断

2023 年までの 20 年間で 5 回出題されていますが、いずれも**切断面の面積**（1 回だけは線分の長さ）を求める問題で、実質的には**「図形の計量」**の問題となります。

面積を求める前に、切断面を描く必要がありますので、東京都編パターン 44 で、**切断面の描き方**も確認しておいてください。

パターン41

2016年 出題

次の図のような、1 辺の長さが 10cm の立方体がある。辺ＡＢの中点をＰ、辺ＤＥの中点をＱとして、この立方体の点Ｃ、Ｐ、Ｑを通る平面で切断したとき、その断面の面積はどれか。

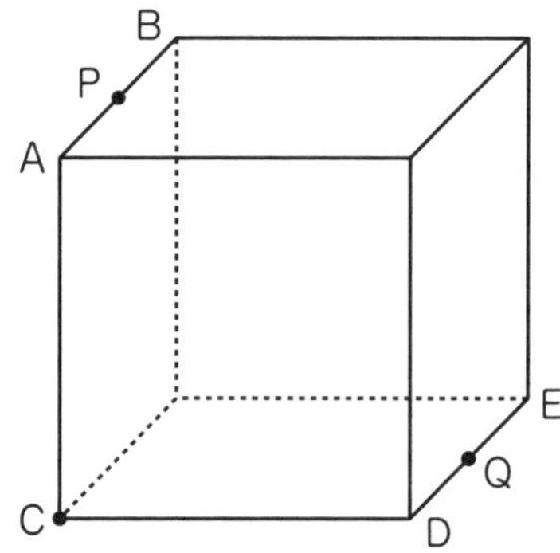

1. $25\sqrt{2}\text{cm}^2$
2. $25\sqrt{6}\text{cm}^2$
3. $50\sqrt{2}\text{cm}^2$
4. $50\sqrt{6}\text{cm}^2$
5. 125cm^2

ほぼ同じ問題が、2010 年にも出題されており、東京都Ｉ類Ｂ 2019 年でも同様の問題が出題されています。また、切断面が正三角形になる問題が、2023 年と 2018 年に出題されています。いずれも、まずは、切断面の形を正確に捉えることから始めましょう。

まず、C，P，Qを通る切断面を描いて、形を確認します。

切断面を描く手順は、東京都編パターン 44 の解説を参照してね。

最初に、CとP、CとQは、いずれも同じ面の上にありますので、図１のように、そのまま結びます。

次に、上面に入る切断線は、上面と平行である底面に入る切断線と平行になりますので、Pを通って、CQに平行な線を引くと、図２の頂点Fに辿り着きます。

P，Qは辺の中点だからね。

そうすると、FとQは同じ面の上にありますので、そのまま結ぶと、FQもまた、PCと平行になります。

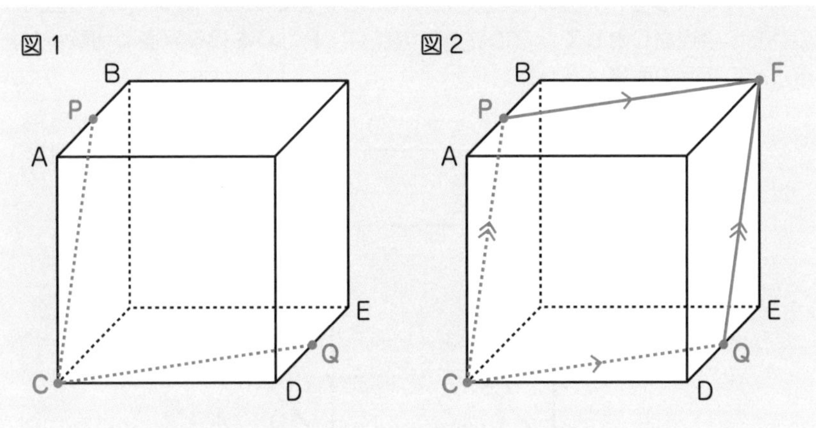

これより、切断面は四角形PCQFとなり、その４辺はいずれも、図３のような直角三角形の斜辺に当たるのがわかります。

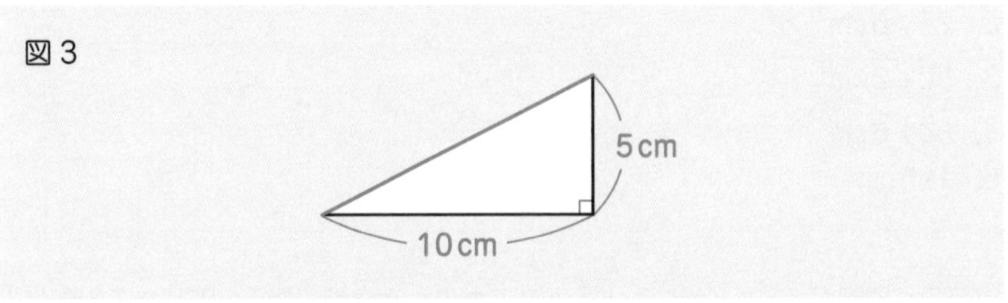

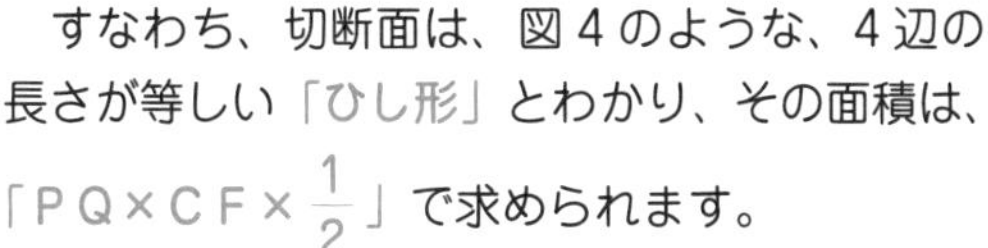

すなわち、切断面は、図４のような、４辺の長さが等しい「ひし形」とわかり、その面積は、「ＰＱ×ＣＦ×$\frac{1}{2}$」で求められます。

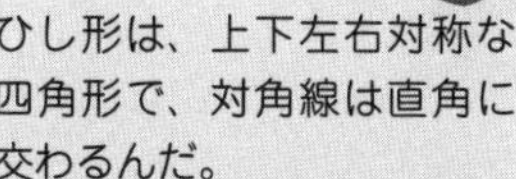

ひし形は、上下左右対称な四角形で、対角線は直角に交わるんだ。
そうすると、ＰＱ×ＣＦで、図のような長方形の面積になるから、ひし形はその半分なので､2で割ればいいね。

図４

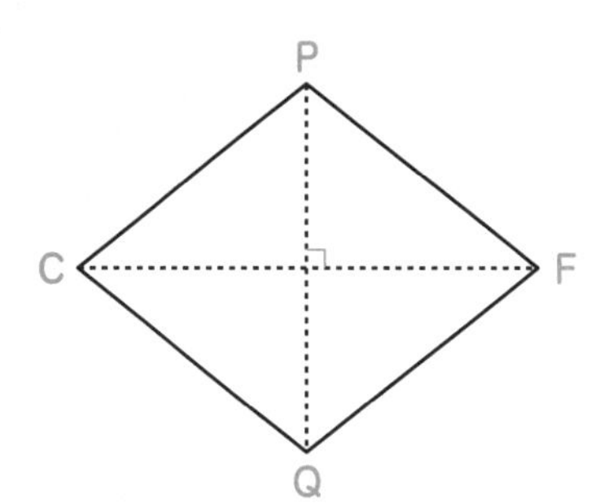

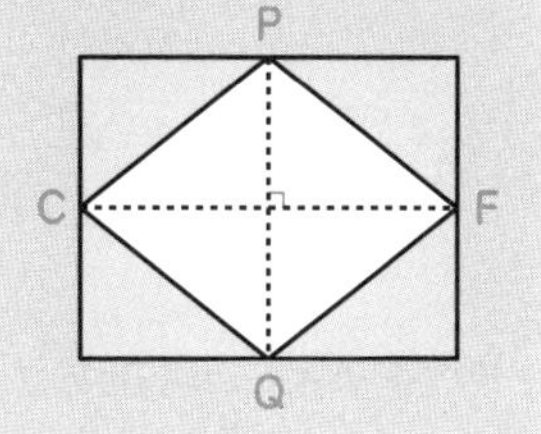

では、ここから、ＣＦとＰＱの長さを求めます。

まず、ＰＱについて、図５のように、Ｐを通って、ＡＣに平行な線ＰＲを引くと、ＰＲ＝ＱＲ＝10cmですから、図６のように、△ＰＲＱは直角二等辺三角形となり、ＰＱ＝$10\sqrt{2}$cmとわかります。

図５

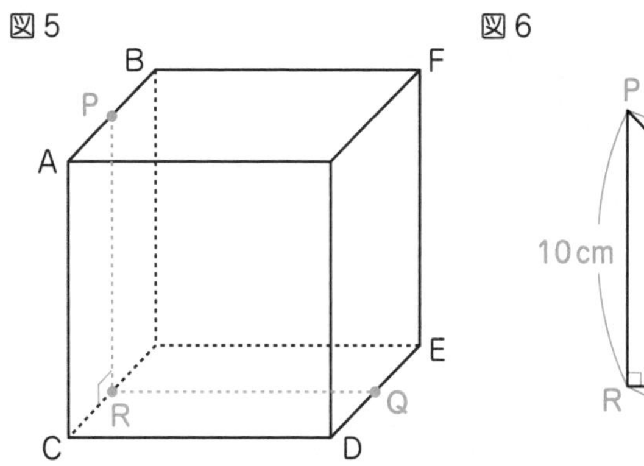

図６

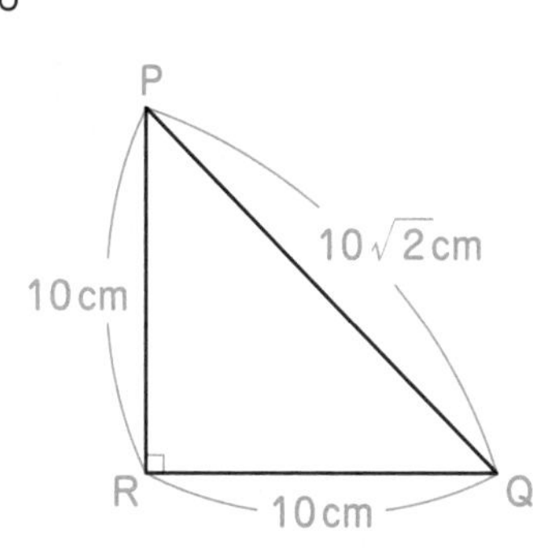

次に、ＣＦについて、図７のように、△ＣＥＦについて見ると、ＥＦ＝10cmで、ＣＥは底面の対角線ですから、ＣＥ＝$10\sqrt{2}$cmとなります。

図 7

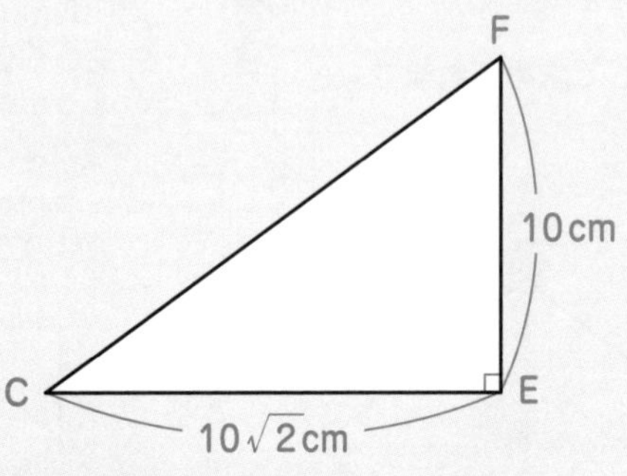

そうすると、三平方の定理より、

$$\begin{aligned} CF^2 &= 10^2 + (10\sqrt{2})^2 \\ &= 100 + 200 \\ &= 300 \end{aligned}$$

$$\therefore CF = \sqrt{300} = 10\sqrt{3}$$

となり、ここから、求めるひし形の面積は、

$$\begin{aligned} PQ \times CF \times \frac{1}{2} &= 10\sqrt{2} \times 10\sqrt{3} \times \frac{1}{2} \\ &= 50\sqrt{6}\ (\text{cm}^2) \end{aligned}$$

とわかります。

よって、正解は肢 4 です。

正解 ⇨ 4

過去問研究 26 サイコロ

1～6の目が描かれたサイコロを使った問題で、東京都では、「回転させて面の向きを考える問題」が主流ですが、特別区では、ほぼ全て一般的な「目の配置を考える問題」が出題されています。

パターン42 2023年 出題

次の図Ⅰのような展開図のサイコロ状の正六面体がある。この立体を図Ⅱのとおり、互いに接する面の目の数が同じになるように4個並べたとき、A、B、Cの位置にくる目の数の和はどれか。

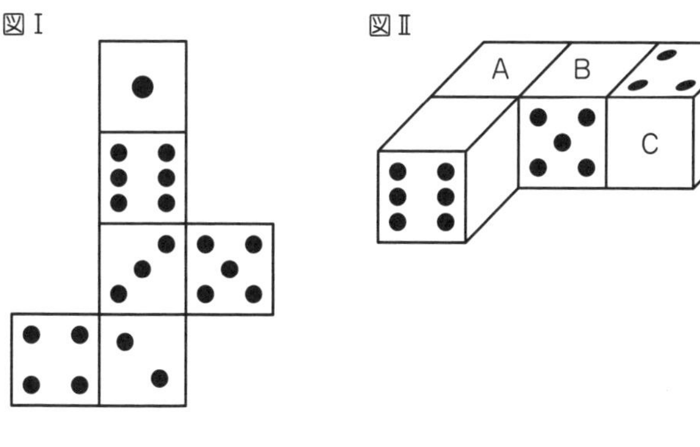

1. 9　　2. 11　　3. 12　　4. 13　　5. 17

同じパターンの問題が、2021年、2017年、2004年にも出題されています。東京都編のパターン42と同様、位相図にサイコロの目を記入して解きましょう。

まず、与えられた図Ⅰの展開図から、サイコロの向かい合う面の目の組合せは、次のようにわかります。

1と3　　2と6　　4と5

一般的なサイコロの向かい合う面の目は、和が7になるんだけど、試験問題では、こういうこともある。
立方体の向かい合う面は、展開図では、次のアとイのような位置関係になるからね。

ここで、図1のように、与えられた図Ⅱの4個のサイコロの位相図を描いて、見えている面の目の数を記入します。

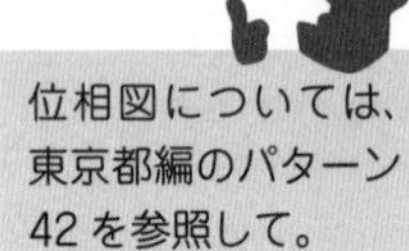

位相図については、東京都編のパターン42を参照して。

さらに、その向かい合う面の目も記入し、残る面を図のように①～⑦とします。

図1

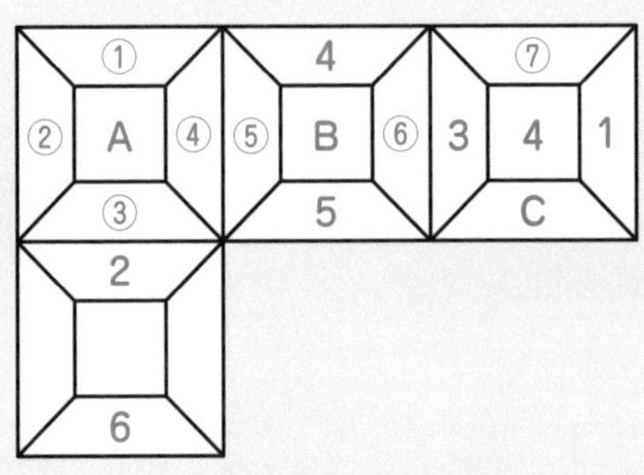

また、条件より、互いに接する面の目の数は同じなので、③は2、⑥は3となり、③の向かいの①は6、⑥の向かいの⑤は1となります。

そうすると、④も1で、その向かいの②は3とわかりますね（図2）。

図2

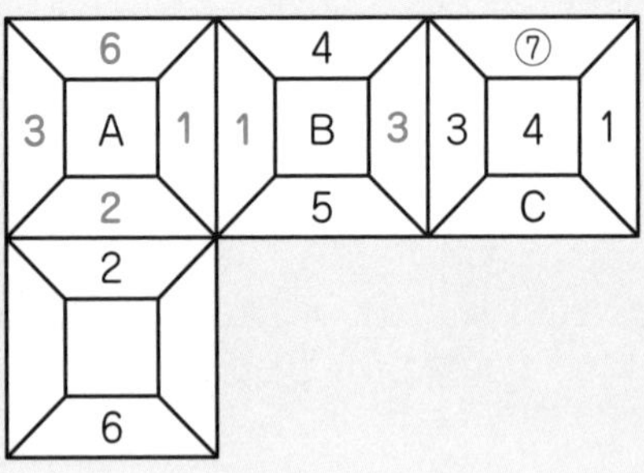

では、ここから、A～Cを調べるため、与えられた展開図から、1つの頂点に集まる目の配置を確認すると、図3のように、点Pの周りの3面は、時計回りに3→2→4と並び、点Qの周りの3面は、時計回りに2→3→5と並んでいるのがわかります。

図３

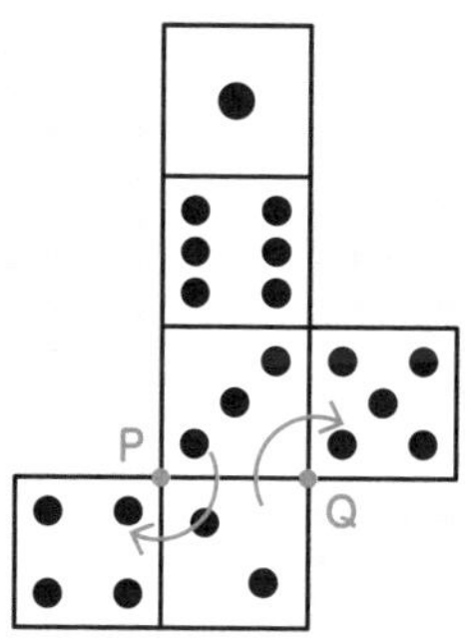

これより、まず、Ａについて見ると、１つの頂点の周りに、時計回りに２→３→Ａと並ぶのがわかりますので、この点は図３のＱで、Ａは５とわかります。また、Ｂについても同様に、時計回りにＢ→３→５と並ぶので、Ｂは２となります。さらに、Ｃについては、Ｃの向かいの⑦の面について見ると、時計回りに３→⑦→４と並ぶので、⑦は２ですから、その向かいのＣは６とわかり、図４のようになります。

立方体の展開図は、90°隣に面を移動することができるので、次のように、４の面を移動すると、反時計回りに４→３→６と並ぶことから、Ｃは６と求めることもできるね。もちろん、時計回りに３→４→６でもOK！

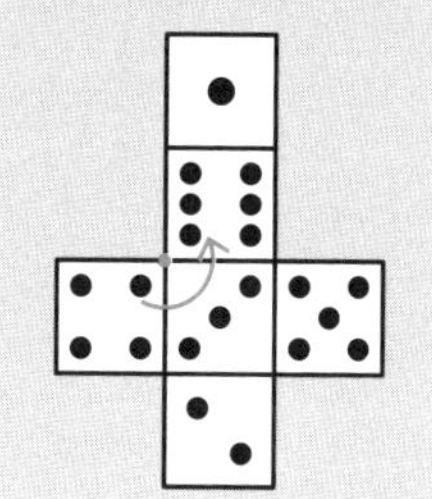

図４

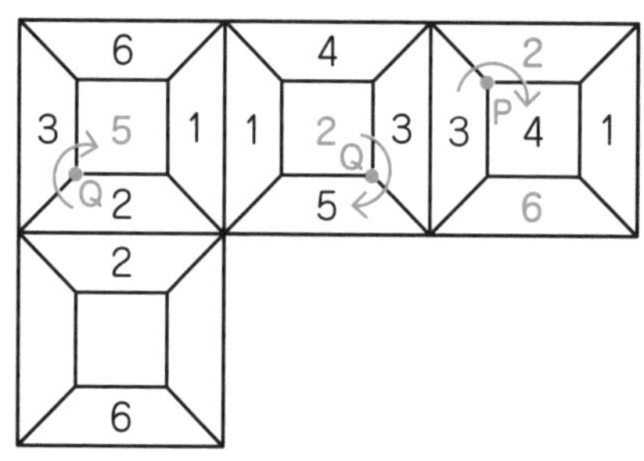

よって、Ａ～Ｃの目の和は、

５＋２＋６＝13

となり、正解は肢４です。

正解 ⇨ ４

過去問研究 27 折り紙

パズル問題の一種で、No.26 の位置で数年に 1 回出題されています。

一般的なタイプは、正方形の紙を折って一部の切断などを行い、広げたときの形状を選ぶというもので、このような問題も 2023 年までの 20 年間で 2 回出題されています。

ここでは、東京都でも出題のあった、やや応用のタイプの問題をご紹介します。

パターン43

2018年 出題

ある正方形の紙の表裏には、同じ大きさのマス目が描かれている。今、図Ⅰのように 1 ～ 36 の数字を表面に記入した後、図Ⅱのように点線に従って 4 回折り、斜線部を切り取ったとき、切り取った紙片の数字の和はどれか。

1	2	3	4	5	6
20	21	22	23	24	7
19	32	33	34	25	8
18	31	36	35	26	9
17	30	29	28	27	10
16	15	14	13	12	11

図Ⅰ

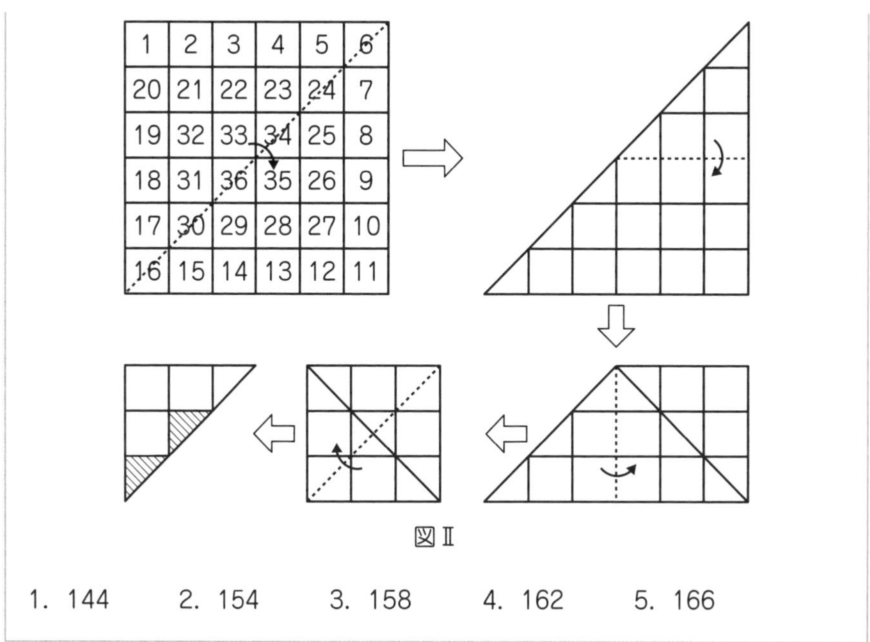

図Ⅱ

1. 144　　2. 154　　3. 158　　4. 162　　5. 166

ほぼ同じ問題が、東京都Ⅰ類Aの2023年と2011年でも出題されています。順に開いた状態を描くという、折り紙の基本セオリーに従って解いてみましょう。

まず、4回折ったあと、最後に折り込まれた部分が、初めの正方形のどの位置に当たるかを確認します。

図1のように、順に折っていく過程を、元の正方形の上で確認すると、薄い色のついた三角形の部分になり、切り取った斜線部分は、濃い色のついた部分になることがわかります。

図1

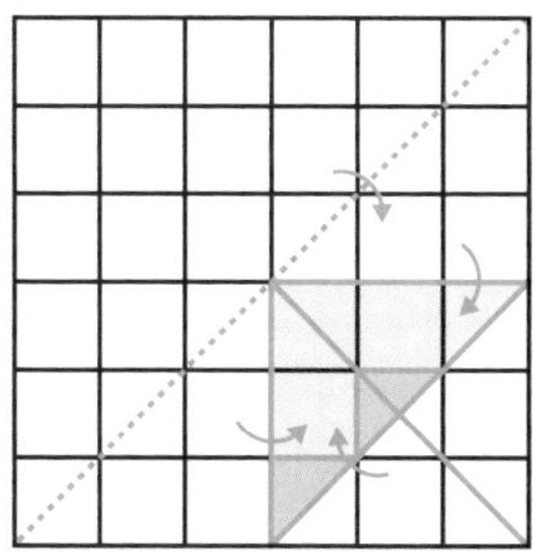

ここから、折ったときと逆順に開いて、切り取った部分を確認すると、図２のようになります。

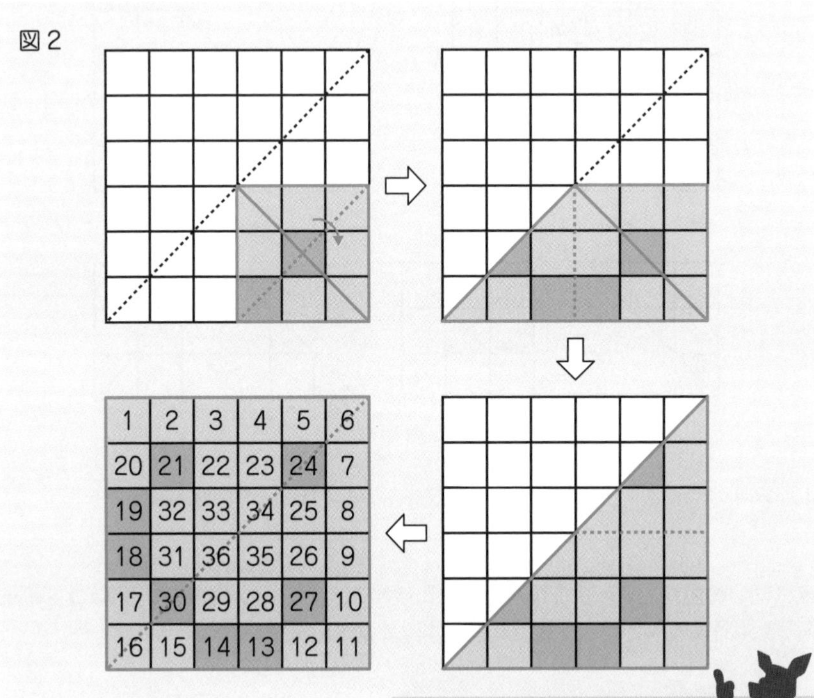

濃い色のついた部分を折り目から線対称の位置に写していくよ。問題の正方形１枚の上に全ての作業を行っていけるよね。

これより、切り取った紙片に書かれていた数字の和は、

$$21 + 24 + 19 + 18 + 30 + 27 + 14 + 13 = 166$$

となり、正解は肢５です。

正解 ⇨ 5

過去問研究 28 一筆書き

マイナーなテーマですが、特別区では2023年までの20年間で5回出題がありました。ほとんどの問題は、一筆書きができる図形の「条件」を知っていれば解けますので、まずは、その「条件」を確認してください。

パターン44

2015年 出題

次の図のような、同じ長さの線64本で構成された図形がある。今、この図形から何本かの線を取り除いて一筆書きを可能にするとき、取り除く線の最少本数はどれか。

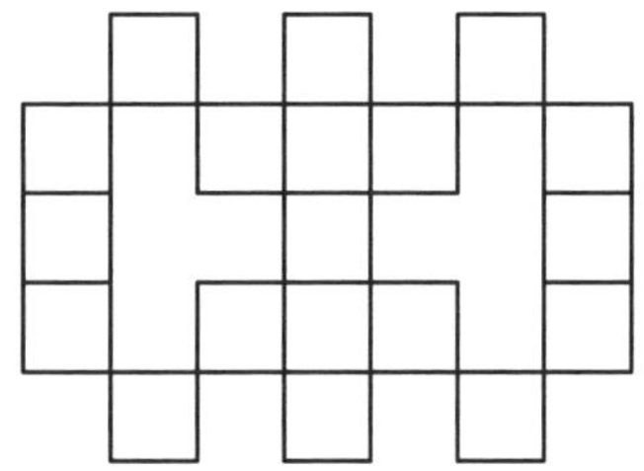

1. 2本　　2. 3本　　3. 4本　　4. 5本　　5. 6本

ほぼ同じ問題が2010年にも出題されています。線を取り除くことで、奇点を減らすことができますので、まずは、奇点の数を数えてみましょう。

一筆書きができる図形の条件は、以下のとおりです。

奇点の数が0個または2個

「奇点」とは、奇数本の線が集まる点のことで、偶数本の線が集まる点は「偶点」といいます。

たとえば、図1において、AとCには3本、BとDには2本の線が集まっていますので、AとCは奇点、BとDは偶点です。この図は、奇点が「2個」ですから、一筆書きが可能ですね。

たとえば、A→B→C→D→A→Cのように書けるね。
奇点が2個のときは、その2個が始点と終点になるよ。

図 1

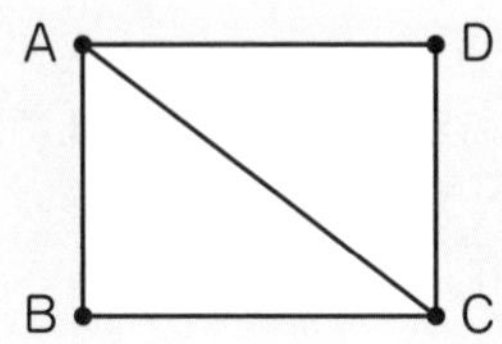

では、問題の図において、奇点を確認すると、図 2 の●のついた 8 個の点が、いずれも 3 本の線が集まる奇点とわかります。

図 2

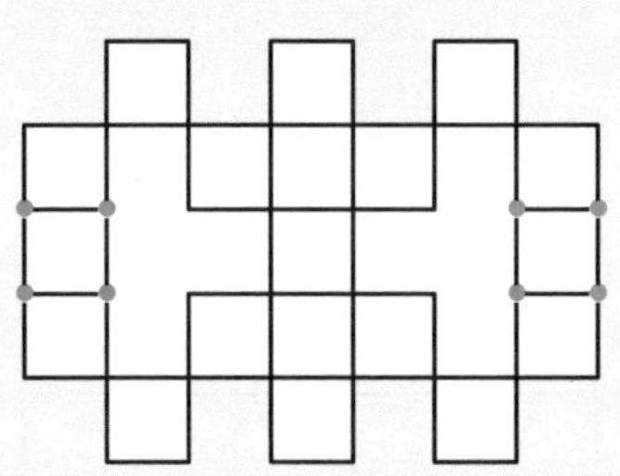

そうすると、このうちの 6 個を偶点に変えると、奇点が 2 個になりますので、そのような線の取り除き方を考えると、図 3 のように、奇点同士を結ぶ線ア～クのうちの 1 本を取ると、その線の両端の 2 点が奇点でなくなるとわかります。

たとえば、アを取り除くと、この 2 点が奇点でなくなるでしょ。

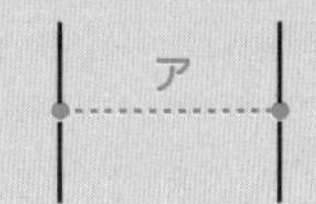

図 3

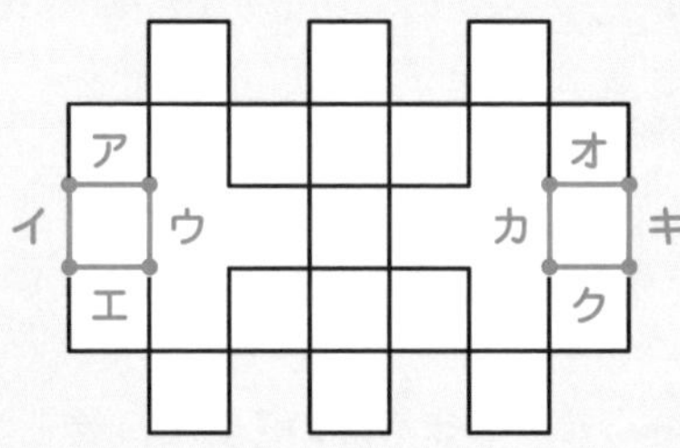

これより、8 個の奇点のうちの 2 個を結ぶ線を 3 本（3 組）取り除けば、奇点は 2 個になって、一筆書きが可能になりますね。

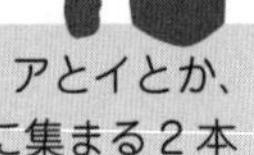

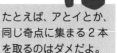

たとえば、アとイとか、同じ奇点に集まる 2 本を取るのはダメだよ。

たとえば、図 4 のように、ア，エ，オを取り除くと、奇点は●のついた２個だけになりますね。

図４

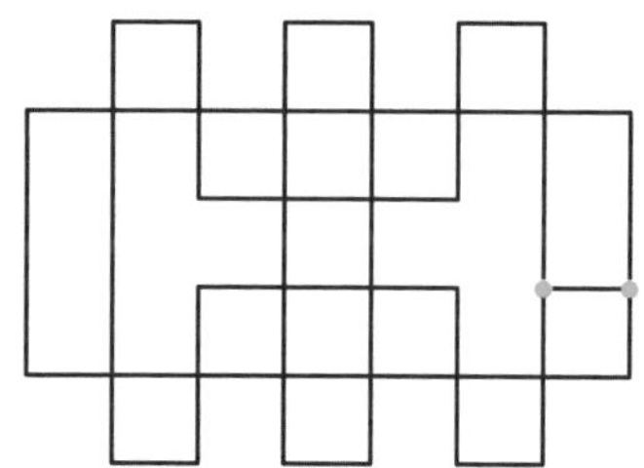

よって、正解は肢２です。

正解 ⇒ ２

過去問研究 29　積み木

一般的に「積み木」の問題というと、「一段スライス」で解く問題が多いですが、特別区でそのタイプは、2023 年までの 20 年間では、2005 年の１回だけです。こちらのタイプについては、東京都編パターン 43 で確認しておいてください。

ここでは、少し変わったタイプの問題をご紹介しておきます。

パターン45

2017年 出題

次の図のように、1 辺を 10cm とする立方体を透き間なく 77 個積み重ねた立体がある。下段から、はみ出すことなく、それぞれの上段を反時計回りに 30° 回転して配置したとき、この立体の表面積はどれか。

1. 12,600 cm^2
2. 13,000 cm^2
3. 13,400 cm^2
4. 13,800 cm^2
5. 14,200 cm^2

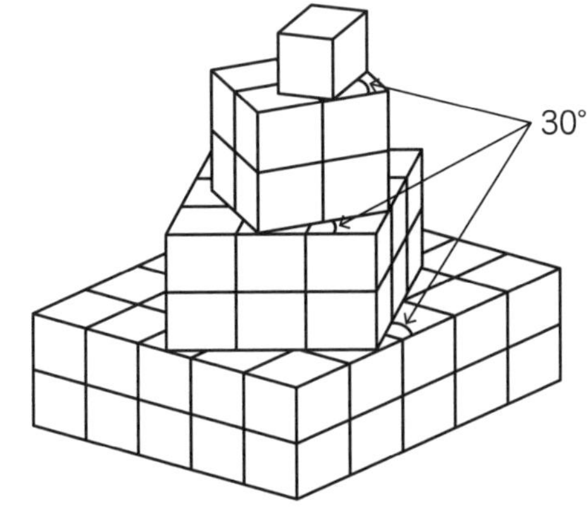

上面、底面、側面の面積をそれぞれ求めて合計します。問題は上面ですね。

図 1 のように、4 つの立体を上から A ～ D とします。

図 1

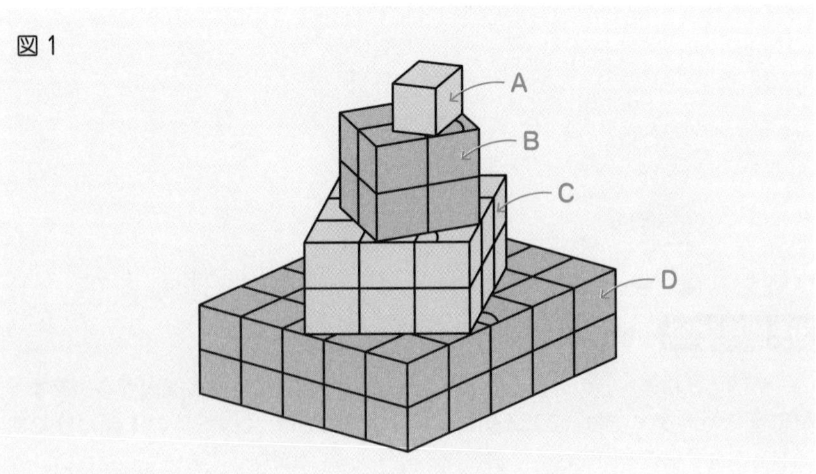

まず、底面については、A～Cは下段からはみ出ていませんので、表面に出ている部分はありませんね。一番下のDの底面は、1辺50cmの正方形になりますので、面積は次のようになります。

$$50 \times 50 = 2500 \ (\mathrm{cm}^2)$$

次に側面については、それぞれ次のようになります。

A　1辺10cmの正方形4面　→　$10 \times 10 \times 4 = 400 \ (\mathrm{cm}^2)$

B　1辺20cmの正方形4面　→　$20 \times 20 \times 4 = 1600 \ (\mathrm{cm}^2)$

C　20cm × 30cmの長方形4面　→　$20 \times 30 \times 4 = 2400 \ (\mathrm{cm}^2)$

D　20cm × 50cmの長方形4面　→　$20 \times 50 \times 4 = 4000 \ (\mathrm{cm}^2)$

最後に、上面について、全体を上から見ると、図2のようになり、それぞれの表面に出ている部分の合計は、1辺50cmの正方形となりますので、面積はDの底面と同じ2,500cm^{2}となります。

ここに気づくかがポイントだね。1つずつ求めちゃダメだよ！

図2

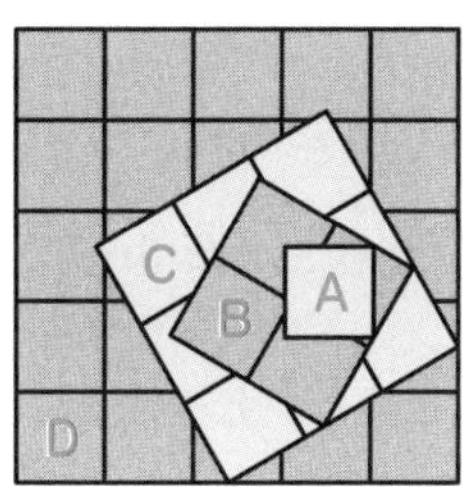

よって、表面積は、底面、側面、上面の和より、

$$2500 + 400 + 1600 + 2400 + 4000 + 2500 = 13400 \ (\mathrm{cm}^2)$$

となり、正解は肢3です。

正解 ⇨ 3

<公式・定理・法則など>

本編に掲載されている過去問を解くのに必要な、基本公式、定理、法則をまとめました。必要に応じて活用してください。

1. 場合の数

①階乗の計算

たとえば、A～Eの５人が横一列に並ぶ方法は、１人目は５人から選ぶので５通り、そのそれぞれに対して、２人目を残り４人から選ぶので４通りですから、ここまでで、$5 \times 4 = 20$（通り）の並び方があります。

さらに、そのそれぞれに対して、３人目を残り３人から…と選んでいくので、５人の並び方は、$5 \times 4 \times 3 \times 2 \times 1 = 120$（通り）となりますね。

このような計算を「５！」（「５の階乗」と読みます）と表し、公式は次のようになります。

異なる n 個を一列に並べる方法

$$n! = n \times (n-1) \times (n-2) \cdots \times 1 \text{（通り）}$$

②順列の公式

たとえば、A～Eの５人のうち３人が横一列に並ぶ方法は、①の階乗の計算を応用すると、３人だけなので、$5 \times 4 \times 3 = 60$（通り）となります。

このような方法を、「${}_5\mathrm{P}_3$」と表し、公式は次のようになります。

異なる n 個から r 個を並べる方法

$${}_n\mathrm{P}_r = \underbrace{n \times (n-1) \times (n-2) \cdots}_{r\text{個}} \text{（通り）}$$

③組合せの公式

たとえば、A～Eの５人から３人を並べる方法は、②の順列の計算より、${}_5\mathrm{P}_3 = 60$（通り）ですね。

このように順番に並べていくと、たとえば「ＡＢＣ」「ＡＣＢ」「ＢＡＣ」な

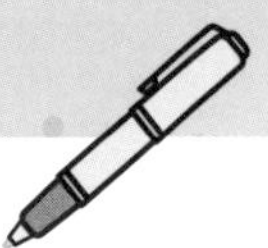

どは、同じメンバーでも順番が異なるので、別の並び方として数えられます。

しかし、3人を選ぶだけであれば、これらは同じ組合せですから1通りと数えることになりますね。

そうすると、「ＡＢＣ」の3人の並べ方は、3！＝6（通り）ありますので、それだけ同じメンバーの組合せを重複して数えており、それは「ＡＢＣ」以外の組合せも同様です。

よって、60通りを6で割って、組合せは10通りとなります。このような方法を「$_5C_3$」と表し、計算は $\frac{_5P_3}{3!}$ となりますので、公式は次のようになります。

$$\text{異なる}\,n\,\text{個から}\,r\,\text{個を選ぶ方法} \Rightarrow {}_nC_r = \frac{_nP_r}{r!}\ (\text{通り})$$

ちなみに、5人から3人を選ぶのは、残すほうの2人を選んでも同じなので、$_5C_3 = {}_5C_2$ となり、少ないほうを選んだほうが計算は楽ですね。

2. 乗法定理・加法定理

たとえば、サイコロを1回振って「1または6の目の出る確率」は、6通りの中の2通りなので、$\frac{2}{6}=\frac{1}{3}$ですが、これは「1の目の出る確率 $\frac{1}{6}$ 」＋「6の目の出る確率 $\frac{1}{6}$ 」でも求められます。

ところが、「2の倍数または3の倍数の目の出る確率」となると、6通りの中で、「2，3，4，6」の4通りなので、$\frac{4}{6}=\frac{2}{3}$ですが、「2の倍数の目の出る確率 $\frac{3}{6}$ 」＋「3の倍数の目の出る確率 $\frac{2}{6}$ 」＝ $\frac{5}{6}$ で合致しません。その理由は、2と3の公倍数である「6の目の出る確率」が両方に含まれており、これが重複したためです。

すなわち、「ＡまたはＢ」の確率は、Ａ，Ｂそれぞれの確率を足すことで求められますが、両方に含まれる（同時に起こる）ことのない事象（「排反事象」といいます）でなければいけません。これが「加法定理」です。

また、たとえば、サイコロを2回振って「1回目は1の目が出て、かつ2回目は6の目が出る確率」を考えると、目の出方は全部で6 × 6 = 36（通り）で、その中の1通りなので、$\frac{1}{36}$ですが、これは「1の目の出る確率 $\frac{1}{6}$ 」×「6の目の出る確率 $\frac{1}{6}$ 」でも求められます。

すなわち、「AかつB」の確率は、A，Bそれぞれの確率をかけることで求められ、これが「乗法定理」です。

以上をまとめると、次のようになります。

Aの起こる確率が P_a、Bの起こる確率が P_b であるとき

加法定理　Aが起こるまたはBが起こる確率　⇒　$P_a + P_b$

※ただし、A，Bは同時に起こりえないこと

乗法定理　Aが起こりかつBが起こる確率　⇒　$P_a \times P_b$

3. 反復試行の定理

たとえば、サイコロは何回振っても、それぞれの目の出る確率は常に $\frac{1}{6}$ です。1の目が出たら、次は2の目が出やすいとか、そんなことはありませんよね。

このように、ある回の試行が他の回の試行に影響を及ぼすことがない試行を、「独立試行」といい、独立試行を何度か行うことを「反復試行」といいます。

たとえば、サイコロを3回振って、そのうち1回だけ1の目が出る確率を考えます。

1回の試行で1の目が出る確率は $\frac{1}{6}$、1以外の目が出る確率は $1 - \frac{1}{6} = \frac{5}{6}$ ですから、目の出方とその確率は次の3通りの方法がありますね。

1回目	2回目	3回目			
1	1以外	1以外	→	$\frac{1}{6}\times\frac{5}{6}\times\frac{5}{6}=\frac{25}{216}$	…(1)
1以外	1	1以外	→	$\frac{6}{6}\times\frac{1}{6}\times\frac{5}{6}=\frac{25}{216}$	…(2)
1以外	1以外	1	→	$\frac{5}{6}\times\frac{5}{6}\times\frac{1}{6}=\frac{25}{216}$	…(3)

求めるのは、(1)～(3) のいずれかが起こる確率ですから、加法定理より、$\frac{25}{216}+\frac{25}{216}+\frac{25}{216}=\frac{25}{72}$となりますが、いずれも同じ$\frac{25}{216}$ですから、3倍すればいいわけです。

すなわち、何回目に1の目が出ようと、いずれの場合も、1の目が1回と、1以外の目が$3-1=2$（回）なので、それぞれの確率は、$\frac{1}{6}\times\left(\frac{5}{6}\right)^2$となり、「1の目が出る」という事象が3回のうち1回起こる方法は、${}_3C_1=3$通りですから、確率は次のような形で求められます。

確率が$\frac{1}{6}$である事象が、3回のうち1回起こる確率

$${}_3C_1\times\frac{1}{6}\times\left(\frac{5}{6}\right)^2$$

これより、以下のような公式が得られ、これを反復試行の公式といいます。

確率がpである事象が、n回のうちr回起こる確率

$${}_nC_r\times p^r\times(1-p)^{n-r}$$

4. 展開と因数分解

次のような公式を「乗法公式」といい、左辺→右辺のように（　）を外すのが「展開」で、その逆が「因数分解」です。

$$(x+a)(x+b)=x^2+(a+b)x+ab$$
$$(x\pm y)^2=x^2\pm 2xy+y^2$$
$$(x+y)(x-y)=x^2-y^2$$
$$(ax+b)(cx+d)=acx^2+(ad+bc)x+bd$$

5. 旅人算

①出会い算の公式

たとえば、図のような500m 離れた2地点間を、Aが毎分60m、Bが毎分40m で、それぞれ両端から相手の方向へ同時に出発すると、1分間で、Aは60m、Bは40m 進みますので、2人合わせて60＋40＝100（m）進むことになり、500m の距離を進むには、500÷100＝5（分）かかります。すなわち、5分後に2人は出会うことになります。

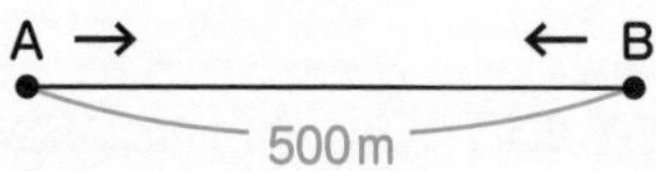

これより、次のような公式が成り立ちます。

$$出会うのにかかる時間=\frac{2人の間の距離}{2人の速さの和}$$

②追いかけ算の公式

同様に、500m 離れた2地点から、2人が次の図のように同じ方向へ同時に出発した場合、1分間で、Aは60m だけBのほうへ近づきますが、Bは40m 離れていきますので、その差である60－40＝20（m）だけ、2人の間の距離は縮まります。

そうやって1分間で20m ずつ差を縮めて行くと、500÷20＝25（分）で、

AはBに追いつくことになりますね。

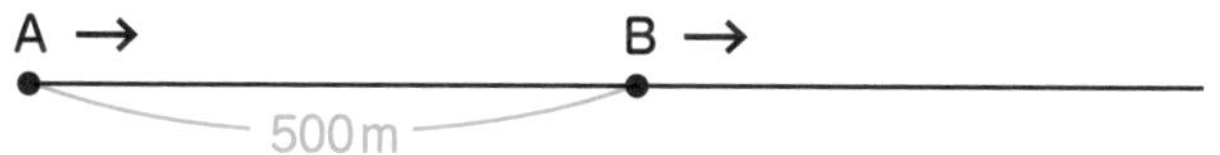

これより、次の公式が成り立ちます。

$$追いつくのにかかる時間 = \frac{2人の間の距離}{2人の速さの差}$$

6. 流水算

一定の速さで水が流れる川があり、この川の流れに沿って下る船、または、川の流れに逆らって上る船の速さを考えます。

たとえば、静水上（流れのない水上）で、分速500mで進む船が、分速100mで水が流れる川を下るとき、静水上の速さ（船自体の速さ）に、川の流れの速さ（「流速」といいます）が加わって、実際は分速600mの速さで進むことができます。しかし、逆に川を上るときは、流速が逆向きに加わり、流速の分だけ押し戻されることになりますので、分速400mの速さでしか進めません。

ここから、次の公式がわかります。

下りの速さ ＝ 静水上の速さ ＋ 流速
上りの速さ ＝ 静水上の速さ － 流速

上の公式で、下りと上りの速さを足し合わせると、「＋流速」と「－流速」が消えて、静水時の速さ×２となりますので、これを２で割る、すなわち、平均を取ると静水上での速さが求められます。また、下りの速さから上りの速さを引くと、流速×２となりますので、これを２で割ると流速が求められます。まとめると、次のようになりますね。

静水上の速さ＝（下りの速さ＋上りの速さ）÷2
流　速　＝（下りの速さ－上りの速さ）÷2

7. 約数の個数

整数Aを素因数分解して、$A=B^m \times C^n \times \cdots$と表せるとき、Aの約数の個数は、$(m+1)\times(n+1)\times\cdots$で求められます。

たとえば、72の約数の個数を求める場合、$72=2^3\times3^2$より、それぞれの指数に1を加えてかけ合わせ、$(3+1)\times(2+1)=12$（個）とわかります。

その理由ですが、「72」は、「2」が3個と「3」が2個をかけ合わせた数なので、このうちのいくつかをかけ合わせた数は、いずれも72の約数となります。

たとえば、$2^2=4$、$2^2\times3=12$、$2\times3^2=18$などがありますね。

そうすると、その組合せの方法ですが、「2」は3個ありますから、0～3個の4通りの選び方があり、同様に「3」は0～2個の3通りの選び方があるので、$4\times3=12$（通り）あることになります。

12通りの組合せは、具体的には次のようになります（a^0は常に「1」）。

	3^0	3^1	3^2
2^0	$2^0\times3^0=1$	$2^0\times3^1=3$	$2^0\times3^2=9$
2^1	$2^1\times3^0=2$	$2^1\times3^1=6$	$2^1\times3^2=18$
2^2	$2^2\times3^0=4$	$2^2\times3^1=12$	$2^2\times3^2=36$
2^3	$2^3\times3^0=8$	$2^3\times3^1=24$	$2^3\times3^2=72$

ここでわかるように、「指数＋1」は、「0個」という選び方を含めて、何通りの選び方があるかを示していることになります。

8. n進法

①n進法

普段一般に使われている数の表し方は、「10進法」といい、10で繰り上がるシステムです。

これに対して、たとえば7で繰り上がるシステムを「7進法」、3で繰り上

がるシステムを「3 進法」といい、一般に「n 進法」といいます。

10 進法と比較してみると、表し方は次のようになり、矢印のところで繰り上がっているのがわかりますね。

10 進法 → 0 1 2 3 4 5 6 7 8 9 10 11 …

7 進法 → 0 1 2 3 4 5 6 10 11 12 13 14 …

3 進法 → 0 1 2 10 11 12 20 21 22 100 101 102 …

これでわかるように、10 進法は 0 〜 9 の 10 個の数字で全ての数を表すのに対して、7 進法は 0 〜 6 の 7 個、3 進法は 0，1，2 の 3 個の数字で全ての数を表します。すなわち、n 進法は n 個の数字で全ての数を表すわけです。

また、たとえば 3 進法なら、3 つ集まったら次の桁に繰り上がるので、3 以上の数字は使いません。このように、n 進法は n 以上の数字を使わないという特徴もあります。

しかし、10 進法以外の表記の数は、普段使い慣れていませんので、問題を解くときは n 進法の数を 10 進法の数に変換して解くことが多いです。以下、その変換方法を解説します。

② n 進法 → 10 進法の変換

10 進法のシステムは、1 桁目（一の位）で「1」が 10 個集まって次の桁へ繰り上がるので、2 桁目（十の位）は「10 のかたまり」がいくつあるかを示します。さらにここで「10」が 10 個集まって繰り上がるので、3 桁目（百の位）は「10^2 = 100 のかたまり」がいくつあるかを示すわけですね。

ですから、たとえば 10 進法の「645」は、小さいほうから「1 が 5 つ」＋「10 が 4 つ」＋「10^2 が 6 つ」で構成されるわけです。

これに対して、たとえば 4 進法の数は、1 桁目は「1 の位」ですが、そこで「1」が 4 個集まって次の桁に繰り上がるので、2 桁目の数は「4 のかたまり」がいくつあるかを示し、この桁は「4 の位」となります。さらにここで「4」が 4 個集まって次の桁に繰り上がるので、3 桁目は「4^2 = 16 のかたまり」がいくつあるかを示す「4^2 の位」、同様に 4 桁目は「4^3 の位」となるわけです。

したがって、たとえば 4 進法の「3132」の値は、小さいほうから「1 が 2 つ」＋「4 が 3 つ」＋「4^2 が 1 つ」＋「4^3 が 3 つ」を示し、次のように計算できます。

$$
\begin{aligned}
3132_{(4)} &= 4^3 \times 3 + 4^2 \times 1 + 4 \times 3 + 1 \times 2 \\
&= 64 \times 3 + 16 \times 1 + 4 \times 3 + 1 \times 2 \\
&= 222
\end{aligned}
$$

(4) は 4 進法の表記（4 進数）という意味。

「16」や「64」というのは、4 進法のそれぞれの位を 10 進法の値で示したものですから、この数は 10 進法の「222」に等しいことがわかります。

このように、n 進法の数を 10 進法に変換するには、小さいほうから、1（$=n^0$）の位，n^1 の位，n^2 の位，n^3 の位，…として、それぞれの位の 10 進法の値をその桁の数だけかけて、全部足し合わせれば求められます。

③ 10 進法 → n 進法の変換

たとえば、10 進法の「222」を 4 進法に変換するときは、次の図のように、222 を 4 で割った余りを順に書き上げていくという方法を使います。

まず、222 ÷ 4 = 55 余り 2 より、55 個の「4 のかたまり」が 2 桁目へ繰り上がり、余りの「2」が 1 桁目に残ります。2 桁目では、55 ÷ 4 = 13 余り 3 より、13 個の「4^2 のかたまり」が 3 桁目へ繰り上がり、余りの「3」が 2 桁目に残ります。同様に、13 ÷ 4 = 3 余り 1 より、「4^3 のかたまり」が 3 個繰り上がり、3 桁目には「1」が残り、これ以上は 4 で割れないので、4 桁目が「3」で終わりということですね。

```
4 ) 222     余り
4 )  55   … 2   ← 4 が 55 個繰り上がり、1 が 2 個余った
4 )  13   … 3   ← 4² が 13 個繰り上がり、4 が 3 個余った
      3   … 1   ← 4³ が 3 個繰り上がり、4² が 1 個余った
```

これより、$222 = 4^3 \times 3 + 4^2 \times 1 + 4 \times 3 + 1 \times 2$ となり、4 進法の「$3132_{(4)}$」に等しいことがわかります。

このように、10 進法の数を n 進法に変換するには、n で順に割って余りを書き出していき、最後の商から余りの数を遡るように書き並べればいいわけです。

9. てんびん図

次の図で、てんびんの横棒（「ウデ」といいます）の両端（a, b の位置）に、重さがそれぞれ x, y のおもりがぶら下がっており、c の位置を支点としてつり合っています。

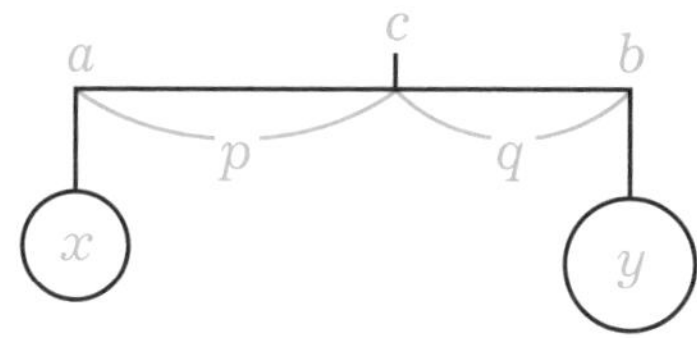

この状態において、てんびんの原理より、支点 c から a, b それぞれまでの距離（p, q）と x, y をかけた値は、左右で一致する、つまり、$px = qy$ となります。

これより、次の関係が成り立ちます。

$$x : y = q : p$$

つまり、左と右で、おもりの比とウデの長さの比が逆比になるわけです。

10. 論理

①論理式

「AならばBである」という命題を「A → B」と表します。

たとえば、「リンゴは果物である」は「リンゴ→果物」と表し、これは、「リンゴ」に該当するものは、全て「果物」に該当するという意味になります。

すなわち、「A → B」は、「Aは全てBに該当する」という意味です。

また、「A」の否定「Aでない」は「$\overline{\text{A}}$」と表します（「$\overline{\quad}$」は「バー」と読みます）。

全ての事象は、「A」か「Aでない」のいずれかなので、「$\overline{\text{A}}$」の否定は「A」となります。

②対偶

「A→B」に対して「$\overline{B}$→$\overline{A}$」をその対偶といいます。矢印の前後を入れ替えて両方を否定した命題ですね。

たとえば、「リンゴは果物である」の対偶は「果物でなければリンゴではない」となり、元の命題と対偶は同じ内容となります。

これより、内容を変えずに、論理式の形だけを変えたいときは、対偶を作ることになります。

③三段論法

「A→B」と「B→C」という２つの命題には「B」が共通していますので、これをつなげて「A→B→C」と表し、ここから「A→C」が導けます。

たとえば、「リンゴは果物である」「果物はビタミンが豊富だ」をつなげると、「リンゴ→果物→ビタミン」となり、ここから「リンゴ→ビタミン」、すなわち、「リンゴはビタミンが豊富だ」が導けるわけです。

このように、共通部分をまとめて命題をつなげたとき、間にいくつの項目を挟んでいても、XからYに矢印がつながれば、「X→Y」が導けるわけです。

④命題の分解

「∧」（かつ），「∨」（または）で結ぶ２つの項目を含む命題もあります。その２つの分解については、次のようになります。

(1)「A→B∧C」＝「A→B」「A→C」
(2)「A→B∨C」⇒ 分解は不可能
(3)「A∧B→C」⇒ 分解は不可能
(4)「A∨B→C」＝「A→C」「B→C」

※「∨」は基本的に「少なくともどちらかを満たす」を表し、「両方とも満たす」場合を含みます。すなわち、「二者択一」の意ではありません。

(1)～(4) それぞれの例を挙げると、次のようになります。

(1)「子供はハンバーグもカレーライスも好きだ」
＝「子供はハンバーグが好きだ」「子供はカレーライスが好きだ」のように、「ハンバーグ」と「カレーライス」は分解できます。

(2)「男の子は野球かサッカーが得意だ」
⇒男の子は、「野球とサッカーの少なくとも１つは得意だ」ということですから、「男の子は野球が得意だ」「男の子はサッカーが得意だ」とは必ずしもいえません。よって、この場合は「野球」と「サッカー」を分解することはできません。

(3)「単位を取得して論文がパスすれば卒業だ」
⇒「単位の取得」と「論文のパス」の両方ができれば「卒業」なので、「単位を取得すれば卒業だ」「論文がパスすれば卒業だ」とは、必ずしもいえません。よって、この場合も分解はできません。

(4)「推薦入試か一般入試に通れば入学確定だ」
＝「推薦入試に通れば入学確定だ」「一般入試に通れば入学確定だ」のように、分解できます。

11. 三平方の定理

図のように、直角三角形において、直角をはさむ２辺をそれぞれ２乗すると、その和は残る１辺（斜辺）の２乗に等しくなります。

$$a^2 + b^2 = c^2$$

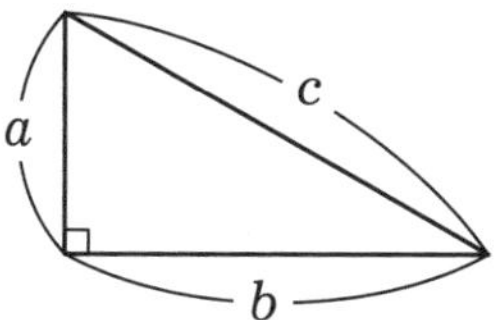

この定理を使えば、直角三角形の２辺の長さから、残る１辺の長さを求めることができますね。

12. 特別な直角三角形

①三角定規の形

三角定規にある２種類の直角三角形の角度と、その３辺の比は次の通りです。

45° 45° 90°の直角三角形

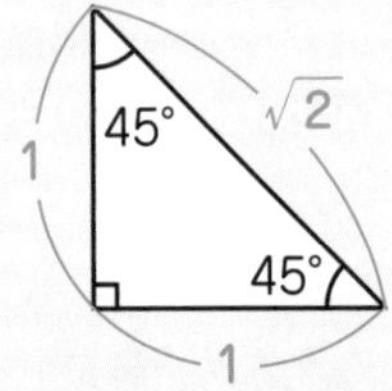

30° 60° 90°の直角三角形

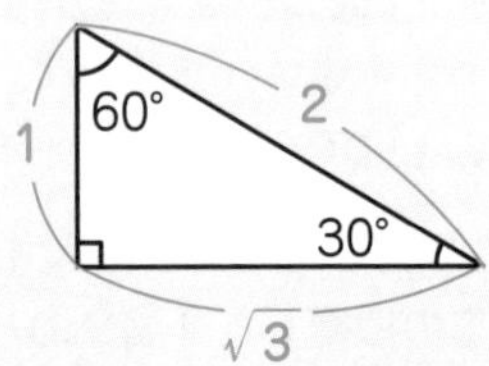

②辺の長さが整数比になる直角三角形

直角三角形の辺の長さは、いずれかに√ が付くことがほとんどですが、中には３辺がいずれも整数比になるものもあります。

このような直角三角形の代表的な形の３辺の比は次の通りです。

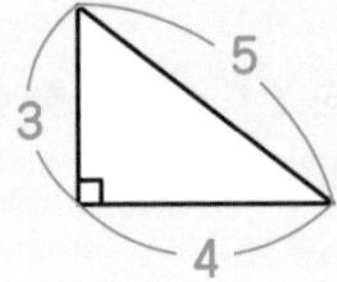

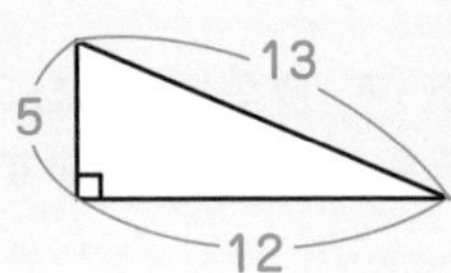

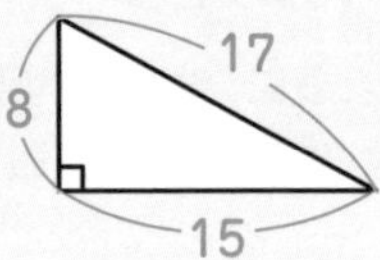

13. 平行線と線分比

図のそれぞれにおいて、ＢＣ // ＤＥより、∠ＡＢＣ＝∠ＡＤＥ、∠ＡＣＢ＝∠ＡＥＤとなり、２組の角が等しいことから、△ＡＢＣ∽△ＡＤＥが成り立ちます。

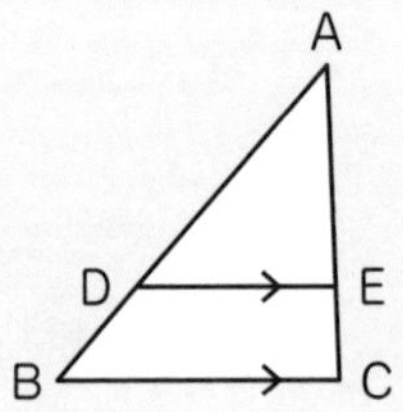

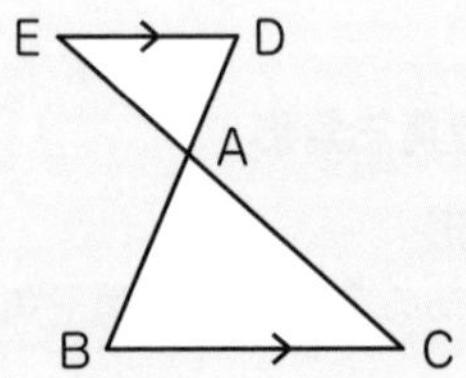

これより、次のことがいえます。

ＡＢ：ＡＤ＝ＢＣ：ＤＥ＝ＣＡ：ＥＡ
ＡＤ：ＤＢ＝ＡＥ：ＥＣ

14. 三角形の重心の定理

図のＡＰのように、三角形の頂点（Ａ）から対辺（ＢＣ）の中点（Ｐ）に引いた線分を「中線」といいます。図のように三角形には中線が３本引けます。

この３本の中線は１点（Ｇ）で交わり、その点が三角形の重心となります。

三角形の重心は、それぞれの中線を２：１に内分します。すなわち、図において次のようになります。

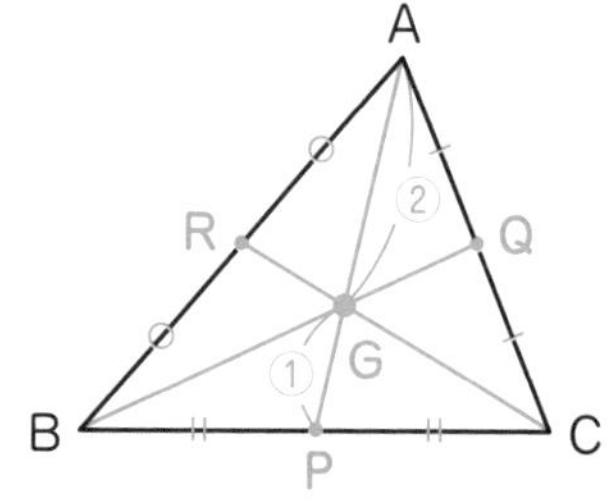

ＡＧ：ＧＰ＝ＢＧ：ＧＱ＝ＣＧ：ＧＲ＝２：１

Staff

ブックデザイン・カバーデザイン
越郷拓也

イラスト
横山裕子

校正
甲斐雅子　小野寺紀子　中川有希

編集アシスト
小山明子　関口智也

エクシア出版の正誤情報は、
こちらに掲載しております。
https://exia-pub.co.jp/
未確認の誤植を発見された場合は、
下記までご一報ください。
info@exia-pub.co.jp
ご協力お願いいたします。

著者プロフィール

畑中敦子

大手受験予備校を経て、1994年より、LEC東京リーガルマインド専任講師として、公務員試験数的処理の受験指導に当たる。独自の解法講義で人気を博し、多数の書籍を執筆した後、2008年に独立。
現在、(株)エクシア出版代表取締役として、執筆、編集、出版活動を行っている。

畑中敦子の
東京都・特別区の数的処理トレンド分析

2024年2月26日　発行

著　者：畑中敦子

発行者：畑中敦子

発行所：株式会社 エクシア出版

〒101-0054　東京都千代田区神田錦町2-1-5-204

印刷・製本：モリモト印刷株式会社

ISBN 978-4-910884-17-2　C1030